Jochen May
Schwarmintelligenz im Unternehmen

Jochen May war nach wirtschafts- und sozialwissenschaftlichem Studium Personalleiter in der Markenartikelindustrie, u. a. bei adidas. 1994 wechselte er zur Unternehmensberatung Towers Perrin. 2003 machte er sich mit Jochen May Human Resources Consulting selbstständig. Unter dem Motto „Innovatives Personalmanagement, praxisgerecht aufbereitet" berät er Firmen unterschiedlicher Branchen und Größen.

Durch Einsatz von Schwarmintelligenz können Unternehmen zusätzliche Leistungspotenziale erschließen, Personalkosten an den erzielten Wertschöpfungsbeitrag binden und nicht zuletzt ihre Attraktivität als Arbeitgeber fühlbar steigern. Das vorliegende Buch gewährt Einblicke in dieses Erfolgskonzept.

Website: www.jmayconsulting.de

E-Mail: autorenchat@jmayconsulting.de

Schwarmintelligenz im Unternehmen

Wie sich vernetzte Intelligenz für Innovation und permanente Erneuerung nutzen lässt

von Jochen May

 PUBLICIS

Bibliografische Information Der Deutschen Nationalbibliothek
Die Deutsche Nationalbibliothek verzeichnet diese Publikation in
der Deutschen Nationalbibliografie; detaillierte bibliografische Daten
sind im Internet über http://dnb.d-nb.de abrufbar.

Foto des Autors: Peter v. Beyer Fotodesign, Cadolzburg

Alle im Text geschilderten Fälle und Sachverhalte sind fiktiv. Ähnlichkeiten mit bestimmten Unternehmen oder Personen sind nicht beabsichtigt und wären rein zufällig. Tatsächlich beschreiben die dargestellten Beispiele Ereignisse, Sachverhalte und Verhaltensweisen im Allgemeinen, wie sie im Wirtschaftsleben immer wieder anzutreffen sind. Falls Sie als Leser also Déjà-vu-Erlebnisse haben oder analoge Fälle kennen, sind diese weder zufällig noch unbeabsichtigt, sondern unvermeidbar.

Soweit im Text vereinfachend von Mitarbeitern, Führungskräften, Vorgesetzten usw. die Rede ist, sind selbstverständlich Personen beiderlei Geschlechts gemeint.

www.publicis-books.de

Lektorat: Dr. Gerhard Seitfudem, gerhard.seitfudem@publicis.de

ISBN 978-3-89578-391-3

Verlag: Publicis Publishing, Erlangen
© 2011 by Publicis Erlangen, Zweigniederlassung der PWW GmbH

Das Werk einschließlich aller seiner Teile ist urheberrechtlich geschützt. Jede Verwendung außerhalb der engen Grenzen des Urheberrechtsgesetzes ist ohne Zustimmung des Verlags unzulässig und strafbar. Das gilt insbesondere für Vervielfältigungen, Übersetzungen, Mikroverfilmungen, Bearbeitungen sonstiger Art sowie für die Einspeicherung und Verarbeitung in elektronischen Systemen. Dies gilt auch für die Entnahme von einzelnen Abbildungen und bei auszugsweiser Verwendung von Texten.

Printed in Germany

Unternehmerisches Handeln ist keine Solovorstellung

*Geleitwort von Michael Best,
Leiter der ARD-Börsenredaktion beim Hessischen Rundfunk
in Frankfurt und Autor des Buchs „Kapitalismus reloaded"*[1]

Wer findet es schon reizvoll, Tag für Tag ausgetretenen Pfaden zu folgen? Das fordert uns nicht heraus, erfüllt uns nicht. Ist es nicht viel aufregender, Neuland zu betreten? Nur das befriedigt letztlich unsere Schaffenskraft. Wir mögen es aber nicht, dabei alleine zu sein. Wir benötigen Verbündete, Weggefährten. Das gilt für alle, auch für jene, die gerne anführen. Alleine voran zu stürmen, ohne dass jemand folgt, ist kein gutes Gefühl. Wir benötigen Austausch, Beratung und abgestimmtes Handeln. Bei einem Projekt müssen viele mitziehen, sich einbringen, mit Leidenschaft ihren Part spielen. Nur so entdecken wir Neues, das uns selbst mit Glück erfüllt, das andere interessant und begehrenswert finden. In der Musik, im Film, im Fernsehen, also in den Massenmedien gilt das ganz besonders, aber jedes erfolgreiche Unternehmen betritt Neuland mit seinen Produkten, seinen Verfahren, seinen Technologien. Dabei handelt der Unternehmer nicht allein, er hat sein Team, er braucht es. Erfolgreiches unternehmerisches Handeln ist keine Solovorstellung.

Für mich war es sehr erhellend, mich mit Jochen May über diese Fragen auszutauschen. Ich kenne ihn aus meiner Jugend, vor einiger Zeit haben wir uns wiedergefunden. Er ist ein interessanter Gesprächspartner, weil er wirklich etwas zu sagen hat. Jochen May hat das Zusammenwirken von Menschen im Unternehmen sehr gründlich analysiert. Er hat Prinzipien entwickelt, aber er gibt auch praktischen Rat. Er macht uns Mut, Verkrustungen zu lösen, das Team wieder mit Leben zu erfüllen. Mir gefällt sein Menschenbild. Er sieht die hohe Bedeutung, den hohen Wert des Individuums, aber er stellt Beziehungen her, produktive Arbeitsbeziehungen, in denen sich Menschen erst richtig entfalten können. Er vermittelt auch eine gute Einstellung zu Führungsfragen. Wer führt, muss Möglichkeiten eröffnen, Freiräume schaffen, viele zur Entfaltung kom-

---

1 Frankfurter Allgemeine Buch, 2009

men lassen, deren Handeln bündeln und die Suche nach gemeinsamen Zielen strukturieren. Er muss nicht von Anfang an alles wissen, weder wohin es geht, noch wie es geht. Wenn die Zeit dafür reif ist, muss er Entscheidungen treffen, damit Angedachtes verbindlich wird.

Schwarmintelligenz, wie Jochen May sie interpretiert, birgt unübersehbares Potenzial, ist aber in hierarchiegesteuerten Organisationen nicht immer einfach umzusetzen. Das gilt selbst dann, wenn wir intuitiv dem Aristotelischen Prinzip der Verknüpfung verschiedenartiger Talente anhängen, um Aufgaben schneller und besser voranzubringen. Möglich zu machen, was oft auf Schwierigkeiten stößt – in dieser Hilfestellung liegt der besondere Wert des Buches von Jochen May. Der Autor zeigt nicht nur auf, wie sich Schwarmintelligenz entfaltet, er gibt auch ein praxisnahes Rezept für ihre gelungene Umsetzung im Arbeitsalltag – klar durchdacht und prägnant ausformuliert.

Schwarmintelligenz im Unternehmen – die Eckpunkte[2]

1. Schwarmintelligenz *überzeugt:* Aus einfachen, leicht verständlichen Verhaltensmustern entstehen *erstaunliche Delta-Plus-Effekte.*
2. Die menschliche Natur *begünstigt* die Entfaltung von Schwarmintelligenz; durch unsere heutige *Arbeitskultur* wird Schwarmintelligenz jedoch eher *behindert* als gefördert.
3. Schwarmintelligenz erfordert einen *übergeordneten Verhaltenskodex,* der den Schwarm zu Delta-Plus-Effekten lotst, ohne die *Freiheitsgrade* der Schwarmmitglieder unangemessen anzutasten.
4. Die *Einbettung* von Schwarmintelligenz in *führungskräftegesteuerte Organisationen* ist problemlos möglich, sofern die Schnittstelle zum Schwarm sauber definiert wird; eine erfolgreiche Einbettung erfordert *neuartige Führungsinstrumente* wie *Servicelevel-Vereinbarungen* und das *4-Stufen-Kompetenz-Modell.*
5. Schwarmintelligenz erzeugt *kontinuierlichen Innovationsdruck* im Arbeitsalltag: Produkte werden kundengerechter, Prozesse effizienter, Reaktionszeiten verkürzen sich, die Arbeitsqualität steigt; das Unternehmen wird *wettbewerbsfähiger, Arbeitsplätze* werden gesichert.
6. In wirtschaftlichen Organisationen beruhen Schwarmeffekte auf einer *Gesichtsfelderweiterung durch Kompetenzvernetzung;* mit ausgeklügelten Techniken zur Selbststeuerung findet der Schwarm vom *kreativen Dissens* zum *einvernehmlichen Spitzenergebnis.*
7. Schwarmintelligenz schafft eine *Win-win-Situation* im Unternehmen: Die Produktivitätssteigerung durch Delta-Plus-Effekte beruht weder auf gesteigerter Arbeitsintensität noch auf Entgeltverzicht – sie basiert ausschließlich auf *intelligenterem Arbeiten.*

---

2 Die Eckpunkte der Schwarmintelligenz sind im weiteren Verlauf des Buchs mit dem stilisierten Bild eines Vogelschwarms symbolisiert.

Inhalt

1	**Quantensprung durch Schwarmintelligenz**	10
1.1	Eine geniale Erfindung der Natur	10
1.2	Zurück zur Garage?	19
1.3	Mit Schwarmintelligenz zu Entrepreneurship	27
1.4	Das Gesetz der großen Zahl	31
1.5	Gesichtsfelderweiterung im Schwarm	35
1.6	Die Gretchenfrage der Schwarmintelligenz	39
1.7	Leitfragen und Antworten zum Kapitel	43
2	**Schwarmeffekte bei Mutter Natur**	46
2.1	Geboren aus simplen Verhaltensmustern	46
2.2	Intelligenz oder kollektive Intelligenz?	51
2.3	Der Ambivalenz-Faktor	55
2.4	Innovations-Versager in Nadelstreifen?	59
2.5	Leitfragen und Antworten zum Kapitel	62
3	**Spielregeln der Schwarmintelligenz**	64
3.1	Außerhalb der Petrischale	64
3.2	Verhaltenskodex mit Freiheitsgraden	67
3.3	Zieltranskription durch Ergebniserwartungen	71
3.4	Umweltadaption	78
3.5	Fehlerprävention durch Kompetenzsicherung	84
3.6	Selbststeuerung im Schwarm	90
3.7	Leitfragen und Antworten zum Kapitel	98
4	**Zieltranskription durch Servicelevel-Vereinbarungen**	103
4.1	Schwarmintelligenz als Managementtechnik	103
4.2	Entrepreneurship	106
4.3	Spielmacher oder Impulsgeber?	109
4.4	Das Subsidiaritätsprinzip	115
4.5	Motivation zur Eigeninitiative?	117
4.6	Servicelevel-Vereinbarungen	123

4.7	Zielmanagement im Härtetest	126
4.8	Leistungskennzahlen effektiv einsetzen	131
4.9	Leitfragen und Antworten zum Kapitel	136
5	**Umweltadaption durch Kundenorientierung**	**141**
5.1	„Kunden überraschen" als Transmittor	141
5.2	Die Angebots-Nachfrage-Synchronisation	148
5.3	Kundenorientierung ohne Grenzen?	155
5.4	Durch Leitziele zum Delta-Plus-Effekt	159
5.5	Leitfragen und Antworten zum Kapitel	165
6	**Fehlerprävention durch das 4-Stufen-Kompetenz-Modell**	**169**
6.1	Funktionalität durch Regulative	169
6.2	Das 4-Stufen-Kompetenz-Modell	172
6.3	Per Dialog führen	178
6.4	Leitfragen und Antworten zum Kapitel	181
7	**Selbststeuerung durch Ergebnisverantwortung**	**184**
7.1	Gruppenidentität durch Kunden-Leistungspaket	184
7.2	Handlungsdruck durch Ergebnisverantwortung	188
7.3	Dezentraler Informationsfluss	194
7.4	Eskalationsmanagement	201
7.5	Arbeitszeitsouveränität	206
7.6	Innovationsforum Best-Practice-Workshop	210
7.7	Verhaltensabstimmung im Schwarm	218
7.8	Leitfragen und Antworten zum Kapitel	229
8	**Implementierung und Erhalt des Momentums**	**234**
8.1	Widerstände überwinden	234
8.2	Basis-Erlebnis-Programm und Future-Konferenz	239
8.3	Start durch Aktions-Workshops	243
8.4	Leitfragen und Antworten zum Kapitel	245
9	**Kurzglossar**	**248**
10	**Stichwortverzeichnis**	**255**

1 Quantensprung durch Schwarmintelligenz

1.1 Eine geniale Erfindung der Natur

Wie wird eine einfache Ameise zum Navigationswunderkind? Selbst in völlig unübersichtlichem Gelände finden Ameisen zielsicher den kürzesten Weg zu einem Futterplatz, sogar wenn die bisherige Ameisenstraße blockiert wird. Was der einzelnen Ameise mit ihren, freundlich gesagt, äußerst bescheidenen kognitiven Fähigkeiten alleine nie gelänge, schafft sie im Schwarm. Für sich genommen eher unspektakuläre Verhaltensweisen wie die Verfolgung von Duftspuren ihrer Artgenossen bündelt Schwarmintelligenz zu erstaunlichen *Delta-Plus-Effekten:* Die Futtersuche der Ameisen wird energieeffizient und sichert das Überleben der Art.

Diese geniale Erfindung von Mutter Natur lässt sich auch auf Unternehmen übertragen. Ein paar Kniffe und ein vernünftiger Set teils bekannter, teils vom Beratungsunternehmen des Autors neu entwickelter Führungsinstrumente genügen, um Unternehmen von innen heraus bemerkenswerte Innovationsanstöße zu geben. Schwarmintelligenz erschließt zusätzliches Leistungspotenzial im Arbeitsalltag. *„Intelligenter arbeiten durch Kompetenzvernetzung im Schwarm"* lautet das Motto für mehr Wettbewerbsfähigkeit und gesicherte Arbeitsplätze.

Schwarmintelligenz *überzeugt:* Aus einfachen, leicht verständlichen Verhaltensmustern entstehen erstaunliche Delta-Plus-Effekte.

Schade nur, dass die meisten Unternehmen das außergewöhnliche Potenzial von Schwarmintelligenz bisher nicht entdeckt, geschweige denn von ihm profitiert haben. Noch haben sich die Vorzüge der Schwarmintelligenz im betrieblichen Umfeld nicht weit herumgesprochen. Erst ganz allmählich gerät Schwarmintelligenz ins Blickfeld neugieriger Führungskräfte.

Beigetragen hat zu dieser Zurückhaltung sicherlich auch das Faktum, dass passende Führungsinstrumente zur Aktivierung von Schwarmintelligenz bis dato nicht zur Verfügung standen. Die Vorteile von Schwarmintelligenz zu fördern, ihre Wirkungsweise aufzuzeigen und einen leicht gangbaren, praxisorientierten Weg für ihren betrieblichen Einsatz zu weisen – diesem Anliegen ist das vorliegende Buch gewidmet.

Erfolgsfaktor *kontinuierliche Innovation*

Das betriebliche Desinteresse an Schwarmintelligenz ist umso befremdlicher, da Innovation unbestritten zu dem Grundfesten modernen Unternehmertums zählt. „*Altius, citius, fortius!*" Noch nie galt das olympische Motto (höher, schneller, stärker) im Wirtschaftsleben so absolut wie heute. Zukunftsweisende Technik, topaktuelles Design, erstklassiges Know-how und eine hocheffiziente Arbeitsorganisation – diese Faktoren umschreiben die wirtschaftliche Erfolgsformel für Hochlohnländer wie Deutschland.

Noch nie in der Wirtschaftsgeschichte bestand die Notwendigkeit, Unternehmen so oft umzustrukturieren, zu verkaufen, zu zerlegen, zu übernehmen oder zu fusionieren wie heute. Produktzyklen, Organisationsformen und Prozesse hatten noch nie derart kurze Halbwertszeiten. In der Automobilindustrie dauerte es um die Jahrtausendwende beispielsweise noch 35 Monate von der Idee bis zum fertigen Fahrzeug. Zehn Jahre später waren es nur noch 20 Monate.[3] Führungskräfte und MitarbeiterInnen waren nie zuvor in der Industriegeschichte mit einer Arbeitswelt konfrontiert, die in so kurzen Zeitintervallen neue Verhaltensmuster erforderlich macht.

Hochdynamische Märkte erfordern *proaktives Handeln*. Wer sich nicht ständig runderneuert, fällt im Wettbewerb zurück. Spitzenleistungen von heute sind morgen schon Vergangenheit. Die künftige Erfolgsstory muss geschrieben werden, solange die bisherige noch heiß ist.

Kontinuierliche Innovation beschreibt insofern nicht einen, sondern den entscheidenden Erfolgsfaktor, um in schnelllebigen und hart umkämpften Märkten die Nase vorne zu behalten. Innovative Produkte begeistern Kunden, innovative Techniken steigern die Produktivität. Innovative Prozesse senken Kosten und verkürzen Reaktionszeiten. *Schwarmintelligenz* nutzt das Talent aller MitarbeiterInnen, um ein Unternehmen Tag für Tag ein Stückchen voranzubringen.

---

3 Quelle: Die Welt, 5.11.2010

Wunsch und befremdliche Wirklichkeit

Landauf, landab mahnen Wirtschaftslenker und Politiker zu mehr Innovation. Und tatsächlich, welche MitarbeiterInnen, welche Führungskräfte zeigen nicht großes Verständnis für dieses Motto? Nur: Warum bleibt es dann viel zu oft beim frommen Wunsch?

Die Wirtschaftsgeschichte ist voll von Unternehmen, die viel zu lange an – ehemals durchaus erfolgreichen – Businessstrategien festhielten. Die Bedeutung des Internets verkannt? Den Trend zur Energieeinsparung verschlafen? Es mangelt nicht an zahlreichen prominenten und weniger prominenten Beispielen, wie fehlende Innovationsbereitschaft Firmen in schwieriges Fahrwasser oder gar an den Rand des Ruins gebracht hat.

Gleichzeitig beschweren sich Erfinder wie der renommierte Physiker Hans Graßmann über die Ignoranz großer und kleiner Wirtschaftsunternehmen, die trotz Energiekrise eine bahnbrechende Weiterentwicklung in Sachen effizienter Energiegewinnung mit einem lässigen *„not here invented"* schlichtweg ignorieren.[4]

Scheiden tut weh!

Befürworter einer *Kontinuierlichen Innovation* müssen betroffen feststellen: *„Sollen"* ist noch nicht *„Wollen"*, *„Wollen"* noch nicht *„Können"*, und *„Können"* noch nicht *„Dürfen"*.

Sehr treffend hat Wolfgang Reitzle, Vorstandsvorsitzender der Linde AG, in seinem Essay *„Es ist eine neue Zeit"* festgestellt:

„Risikobereitschaft statt Verwaltungsmentalität", „Unternehmertum statt Management" – die Richtung ist klar, aber nach den ersten Schritten scheitert mancher an den Hürden. Die Wahrheit ist auch hier: Veränderung gibt es nicht zum Nulltarif. Wenn sich etwas ändern soll, kann nicht zugleich alles bleiben, wie es immer war.[5]

Wie kann Schwarmintelligenz helfen?

Das Beharrungsvermögen überwinden

Wirtschaftsorganisationen zeichnen sich durch ein schier unglaubliches Beharrungsvermögen aus. Naturwissenschaftler erklären das Behar-

---

[4] „Nicht hier erfunden"; Hans Graßmann, Ahnung von der Materie – Physik für alle, Köln, 2008.
[5] Wolfgang Reitzle, Vorstandsvorsitzender der Linde AG, „Es ist eine neue Zeit", erschienen in „Die Welt", 1. Dezember 2007.

rungsvermögen mit dem Gesetz der Trägheit (Erstes Newtonsches Gesetz): Ein Körper verharrt in seiner Position, solange ihn keine äußere Kraft zur Veränderung zwingt.

Was können wir aus dem Trägheitsgesetz für wirtschaftliche und soziale Organisationen lernen? Jede Organisation muss einen gewissen Innovationsdruck entwickeln, um überkommenes Denken, Bürokratie und Verwaltungsmentalität zu überwinden. Ohne greifbaren Innovationsanstoß siegt die Trägheit über die Erfordernis zum Wandel.

Innovationsdruck von außen oder innen?

Nach klassischem Verständnis ist der Aufbau eines solchen Innovationsdrucks exklusive Aufgabe von Führungskräften. Im Unterschied zu den meisten Beschäftigten sind diese dem Diktat von Markt und Wettbewerb direkt ausgesetzt. Der Gesamtorganisation wird der im Markt entstehende Innovationsdruck erst in einem zweiten Schritt durch ihre Entscheidungsträger aufgeprägt. Ist es unter diesen Umständen wirklich verwunderlich, dass sich diese bei Innovationen regelmäßig mit einem erheblichen Trägheitsmoment ihrer Organisation konfrontiert sehen?

Schwarmintelligenz ergänzt den äußeren Innovationsdruck um einen inneren Innovationsmotor. Über Schwarmintelligenz lassen sich Marktanforderungen und Wettbewerbsdruck bei geschickter Handhabung bis in die untersten Ebenen der Organisation durchrouten. Durch vernetzte Kompetenzen aller MitarbeiterInnen steht überall im Wertschöpfungsprozess ein neues, ansonsten brachliegendes Problemlösungs- und Innovationspotenzial zur Verfügung. Kurz gesagt: Schwarmintelligenz baut einen eigenständigen Innovationsdruck an jeder beliebigen Stelle im Unternehmen auf.

Den funktionalen Verkrustungsprozess mattsetzen

Im ersten Schritt überwindet Schwarmintelligenz einen funktionalen Verkrustungsprozess, der in klassisch geführten Unternehmen an der Tagesordnung ist. Dieser unfreiwillige Verkrustungsprozess entsteht regelmäßig, wenn für erfolgreich befundene Verhaltensweisen zur Leistungserstellung als Regeln bzw. Funktionsroutinen (Kombination von Regeln) niedergelegt werden.

Funktionsroutinen können problemlos befolgt werden, solange Markt und Technik sich nicht ändern. Doch wenn schnelllebige Märkte kurzfristige Reaktionen erfordern, zeigt sich immer wieder: Einmal etablierte Regeln neigen dazu, ein beharrliches *Eigenleben* zu entwickeln. MitarbeiterInnen fühlen sich eher bestehenden Funktionsroutinen als Markt und

Kunden verhaftet. Die unangenehme Folge: Das bestehende Regelwerk wird von MitarbeiterInnen hartnäckig gegen jedwedes Innovationsstreben verteidigt.

Ungewollt hat sich in Unternehmen ein gravierender Stolperstein für Innovationen aufgebaut. Das wäre freilich überhaupt nicht nötig: Wie wir noch sehen werden, genügt bereits ein simpler Kniff, um Schwarmintelligenz in Form einer regen *Entrepreneurship* von MitarbeiterInnen loszutreten und einen beachtlichen inneren Innovationsdruck zu erzeugen. Bürokratie und Verwaltungsmentalität nehmen durch Schwarmintelligenz fühlbar ab. Konflikte werden entschärft, viele Reibungsverluste eliminiert.

Innovation als Kernaufgabe aller Beschäftigten

Das Überwinden dieser Innovations-Hemmschwelle ist noch lange nicht alles! Schwarmintelligenz bietet einen weiteren Vorzug. Werfen wir kurz einen Blick auf den Prozess der Industrialisierung: Im 21. Jahrhundert finden wir die Industrialisierung weit fortgeschritten. Doch wie groß der Fortschritt auch immer sein mag – wir können getrost davon ausgehen, dass Abermillionen weitere, heute noch unbekannte Ansatzpunkte bestehen, unsere Welt zu verbessern. Ein Rückblick in die Geschichte belegt diese These: Ingenieure, Chemiker, Ärzte, um nur einige Berufssparten zu nennen, vollbringen heute Leistungen, an die selbst technikbegeisterte Vordenker wie Jules Vernes vor 150 Jahren noch nicht einmal zu denken wagten.

Die Geschichte zeigt zugleich: Bei weitem nicht alle Innovationen verdanken sich klugem Forscherdrang. Im Gegenteil: Bei vielen bahnbrechenden Erfindungen hatte König Zufall seine Hand im Spiel. Die für den menschlichen Geist oft nur schwer durchdringbare Komplexität der Natur durchkreuzt ihre systematische Erforschung. Gleiches gilt für die Untersuchung sozialer Systeme. Glückliche Zufälle – der amerikanische Sozialwissenschaftler Robert K. Merton hat dafür den Begriff *Serendipität*[6] geprägt – erhalten mithin analoges Gewicht wie systematische Forschung.

Serendipität lässt sich durch Schwarmintelligenz gezielt fördern. Ähnlich wie beim Lotto die Abgabe zusätzlicher Tippscheine die Gewinnchance erhöht, steigt die Innovationschance mit der Anzahl involvierter

---

6 Der Begriff geht vermutlich auf ein altes persisches Märchen mit dem Titel „Die drei Prinzen von Serendipity" zurück. Die Prinzen machen im Märchen eine Reihe unerwarteter Entdeckungen. Serendipity ist die alte persische Bezeichnung für die Insel Ceylon, das heutige Sri Lanka.

Köpfe. Innovationen sprudeln leichter, wenn Verbesserung zur *alltäglichen Kernaufgabe aller MitarbeiterInnen* wird. Wie Unternehmen dieses Wunder hinbekommen? Lassen Sie sich überraschen!

Erweitertes Gesichtsfeld im Schwarm

Schwarmintelligenz bietet einen dritten Vorteil: Der klassische Ansatz, Innovation ausschließlich als Aufgabe einer vergleichsweise kleinen Führungselite auszulegen, verschenkt Innovationspotenzial nicht nur im Hinblick auf Serendipität. Schwarmintelligenz versteht sich als Vernetzung unterschiedlicher Kompetenzen der Schwarmmitglieder. Diese Vernetzung erweitert das Gesichtsfeld des Schwarms beachtlich. Komplexe Sachverhalte erscheinen unter vielen divergierenden Blickwinkeln und werden dadurch treffender erfasst.

Vernetzte Kompetenz stimuliert ein umfassenderes Spektrum möglicher Lösungen, als es einzelnen Personen – selbst Genies – möglich wäre. Sachverhalte werden neu interpretiert, veraltete Denkmuster landen auf dem Müll. Sich vage abzeichnende Marktentwicklungen werden zuverlässiger erkannt, kreative Lösungen begünstigt. In jedem volatilen, auf Trends und Einschätzungen basierenden Umfeld birgt Schwarmintelligenz einschneidende Vorteile.

Der Versuch, Situationen mit überbordender Komplexität ohne Schwarmintelligenz kalkulierbar zu machen, überfordert selbst die besten Köpfe. Als Folge dieser gefühlten Unwägbarkeit klammern sich Verantwortliche viel zu oft an vorhandene Lösungsansätze und erzielen bestenfalls eine marginale Verbesserung. Eine scheinbar risikoarme, in Wirklichkeit aber eine gefährliche Strategie: Nachahmerstrategien ersetzen echte Innovationen; die Möglichkeit, durch Produkte und Verfahren mit Alleinstellungsmerkmal Kunden positiv zu überraschen und einen schwer aufzuholenden Wettbewerbsvorteil zu erringen, wird ohne Not vertan. Das große Geschäft wird kampflos anderen überlassen.

Bionik: Lernen von Mutter Natur

Wie stellen sich Unternehmen richtig auf, um von den vielfältigen Möglichkeiten der Schwarmintelligenz optimal zu profitieren?

Mutter Natur vermag uns große Teile dieser Frage zu beantworten. Was für soziale Systeme erst entdeckt wird, existiert in der Natur schon seit Jahrmillionen: Schwarmintelligenz. Treiben wir also ein wenig Bionik, eine Wissenschaft, die sich der künstlichen Nachahmung natürlich vorkommender Prinzipien verschrieben hat.

Schon Leonardo da Vinci hat sich die Konstruktionspläne für seine Flugmaschinen bei den Vögeln abgeschaut. Bis dato war Bionik überwiegend den Naturwissenschaften vorbehalten. Intention dieses Buches ist, die Wirkungsweise von Schwarmintelligenz in der Natur aufzuzeigen und in geeignete Instrumente zur Nutzung im Unternehmen zu „übersetzen".

Quantensprung durch Delta-Plus-Effekte

Nicht nur Ameisen, auch Fische und Vögel erzielen mit Schwarmintelligenz einige äußerst bemerkenswerte Ergebnisse. Schwarmintelligenz verhält sich *emergent*[7], wie Wissenschaftler sagen. Einfacher ausgedrückt: Schwarmintelligenz erzielt Delta-Plus-Effekte, die über die Summe der von Schwarmmitgliedern bewirkten Einzeleffekte hinausgehen. Derartige Delta-Plus-Effekte müssen von ihren Akteuren noch nicht einmal beabsichtigt sein!

Egal was passiert, Ameisen finden immer den kürzesten Weg zu einem Futterplatz. Trotzdem hat die einzelne Ameise von Entfernungsmessung nicht die leiseste Ahnung. Mehr noch: Eine Ameise muss nicht einmal wissen, was „Entfernung" eigentlich ist. Das Ausführen einfacher, ihren kognitiven Fähigkeiten angepasster Verhaltensmuster – in diesem Fall die Bevorzugung von Wegen mit den intensivsten Duftspuren ihre Artgenos-

Kontinuierliche Erneuerung durch Schwarmintelligenz

Delta-Plus-Effekt: Grundlegende Verhaltensmuster münden in innovative Ergebnisse

| Innovationshemmnisse durch Entrepreneurship überwinden | Glücklichen Zufällen (Serendipität) eine Chance geben | Gesichtsfelderweiterung durch vernetzte Kompetenz fördern |

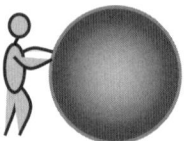

Effektiver Innovationsprozess:
Nicht nur von außen anschieben, auch von innen heraus erneuern!

| Innovative Produkte begeistern Kunden | Effiziente Prozesse senken Kosten | Reibungslose Abstimmung verkürzt Reaktionszeiten |

Die Wettbewerbsfähigkeit steigt, Arbeitsplätze werden gesichert

Bild 1

---

7 Von emergere (lateinisch): auftauchen, sich zeigen

sen – genügt vollauf, um am Ende komplexe Delta-Plus-Effekte wie eine *energieeffiziente Futtersuche* zu erzeugen. Dank Schwarmintelligenz haben Ameisen für umständliche Logistik überhaupt nichts übrig!

Dieses Prinzip gilt es auf Unternehmen zu übertragen. Der Einbezug vieler Köpfe sowie die Vernetzung mannigfacher Kompetenzen heben das Unternehmen auf eine qualitativ höhere Performance-Stufe. In diesem Quantensprung besteht die zentrale Leistung von Schwarmintelligenz. Bild 1 verdeutlicht die Effekte, die zu *kontinuierlicher Innovation* durch Schwarmintelligenz führen.

Kein Selbstläufer

Natürlich reicht es nicht, nur bei Ameisen, Fischen und Vögeln Anleihe zu machen. Der hoffnungsfrohe Leser sei gleich vorgewarnt: Schwarmintelligenz ist kein Selbstläufer! Mutter Natur hat Ameisen, Fische und Vögel im Laufe der Evolution mit allen zur Erzielung von Delta-Plus-Effekten erforderlichen Verhaltensmustern ausgestattet. Menschliche Verhaltensweisen sind demgegenüber weniger engmaschig und offen für sehr unterschiedliche Ziele. Bleibt dieser Unterschied unbeachtet, scheitert Schwarmintelligenz im Unternehmen.

Handlungen im Tierreich sind überwiegend *instinktgesteuert*. Im Unterschied dazu folgen Menschen in Unternehmen ihrer jeweiligen *Motivation*. Sie richten ihre Handlungen mehr oder weniger rational an ihren Zielen aus. Wie können Unternehmen sicherstellen, dass Schwarmintelligenz stets funktionale Ergebnisse im Sinne von Geschäftsmodell und Unternehmenszielen liefert? Die Funktionalität von Schwarmintelligenz ist kein banales Unterfangen, denn die übliche Funktionalitätssicherung durch engmaschige Kontrolle würde Schwarmintelligenz gleich wieder abwürgen. Doch keine Bange, es geht!

Zweitens hat Mutter Natur ihre Lebewesen mit allen erforderlichen Kompetenzen versehen: Duftmarkierungen, so genannte Pheromone, setzen und interpretieren – Ameisen beherrschen das von Natur aus. Unternehmen tun hingegen gut daran, für Schwarmintelligenz notwendige Mitarbeiter-Kompetenzen nicht unbesehen vorauszusetzen.

Kurz und bündig: Schwarmintelligenz bringt Unternehmen mannigfache Vorteile, will aber fachgerecht organisiert sein!

Weisheit einzelner oder Kompetenz vieler? Beides!

Macht Schwarmintelligenz Führungskräfte überflüssig? Provokante Frage, klare Antwort: nein, mit Sicherheit nicht! Salopp gesagt: Was Mutter

Natur bei den Ameisen übernimmt, müssen im Unternehmen Führungskräfte bewirken, nämlich die reibungslose Organisation von Schwarmintelligenz. Schwarmintelligenz im Unternehmen führt mitnichten dazu, das Führungsprinzip als solches in Frage zu stellen. Das Hervorbringen gewinnträchtiger Delta-Plus-Effekte durch Schwarmintelligenz verlangt – wir werden das noch im Einzelnen sehen – einen ausgefeilten Verhaltenskodex für Schwarmmitglieder. Das Aufstellen geeigneter Verhaltensmuster beschreibt einen neuartigen Führungs-Schwerpunkt. Schwarmintelligenz macht Führung nicht überflüssig, allerdings ändern sich Führungsaufgabe und Arbeitskultur spürbar.

Im Übrigen bedient sich auch die Natur des Führungsprinzips. Herden, in denen ein Leittier die Führung übernimmt, sind in der Tierwelt genauso präsent wie die Verhaltenssteuerung per Schwarmintelligenz. Warum sollten Unternehmen nicht ebenso auf beide Prinzipien vertrauen?

Strategische, von Führungskräften geplante Innovationen und Schwarmintelligenz ergänzen sich höchst effektiv. Jede strategische Innovation hängt von den analytischen Fähigkeiten und richtigen Schlussfolgerungen weniger Spezialisten ab, ebenso von deren Durchsetzungsfähigkeit. Im Unterschied dazu benötigt Schwarmintelligenz keinen überdurchschnittlich begabten Intellekt. Natürlich sind Genies nicht verboten, aber zur Generierung von Delta-Plus-Effekten reichen bereits alltägliche Fähigkeiten und Fertigkeiten vollkommen aus, vorausgesetzt, sie werden in der richtigen Weise vernetzt und aktiviert.

Bei der Festlegung von Geschäftsmodellen, Businessplänen oder Entwicklungsprojekten des Unternehmens wird man auf strategische Planung durch Führungskräfte wohl kaum verzichten. Selbst für strategische Innovationen kann Schwarmintelligenz eine nützliche Ergänzung darstellen, beispielsweise, um ungewöhnliche Handlungsalternativen ins Spiel zu bringen. Geht es um permanente Innovation im Arbeitsalltag, spielt hingegen Schwarmintelligenz ihre Vorzüge voll aus.

Viele Augen sehen mehr als zwei, und die Kreativität in der Gruppe schlägt signifikant den Ideenreichtum einzelner Personen. Schwarmintelligenz erweitert das Gesichtsfeld und nutzt die „Weisheit der Vielen"[8]. Ein zusätzliches, ansonsten brachliegendes Innovationspotenzial wird durch Schwarmintelligenz erstmals voll zugänglich.

---

8 James Surowiecki und Gerhard Beckmann, Die Weisheit der Vielen, München, 2005.

Startschuss zur Innovationsoffensive *Schwarmintelligenz*

Die süßen Früchte aus Schwarmintelligenz lassen sich erst ernten, wenn der Handlungsrahmen für die Vernetzung von Kompetenz, Intelligenz und Kreativität im Unternehmen perfekt etabliert ist. Andernfalls versickern viele gute Initiativen im Sumpf des betrieblichen Alltagstrotts.

Mit flammenden Appellen zu mehr Innovation ist eine solche Aufgabe keinesfalls erledigt! Vor dem erfolgreichen Einsatz von Schwarmintelligenz im Unternehmen steht zunächst einmal Arbeit, harte Arbeit! MitarbeiterInnen müssen sich weiterentwickeln, aber auch Führungskräfte müssen umdenken. Ausgefeilte neuartige Führungsinstrumente sind erforderlich, um Schwarmintelligenz für alle MitarbeiterInnen *handhabbar* zu machen.

Dieses Buch stellt – zum Teil erstmalig und exklusiv – alle für den betrieblichen Einsatz von Schwarmintelligenz erforderlichen Führungsinstrumente vor. *Führen durch Schwarmintelligenz* kreiert in diesem Sinn einen neuen, eigenständigen Führungsstil.

Klassische Führung baut auf vorgegebene Funktionsroutinen. Die Abkehr von dieser innovationshemmenden Führungskultur vollzieht sich Zug um Zug mit der Etablierung neuer Führungsinstrumente zur Schwarmintelligenz. *Entrepreneurship* hält Einzug, MitarbeiterInnen erproben das Neue, die Leistung steigt. Alle Führungsinstrumente sind praxisnah gehalten und umfassend beschrieben.

Einem Innovationsschub durch Schwarmintelligenz steht künftig nichts mehr im Weg.

1.2 Zurück zur Garage?

„Zurück zur Garage!" Unter diesem griffigen Motto rief die frühere Chefin des Computerkonzerns Hewlett-Packard, Carly Fiorina, dazu auf, verkrustete Strukturen zu durchbrechen und Anstöße zu Innovationen zu geben.

Man sieht: Selbst Unternehmen aus hochinnovativen Sektoren können ihre Beweglichkeit verlieren. Können Unternehmen sich überhaupt gegen unproduktives Beharrungsvermögen schützen? Inwieweit taugt die angesprochene „Garagen-Mentalität" dazu, hartnäckige Beharrlichkeit zu überwinden?

Das Motto, so erläuterte der deutsche HP-Geschäftsführer Jörg Menno Harms, *„steht traditionell für Ideenreichtum, Erfindergeist und hohe Flexibilität. Werte, ohne die die beiden Unternehmensgründer Bill Hewlett und Dave Packard wohl niemals ihre Garagen-Werkstatt zu einem Großkonzern gemacht hätten."*[9]

Der evolutionäre Verkrustungsprozess

Starten wir mit einer scheinbar banalen Frage: Was unterscheidet die Gründerzeit eines Unternehmens von den gewachsenen Strukturen eines Großkonzerns? Blickt man ein wenig hinter die Kulissen, findet man die Antwort im veränderten Verhältnis von Markt- zur Regelorientierung. Eine Unternehmensgründung gelingt nur, wenn sich das Unternehmen strikt an seinen Kunden und Wettbewerbern ausrichtet. Die Marktorientierung beträgt deshalb anfangs mehr oder minder 100 Prozent.

100 Prozent Marktorientierung besagt für die innere Organisation: Das Unternehmen befindet sich in der Experimentierphase. Die besten Wege und Verfahren werden gesucht, um zu liefern, was der Markt braucht. Vorsichtig tastet sich das Unternehmen an erste Regeln und Abläufe heran. Die Frage *„Wie mache ich das am besten?"* wird irgendwann nicht mehr jeden Tag von neuem gestellt. Stück für Stück nimmt Marktorientierung ab und Regelorientierung zu. Der evolutionäre Verkrustungsprozess hat eingesetzt.

Regeln als Ausleseprozess

Mit zunehmender Etablierung im Markt bilden sich Regeln und prozessuale Abläufe, Funktionsroutinen, heraus. Diese verkörpern die Erfahrungen der Organisation aus der Vergangenheit. Bewährtes wird zur Regel, Ungeeignetes wird aussortiert. Die Entstehung von Funktionsroutinen beschreibt eine evolutionäre Entwicklung: Verhaltensmuster, die in der Vergangenheit die größten Erfolge verbuchen konnten, werden ausgewählt, alle anderen eliminiert.

In vollkommen statischer Umgebung wären evolutionär entstandene Funktionsroutinen perfekt geeignet, Leistungen effizient und kundengerecht zu erbringen. Sobald sich jedoch Markt, Kundenbedarf oder äußere Rahmenbedingungen ändern, beginnen Funktionsroutinen als Folge des Verkrustungsprozesses ein Eigenleben zu entwickeln.

---

9 Pressemitteilung der deutschen Hewlett-Packard GmbH vom 4.1.2000

Die Organisation, so stellen wir fest, passt sich dem veränderten Kontext nicht mehr an. Wie auch? Wurden nicht MitarbeiterInnen explizit verpflichtet, bestehende Regeln unter allen Umständen einzuhalten? Aus welchem Grund, so scheint es bei oberflächlicher Betrachtung, sollte das Unternehmen Bewährtes aufgeben?

Das Eigenleben von Funktionsroutinen

Wie genau entsteht ein solch kontraproduktives *Eigenleben* der Funktionsroutinen? Wichtiger noch: Gibt es einen Schalter, den wir umlegen können, um Innovationen zu beschleunigen und das kontraproduktive Beharrungsvermögen in Wirtschaftsunternehmen zu überwinden?

Gehen wir nochmals zurück zur Start-up-Situation. Um die beste Lösung für die Bereitstellung einer Leistung am Markt zu finden, stehen zwei Aspekte im Mittelpunkt: die Ausgangslage (Kontext) und das angestrebte Ergebnis. Im Zuge der angesprochenen evolutionären Entwicklung entstehen daraus Funktionsroutinen, das heißt Handlungsanweisungen, die den bestmöglichen Weg zum Ziel beschreiben. In der Start-up-Phase stellen diese Funktionsroutinen tatsächlich so etwas wie eine „Best Practice" dar.

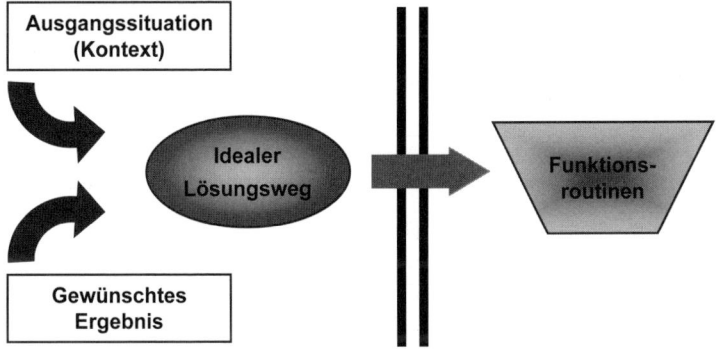

Bild 2

Löschung des Rückbezugs zu Kontext und Ergebnis

Dann passiert es! Durch die Fixierung der Lösung als Funktionsroutine tritt sozusagen hinter dem Rücken aller Beteiligten eine scheinbar winzige, in Wirklichkeit aber ganz entscheidende Modifikation ein: Der Rückbezug zum ursprünglichen Kontext und zum angestrebten Ergebnis ist in den Funktionsroutinen selbst gelöscht.

Bild 2 zeigt: Begründeten ursprünglich Kontext und kundengerechtes Ergebnis die Wahl der Handlungsalternativen, bilden jetzt die Funktionsroutinen selbst Grund und Ausgangspunkt aller Aktivitäten. Dieser Perspektivwechsel verursacht den Verkrustungsprozess. Eine im Ursprung sinnvolle *Best Practice* mutiert zu einer Funktionsregel, die fortan unreflektiert angewandt wird.

Der Autopilot: Regeln als Selbstzweck

Auf diese Weise entsteht die Einbahnstraße funktionalen Denkens. Führungskräfte und MitarbeiterInnen beginnen, Funktionsroutinen um ihrer selbst willen zu beherzigen. Sie machen sich nicht länger bewusst, wozu und unter welchen Umständen diese Regeln erstellt wurden. „*Professionelles Handeln ist, dass man...*" – so lautet künftig das Motto. Damit ist die Garagen-Situation passé.

Alle, Vorgesetzte und MitarbeiterInnen, mutieren von kundenorientierten Organisatoren zu Hütern eines starren Regelwerks. Dieser Schwenk beschreibt den innerbetrieblichen Verkrustungsprozess: Die fachgerechte Regelausübung wird *Selbstzweck*. Funktionsroutinen agieren wie ein Autopilot: Einmal programmiert, übernehmen sie selbstständig das Steuer. Ein manueller Eingriff ist bis auf weiteres nicht mehr möglich.

Klassische Führung: Innovationsverbot

Als Konsequenz wird die Überwachung einer korrekten Regelanwendung vordringliche Führungsaufgabe. Diese Situation beschreibt klassisches Management: MitarbeiterInnen erhalten *Ausführungsverantwortung* für die korrekte Anwendung aller Funktionsroutinen. Die fachgerechte Handhabung des Regelwerks wird überwacht. Abweichungen werden korrigiert, Missverständnisse beseitigt. Bestenfalls erhalten Handlungsroutinen ihren letzten Schliff.

Während im normalen Alltag Menschen durchaus prüfen, ob ihr Handeln die beabsichtigten Ergebnisse nach sich zieht, wird ihnen diese Haltung in klassisch geführten Unternehmen konsequent abgewöhnt. Klassische Führung verlangt von MitarbeiterInnen eine Art funktionalen

Tunnelblick. Eine Abweichung von etablierten Handlungsroutinen ist nicht erlaubt, ganz zu schweigen davon, dass ihnen eine Abweichung zur besseren Bedienung ihrer Kunden bei Bedarf abgefordert würde. Im Gegenteil! Innovationsvorschläge gewitzter MitarbeiterInnen werden oft ignoriert oder häufig sogar regelrecht abgebügelt. Klassisches Management fördert nicht nur den funktionalen Verkrustungsprozess, es verhindert zugleich Innovationen im Arbeitsalltag!

Schwarmintelligenz hat unter solchen Bedingungen natürlich keine Chance. Willkommen beim Beharrungsvermögen der Organisation!

 Die menschliche Natur begünstigt die Entfaltung von Schwarmintelligenz; durch unsere heutige Arbeitskultur wird Schwarmintelligenz jedoch eher behindert als gefördert.

Abschalten des Innovationsdrucks

Lässt eine Organisation das beschriebene Eigenleben bei Funktionsroutinen zu, bleibt Innovation auf die ursprüngliche, erst- und einmalige Erstellung der Funktionsroutinen beschränkt. Danach ist innerhalb der Organisation jeglicher Innovationsdruck abgeschaltet.

Innovation kann ab diesem Moment nur noch von außen und gegen den Widerstand der gesamten Organisation durchgesetzt werden. Hoffentlich stellen sich weitsichtige Führungskräfte rechtzeitig gegen die restliche Organisation und drücken die notwendigen Reformen durch!

Der Kunde stört

Welche Formen nimmt das Eigenleben von Funktionsroutinen an, wenn niemand gegensteuert? Falls Sie als Leser bei den folgenden Schilderungen Déjà-vu-Erlebnisse haben – überraschend kommt das nicht, aber jetzt kennen Sie die Ursache!

Moderne Märkte leben von hoher Dynamik. Der Lebenszyklus von Produkten und eingesetzter Technik verkürzt sich ständig. Als Konsequenz befinden sich die Halbwertszeiten von Funktionsroutinen im freien Fall. Das sture Befolgen gewohnter Regeln führt immer öfter zu wenig kundenfreundlichen Resultaten.

Dynamische Märkte erfordern eine permanente Anpassung von Verfahren, Methoden und eingesetzter Technik. Ein aufgelaufener Innovationsstau lässt sich allerdings nur erkennen, wenn der Rückbezug zum Kundenergebnis im Blickpunkt steht. Dominiert der Autopilot mit seinem Steuerprogramm „Starre Regeln plus Ausführungsverantwortung" das

Unternehmen, wird die bisherige Leistung auch bei geändertem Marktkontext unverdrossen weiter erbracht. Neue Kundenanforderungen werden ignoriert, abgewimmelt oder gar als unvernünftig klassifiziert. Das berühmt-berüchtigte „Der Kunde stört" wird gefährliche Realität. Leistungen werden am Markt nicht mehr optimal erbracht. Die Wettbewerbsposition wird geschwächt.

Widerstand durch Marktferne

Permanente Verkrustung, sprich: Ignoranz geänderter Marktanforderungen, zieht das Unternehmen irgendwann in die Krise. Investoren werden unruhig. Die marktnahen Bereiche im Unternehmen geraten immer stärker unter Druck und sehen sich schließlich gezwungen, zu reagieren.

Doch alle Änderungswünsche stoßen auf ihrem Weg durch die innerbetriebliche Dienstleistungskette bald auf erbitterten Widerstand. Im Rahmen klassischer Führung existiert für die marktfernen Unternehmensbereiche so gut wie kein Innovationsdruck. Die marktfernen Abteilungen schmoren im eigenen Saft. Eine interne Dienstleistungsmentalität besteht nicht, Kundenziele und Innovationsdruck kennen die Beteiligten nur vom Hörensagen. Die Folge: Innerbetriebliche Verwerfungen, wie in Bild 3 dargestellt, entstehen.

Innerbetriebliche Verwerfungen bei Verkrustung

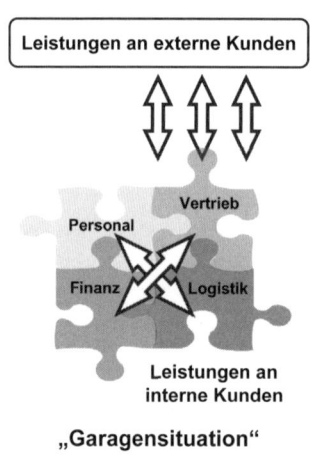

„Garagensituation"

Ausrichtung der Organisation auf marktgerechtes Kundenergebnis

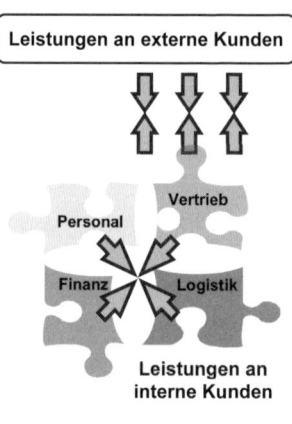

Verkrustungsprozess

Dynamische Märkte verursachen innerbetriebliche Spannungen

Bild 3

Ein Beispiel: Kurze Reaktionszeiten bringen einen greifbaren Wettbewerbsvorteil. Trotz dieses Vorzugs dürfte die Umstellung ihres Versands von „Wir liefern, sobald wir bereit sind" zu „Wir liefern binnen 24 Stunden" etlichen Unternehmen in keiner allzu guten Erinnerung sein. Ein solches Versprechen verlangt in aller Regel ein völliges Umkrempeln interner Prozessketten und ist aufgrund des Beharrungsvermögens oft nur gegen handfeste interne Widerstände zu erreichen. Schließlich verlangt ein fester Liefertermin bei schwankenden Versandmengen von allen Beteiligten ein hohes Maß an Arbeits(zeit)flexibilität – Unbequemlichkeiten inklusive.

Innovation als Normverstoß

Unbequemlichkeiten, das werden wir an späterer Stelle ausführlicher erörtern, werden nur dann in Kauf genommen, wenn ein sachlicher Grund erkennbar, nachvollziehbar und von den Betroffenen akzeptiert ist. Ohne ausreichend spürbaren Innovationsdruck ist dies regelmäßig nicht der Fall. Erst recht gilt dies bei größeren Umstrukturierungen, wenn alle Karten neu gemischt werden. Wo Organisationsänderungen Gewinner und Verlierer nach sich ziehen, entsteht ohne Innovationsdruck nur wenig Akzeptanz. Selbst offensichtlich sinnvolle Änderungen stoßen oft auf erbitterten Widerstand.

Noch schlimmer: Wenn Vorgesetzte und MitarbeiterInnen sich als Hüter des vorhandenen Regelwerks verstehen, wird jeder Änderungswunsch zum *versuchten Normverstoß*. Es kommt, was kommen muss: Der Änderungswunsch wird umgehend abgewehrt und als Normverstoß mit aller Konsequenz geahndet – hart und unerbittlich!

Wechsel der Diskussionsebene

Der Konflikt um Innovationen eskaliert, ein Machtkampf um die Abwehr *„unbegründeter Angriffe"* auf die eigene Funktion entsteht. Das Ausmaß, in dem das eigene Regelwerk durchgesetzt werden kann, wird zum Maßstab und Indiz für den eigenen Einfluss im Unternehmen – häufig nur oberflächlich kaschiert durch „Argumente" wie *„unmöglich", „entspricht nicht unserem Selbstverständnis", „sollen doch erst einmal die anderen, dann vielleicht in Zukunft…"*.

Ist Ihnen der klammheimliche Wechsel der Diskussionsebene aufgefallen? Die Diskussion entfernt sich weit von der Frage *„Ist die Änderung sinnvoll?"*, hin zur Skepsis *„Dürfen die das verlangen?"*. Jede Fraktion im Unternehmen versucht, allen anderen die eigenen Regeln aufzuzwingen.

Die Wahrnehmungsperspektive hat sich weg von Markt und Wettbewerb hin zu Macht und Einfluss verschoben.

Selbst guter Wille reicht nicht

Selbst dort, wo viel guter Wille im Spiel ist, und MitarbeiterInnen sich für Veränderungen aufgeschlossen zeigen, entstehen schwerwiegende Hindernisse. In allen Umbruchphasen ergeben sich fast zwangsläufig *Nicht-Standardsituationen*. Nicht-Standardsituationen zeichnen sich durch fehlende Handlungsanweisungen, unklare Verantwortungszuordnung, unscharfe Schnittstellen usw. aus. In solchen Phasen zeigt sich eine erschreckende Hilflosigkeit verkrusteter Organisationen; jedwede Instrumente zur Bereinigung von Nicht-Standardsituationen fehlen vollkommen.

Wo Vorgesetzte und MitarbeiterInnen für die regelgerechte Ausübung zugewiesener Aufgaben verantwortlich zeichnen, ist für neue Aufgaben, Ausnahmen oder eine flexible Anwendung bestehender Regeln erst einmal niemand zuständig, geschweige denn zu Abweichungen befugt. Langatmige Diskussionen und komplizierte Abstimmungsprozesse setzen ein. Lähmung und Verzögerung sind selbst dort die unausweichlichen Folgen, wo anfangs eine wohlmeinende Aufgeschlossenheit gegenüber Reformen bestand.

Krisenbewältigung „von oben"

Häufig wird in Krisensituationen eine neue Führungsmannschaft rekrutiert, die frischen Wind ins Unternehmen bringen soll. Von Führungskräften angestoßene strategische Innovationen sollen die Organisation „von außen" und „von oben" restrukturieren. Das neue Management startet mit Elan und setzt alles daran, Produkte, Organisation und Prozesse den veränderten Marktgegebenheiten anzupassen. Doch warum sollten die Hürden für das neue Management niedriger liegen als für das alte?

Das Krisenmanagement trifft auf eine Organisation, die sich gedanklich weit vom Markt entfernt hat und die Bewahrung bestehender Regeln als ihre eigentliche Aufgabe versteht. Der Status quo wird mit Zähnen und Klauen verteidigt.

So ist nicht verwunderlich, dass der anfängliche Schwung meist schon nach kurzer Zeit ins Stocken gerät. Selbst wenn es nicht gleich um Entlassungen oder die Schließung von Standorten geht, sondern Produktinnovation, Anpassung und Beschleunigung von Prozessabläufen im Vordergrund stehen, sind in dieser Situation Reibungsverluste sowie Kämpfe um Macht und Einfluss vorprogrammiert.

Das neue Management sieht sich gezwungen, einen Großteil seiner Tatkraft und Arbeitszeit nicht in Markt und Wettbewerb, sondern in die Überwindung interner Widerstände zu investieren.

Hohe Reibungsverluste behindern Innovation

Auf diese Weise wird viel Energie durch Reibungsverluste und Machtkämpfe vergeudet. Selbst kleinere Änderungen in den Prozessketten müssen mühsam gegen alle Beteiligten – betroffene Führungskräfte wie MitarbeiterInnen – durchgesetzt werden.

Muss das so sein? Lässt sich nicht innerhalb einer Organisation ein kontinuierlicher Innovationsdruck erzeugen, der permanente Marktanpassung fördert oder zumindest erleichtert? Lässt sich jenseits der strategischen Initiativen von Führungskräften ein Innovationspotenzial im Unternehmen aktivieren, das die Organisation von innen heraus beständig reformiert? Kann die in Reibungsverlusten verschwendete Energie in Leistung und Kundenorientierung umgemünzt werden?

Ja, das geht.

1.3 Mit Schwarmintelligenz zu Entrepreneurship

Klassische Mitarbeiterführung über unumstößliche Funktionsroutinen gleicht einem Autopilot: Einmal eingeschaltet, folgt er stur seinem Programm, selbst wenn eine Änderung des Reiseziels erforderlich wird. Pure Ausführungsverantwortung trennt die Spielregeln vom angestrebten Erfolg – die Regel wird zum Selbstzweck. Auch wenn sich Markt und Kundenbedarf längst geändert haben, wird die herkömmliche Leistung als regelgerecht betrachtet und unverdrossen weiter erbracht.

Aus dieser Konstellation erklärt sich das unglaubliche Beharrungsvermögen von Organisationen gegenüber Innovationsbestrebungen.

Gegen den Autopilot steuern?

Die klassische Reaktion auf dieses Beharrungsvermögen besteht in der strategischen Innovation durch Führungskräfte. Gegensteuern durch Innovationsdruck „von oben" löst, wie gesehen, die Innovationsbremsen freilich nur bedingt. Solange Unternehmensführer gegen den Autopilot ankämpfen müssen, sind sie gezwungen, ein außerordentliches Maß an

Energie zu investieren, um Innovationen durchzudrücken und ihre schwerfälligen Unternehmensschiffe neu auszurichten. Kein Wunder, dass manch eine Reformbemühung auf halbem Wege stecken bleibt.

Damit wir uns nicht missverstehen: Strategische Innovationen durch Führungskräfte haben Erfolge aufzuweisen, große Erfolge sogar. Sie haben unsere Welt fühlbar verbessert, überhaupt keine Frage. Bekannte Namen wie Werner von Siemens, Gottlieb Daimler oder Henry Ford, aber auch Bill Gates und Steve Jobs stehen gemeinsam mit vielen weniger bekannten für innovatives Unternehmertum. Egal, ob Forschung und Entwicklung neuer Produkte oder organisatorische Umschwünge wie die Einführung der arbeitsteiligen Massenfertigung – strategische Innovationen bilden eine einzigartige Erfolgsstory mit einer Jahrhunderte alten Geschichte.

Inneren Innovationsdruck organisieren

Die Frage, die sich angesichts der angesprochenen Innovationshemmnisse stellt, lautet: Geht es nicht leichter, schneller und besser? Die enormen Energien, die Führungskräfte heute in die Überwindung aller möglichen Innovationshürden stecken müssen, ließen sich wesentlich nutzbringender investieren, wenn aus der Organisation selbst der Wunsch nach Innovation entstünde. Keine Führungskraft müsste länger dafür werben, dass dynamische Märkte die permanente Runderneuerung im Unternehmen erforderlich machen.

Den Autopilot abschalten?

Innerer Innovationsdruck kann sich nur bei Abkehr von sturer Ausführungsverantwortung entwickeln. Die Abwesenheit jeglicher Freiheitsgrade erstickt alle Ansätze zum Wandel bereits im Keim. Erst wenn für alle Beschäftigten das angestrebte Kundenergebnis an erster Stelle, jedwede Funktionsroutine aber nachgeordnet an zweiter Stelle steht, kann sich Innovation von innen her entfalten.

Sollen wir den Autopilot „Funktionsroutine" zu Gunsten von Schwarmintelligenz wieder abschalten? Vermutlich zögern die meisten, diese Frage zu bejahen. Schließlich sind Autopiloten nützliche Geräte. Sie tragen zur Arbeitsentlastung bei und helfen, Fehler zu vermeiden.

In der Tat: Ohne Funktionsroutinen müsste das Rad täglich neu erfunden werden! Regeln, normierte Arbeitsschritte, Handlungs- und Verhaltensmuster sowie Prozesse bilden das Rückgrat jeder effizient arbeitenden Wirtschaftsorganisation. Der Wunsch nach permanenter Innovation kann deshalb nicht zur Konsequenz haben, auf Funktionsroutinen künftig ganz zu verzichten.

Problemfeld Eigenleben

Funktionsroutinen an sich sind ja auch nicht das Problem, sondern ihr unkontrolliertes Eigenleben. Gut gemachte Funktionsroutinen führen, sofern sich ihre Ausgangsparameter nicht verändert haben, automatisch zum bestmöglichen Kundenergebnis. Erst die fehlende Reaktion auf veränderte Markt- oder Kundenanforderungen macht aus Funktionsroutinen Innovationshürden.

Grundvoraussetzung für Schwarmintelligenz und inneren Innovationsdruck ist, Regeln und Funktionsroutinen nicht mehr *unbesehen* Geltung zu verschaffen. Das ist beileibe kein Plädoyer für Anarchie im Betrieb – allerdings ist es das Plädoyer, bestehende Regeln permanent und konsequent zu hinterfragen.

Was benötigt der Kunde wirklich? Ist die Regel für diesen Fall geschaffen? Passt die Lösung zum Problem? Gibt es eine kundenfreundlichere Lösung? Hat sich der Kundenbedarf geändert? Kann ich eine Leistung effizienter erbringen? Gibt es neue Techniken oder einfachere Wege zum Ziel?

Durch eine solche ergebnisbezogene Prüfung re-mutieren Regeln und Funktionsroutinen vom Zwangskorsett zu dem, was sie ursprünglich in der Garagensituation einmal waren: nützliche Hilfsmittel für eine optimale Leistungserstellung.

Innovationsdruck durch Schwarmintelligenz

Schwarmintelligenz – einmal zugelassen – überwindet dieses Eigenleben der Funktionsroutinen. Wille und Fähigkeit, Bestehendes zu hinterfragen und gegebenenfalls zu Gunsten einer besseren Lösung aufzugeben, werden durch Schwarmintelligenz gefördert. Schwarmintelligenz funktioniert, das werden wir im Abschnitt über die Bionik noch genauer kennen lernen, weil sich MitarbeiterInnen betrieblich erwünschten *Ergebnissen* verpflichtet fühlen, in der Frage der Vorgehensweise aber definierte *Handlungsfreiräume* besitzen. So entsteht Mitarbeiter-*Entrepreneurship* in Form einer Art *„Schöpferischen Unruhe"*.

Schwarmintelligenz macht nicht an künstlich gezogenen Grenzen Halt. Ähnlich wie bei den Ameisen werden im Unternehmen permanent neue Wege ausgelotet und bewertet. MitarbeiterInnen verlassen ausgetretene Pfade und suchen Erfolg versprechende Neuerungen.

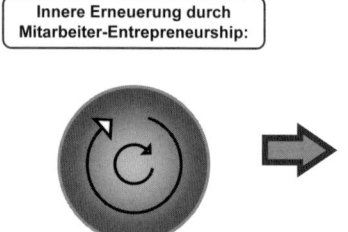

Bild 4

Die Aktivierung von Schwarmintelligenz bewirkt einen permanenten *inneren Innovationsdruck* im Unternehmen. Veränderte Markt- und Kundenanforderungen werden zeitnah reflektiert und berücksichtigt. Innovation wird *Kernaufgabe* aller Beschäftigten. Dieser Innovationsdruck aus der Mitte der Organisation überwindet, wie in Bild 4 beschrieben, Innovationshemmnisse und beschreibt den ersten Vorteil, den Schwarmintelligenz Unternehmen bietet. Die Organisation treibt quasi von selbst in die richtige Richtung!

Freiheitsgrade und Spielregeln

Schwarmintelligenz und Entrepreneurship entstehen nicht durch Appell der Unternehmensleitung. Eine ausgeklügelte Abstimmung zwischen Freiheitsgraden und Spielregeln ist erforderlich, um beispielsweise folgende Fragen zu klären:

- Wenn Regeln und Funktionsroutinen nicht länger einen absoluten Verhaltensmaßstab vorgeben, sondern nützliche Hilfsmittel darstellen, was regelt anstatt ihrer künftig das Verhalten? Woran können sich MitarbeiterInnen in Zukunft noch orientieren?
- Wie groß sind die Freiheitsgrade und wo enden sie?
- Wie gelangt äußerer Innovationsdruck in den Schwarm?
- Wie stellen Unternehmen sicher, dass Freiheitsgrade und Entrepreneurship tatsächlich in wettbewerbsfähige Ergebnisse münden?

Zur innerbetrieblichen Umsetzung der angesprochenen Problemfelder wurde vom Autor eine Reihe von Führungsinstrumenten wie *Ergebnisver-*

antwortung durch Servicelevel-Vereinbarungen oder das *4-Stufen-Kompetenz-Modell* neu entwickelt. Ein Einsatz derartiger Instrumente ist unumgänglich, wenn sich Schwarmintelligenz im Unternehmen entfalten soll. Zugleich verhindern sie zuverlässig, dass sich einzelne Bereiche im Unternehmen von Markterfordernissen abschotten und unverdrossen im eigenen Saft weiterschmoren können.

Schwarmintelligenz stoppt den innerbetrieblichen Verkrustungsprozess. Innerer Innovationsdruck bricht sich in Form von *Entrepreneurship* und *schöpferischer Unruhe* Bahn. In der Aktivierung dieses Innovationsdrangs liegt ein erster, entscheidender Vorteil von Schwarmintelligenz. Doch Schwarmintelligenz kann mehr! Schwarmintelligenz aktiviert zusätzliches Innovationspotenzial, das im klassischen managementgesteuerten Innovationsprozess nicht zugänglich ist.

1.4 Das Gesetz der großen Zahl

Wer in grauer Vorzeit das Rad erfand oder Ackerbau und Viehzucht als neue gesellschaftliche Organisationsform einführte, ist nicht überliefert. Als sicher kann aber gelten, dass diese Erfindungen die archaische Gesellschaft genauso umwälzend revolutionierten, wie das Entstehen der modernen Industrie die Neuzeit.

Innovationsfelder

Die meisten Menschen denken beim Stichwort *Innovation* intuitiv an die Erfindung neuartiger *Produkte oder Dienstleistungen*. Erleichterungen beim Lebensunterhalt, bessere Produkteigenschaften für Kunden oder die Erschließung neuer Marktanteile sind die gängigen Triebfedern für dieses Innovationsfeld. Doch auch die Unternehmensorganisation selbst kann Gegenstand betrieblicher Innovation sein. Effizienzverbesserung stellt die Haupttriebfeder in diesem zweiten Innovationsfeld *Organisation und Prozesse* dar. Innovationen im Bereich der Arbeitsorganisation zielen überwiegend darauf, die Arbeitseffizienz nachhaltig zu steigern. Eine ergonomischere Gestaltung der Arbeitsumgebung oder die Erhöhung der Arbeitssicherheit können ebenfalls im Blickpunkt stehen.

Als Henry Ford die Fließbandproduktion einführte, war nicht nur der Startschuss für das Automobil als Massenprodukt gefallen. Mit hoher Arbeitsteilung und dem Einsatz von Transportbändern wurde erstmals eine Produktionsform geschaffen, die auch heute noch die Grundlage vieler Produktionsprozesse bildet, auch wenn ihre Umsetzung aus Gründen der

Qualitätssicherung oder des Gesundheitsschutzes zwischenzeitlich modifiziert wurde. Die Auslagerung ganzer Produktionseinheiten in Billiglohnländer oder die Ausgründung von Geschäftsfeldern in eigenständige, einem eigenen Zwang zur Profitabilität unterliegende Unternehmen bilden weitere Beispiele für dieses Innovationsfeld.

Das Innovationsfeld *Produkte und Dienstleistungen* erlebte im frühen Mittelalter mit der Konstruktion raffinierter Wasser- und Windmühlen einen selbst unter Historikern wenig beachteten Höhepunkt. Anerkanntermaßen epochemachend war hingegen die Erfindung der Dampfmaschine durch James Watt. Die Dampfmaschine entpuppte sich als weit mehr als nur ein Geniestreich zur Krafterzeugung. Ihre Erfindung leitete die gesamte neuzeitliche Industrialisierung ein.

Autos, Flugzeuge, Fernseher, Notebooks, Handys, das Internet – so lesen sich die Innovations-Höhepunkte der Industriegeschichte des vergangenen Jahrhunderts. Die so genannte „Grüne Revolution" hat es hingegen zu keinem nachhaltigen Eintrag in das kollektive Technik-Gedächtnis der Menschheit gebracht. Diese Nachlässigkeit ist fast schon ein wenig befremdlich, denn nur durch innovatives Saatgut konnten die Ernteerträge pro Hektar so vervielfacht werden, dass die Ernährung der heutigen schnell wachsenden Menschheit im Großen und Ganzen gesichert ist. Leider gibt es nach wie vor viele Hungertote auf der Welt. Die Ursache dafür liegt jedoch in Misswirtschaft und Fehlallokation von Ressourcen. Unter rein agrartechnischen Gesichtspunkten wäre eine Ernährung der heutigen Weltbevölkerung durchaus möglich.

Phänomen „Serendipität"

Ist Innovation also das Produkt genialer Erfinder und weit blickender Unternehmensstrategen? Sicher, die gab es! Wenn Sie sich die Geschichte der großen Entdeckungen näher ansehen, werden Sie allerdings ernüchtert feststellen: Einer der allergrößten Erfinder in der Geschichte der Menschheit heißt – König Zufall!

Penicillin revolutionierte die Medizin, obwohl niemand je nach ihm geforscht hat. Es wurde rein zufällig, um nicht zu sagen aus Nachlässigkeit entdeckt, als der Mediziner Alexander Fleming während seines Urlaubs eine Bakterienkultur im Labor vergaß. Bei seiner Rückkehr stellte er mit Befremden fest, dass ein bis dato unbekannter Schimmelpilz – er nannte ihn Penicillin – die Kultur verunreinigt und alle Bakterien abgetötet hatte. Fleming setzte nach diesem „Unfall" die Forschung an seinen Bakterienkulturen fort. So dauerte es noch mehr als ein Jahrzehnt, bis jemand auf die Idee kam, Penicillin als Medikament einzusetzen.

Der amerikanische Soziologe Robert K. Merton hat für diese glücklichen Zufälle den Begriff „Serendipität" geprägt. Doch nicht nur Penicillin, auch die Röntgenstrahlen, die kosmische Hintergrundstrahlung, Teflon, der Sekundenkleber, Nylonstrümpfe und sogar das Rauschgift LSD wurden per Zufall entdeckt, als Wissenschaftler ganz anderen Fragestellungen nachgingen. Selbst die neuzeitliche Entdeckung Amerikas 1492 durch Christoph Kolumbus kann als Fall von Serendipität durchgehen – bekanntlich wollte Kolumbus den Seeweg nach Indien erkunden.

Dem glücklichen Zufall eine Chance geben

Strategie ist das glatte Gegenteil von Zufall. Die Erarbeitung neuer Businesspläne ist meist ebenso straff durchorganisiert wie Forschungs- und Entwicklungsprojekte. Von Führungskräften geplante strategische Innovationen lassen für Serendipitäts-Effekte wenig Raum. Zufällige Entdeckungen, häufig schon Ideen aus anderen Unternehmensbereichen oder Berichtsebenen, bleiben außen vor. Der Ergebnishorizont wird auf Wissen, Gedankenwelt und Kalkulationen weniger Spezialisten reduziert. Häufig herrscht ein nicht zu übersehender Trend, sich auf die Weiterentwicklung von Bestehendem zu konzentrieren und Nachahmerstrategien zu verfolgen. König Zufall ist selten mit an Bord. Ergebnis: Nur ein Teil möglicher Innovationsquellen wird im Unternehmen tatsächlich genutzt!

Vorteile der Schwarmintelligenz (2):
Erweiterte Innovationsbasis

Die Wahrscheinlichkeit für Serendipitäts-Effekte steigt mit der Zahl einbezogener Köpfe

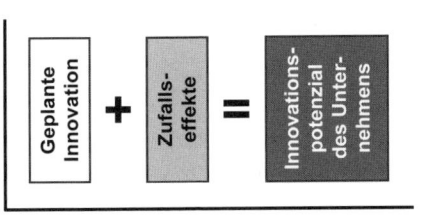

Aktivierung zusätzlichen Innovationspotenzials
durch Serendipitäts-Effekte

Geplante Innovation

Eingrenzung des Ergebnishorizonts auf Wissen und Erfahrung weniger Spezialisten

Trend zum Festhalten an gängigen Verfahren

Bild 5

Lässt sich Serendipität, der glückliche Zufall, durch Schwarmintelligenz gezielt provozieren? Das geht in der Tat! Möglich macht dies das *Gesetz*

1.4 Das Gesetz der großen Zahl

der großen Zahl. So wie die Gewinnchance im Lotto mit der Zahl abgegebener Tippreihen steigt, steigt die Innovationswahrscheinlichkeit mit der Zahl der involvierten Köpfe. Irgendwer hat immer eine kreative Idee! Irgendwer stolpert immer über zufällige Begebenheiten, die sich nutzbringend anwenden lassen. Je größer die einbezogene Gruppe, desto wahrscheinlicher entsteht ein positives Ergebnis! Dieser Fakt wird durch Bild 5 verdeutlicht.

Vom Zufall zur Innovation

Bei der Nutzbarmachung zufälliger Entdeckungen ist erneut innerbetriebliche Organisation gefragt! Lediglich über eine Entdeckung zu stolpern, reicht nicht. Alexander Fleming sei uns hier ein warnendes Beispiel. Damit aus einer zufälligen Entdeckung tatsächlich eine Innovation wird, muss ihr Potenzial erkannt und ihre Entwicklung vorangetrieben werden.

Schwarmintelligenz befördert den Prozess, Innovation zur *Kernaufgabe* aller MitarbeiterInnen zu erklären. Entsprechende Anreize und Belohnungen bewirken, dass MitarbeiterInnen die Augen offen halten und kontinuierlich alle Ansatzpunkte für Verbesserungen aufgreifen. Im Rahmen der Schwarmintelligenz eingesetzte Führungsinstrumente wie die *Angebots-Nachfrage-Synchronisation* oder *Best-Practice-Workshops* ermöglichen Beschäftigten, kreative Ideen fachgerecht weiterzuentwickeln und in die innerbetriebliche Wertschöpfungskette einzubringen.

Aufgrund des Serendipitäts-Effekts lohnt es sich, die Innovationsbasis zu verbreitern – König Zufall erhält so den ihm zukommenden Rang. Im Prinzip könnten Unternehmen sogar Kunden, Lieferanten und die Öffentlichkeit einbeziehen.

Schwarmintelligenz oder Betriebliches Vorschlagswesen?

Eine breitere Innovationsbasis ist auch Ziel beim Betrieblichen Vorschlagswesen. Aufmerksamen und engagierten MitarbeiterInnen bietet das Betriebliche Vorschlagswesen ein Forum, gute Einfälle zum Wohle des Unternehmens, aber auch als Gewinn für den eigenen Geldbeutel umzusetzen. Auf neudeutsch: Es entsteht eine Win-win-Situation. Tatsächlich können die meisten Unternehmen auf gute Erfahrungen mit ihrem Betrieblichen Vorschlagswesen verweisen.

Schwarmintelligenz geht weit über das Betriebliche Vorschlagswesen hinaus und erzeugt einen spürbar höheren Innovationsdruck. Während Schwarmintelligenz Innovation zur alltäglichen Kernaufgabe aller MitarbeiterInnen macht, erklärt das Betriebliche Vorschlagswesen Innovation zum freiwilligen Hobby.

Das Betriebliche Vorschlagswesen wird auf den betrieblichen Arbeitsalltag aufgesetzt. Gute Ideen sind charakterisiert als Zusatzleistung von MitarbeiterInnen jenseits ihrer eigentlichen Arbeitsaufgabe. Konsequente Logik: Als Zusatzleistung wird jeder erfolgreiche Verbesserungsvorschlag gesondert und oft recht generös vergütet.

Diese Aufgesetztheit hält den Innovationsdruck beim Betrieblichen Vorschlagswesen vergleichsweise gering. Die Beschäftigten erhalten die Erlaubnis, die Augen offen zu halten – Folge leisten müssen sie dieser freundlichen Einladung aber nicht unbedingt. Verbesserungsziele, zum Beispiel in Form geeigneter Kunden- oder Effizienzziele, fehlen völlig. Ein wirklich starker Anreiz, Tag für Tag nach Verbesserungsmöglichkeiten zu fahnden, entwickelt sich nicht.

Aus diesen Gründen schöpft das Betriebliche Vorschlagswesen das in MitarbeiterInnen steckende Innovationspotenzial nur begrenzt aus.

Mit unseren Betrachtungen aus den letzten beiden Kapiteln haben wir zwei wesentliche Vorzüge von Schwarmintelligenz im Hinblick auf den Innovationsprozess in Unternehmen beschrieben: Aufbau von innerbetrieblichem Innovationsdruck sowie eine Verbreiterung der Innovationsbasis. Es gibt einen weiteren, dritten Aspekt, warum Schwarmintelligenz den Innovationsprozess in Unternehmen so meisterhaft befördert, die Gesichtsfelderweiterung.

1.5 Gesichtsfelderweiterung im Schwarm

Joseph Schumpeter, der große Ökonom des frühen 20. Jahrhunderts, hat in seiner 1912 erschienenen *„Theorie der wirtschaftlichen Entwicklung"* Innovation als *„schöpferische Zerstörung"*[10] charakterisiert. Durch die Zerstörung alter Strukturen werden permanent produktivere Wirtschaftsprozesse erzeugt.

Dieser Ansatz scheint im Laufe der Jahre ein wenig in Vergessenheit geraten zu sein. Ein Großteil heutiger Innovatoren baut eher auf Nachahmerstrategien und Produktverbesserungen im Detail. Produkte werden ein wenig runderneuert und mit modischen Features versehen. An Arbeitsorganisation und Prozessen wird im Detail gefeilt. Sicher, Produkte werden kundenfreundlicher, die „Office Excellence" steigt und Produkti-

---

10 Joseph Schumpeter: Theorie der wirtschaftlichen Entwicklung, Berlin, 1912, S. 157

onsprozesse werden effizienter. Doch wo bleibt die Zerstörung? Anders gefragt: Ist die Innovationsaufgabe mit marginalen Verbesserungen wirklich umfassend gelöst?

Haariges Beispiel für eine gefährliche Strategie

Auf Biegen und Brechen an bewährten Lösungen festzuhalten und die Konzentration auf marginale Verbesserungen gilt vielen Unternehmenslenkern als risikoarme Strategie. In Wahrheit handelt es sich jedoch um eine brandgefährliche Angelegenheit! Das beweist uns ein etwas „haariges" Beispiel aus der Mitte des vergangenen Jahrhunderts. Die Rede ist von Produzenten, die Haarnetze für die elegante Frau von Welt herstellten. Haarnetze boten Frauen zum damaligen Zeitpunkt die einzige Möglichkeit, ihrer Frisur modischen Halt zu geben.

Die Hersteller dieser Haarnetze wetteiferten darum, immer dünnere und kaum noch sichtbare Netze zu produzieren. Dabei erzielten sie große Verbesserungen – aber keine wirkliche Innovation. Diese kam von einem findigen Chemiker, der das Haarspray erfand.

Die modebewussten Frauen waren vom Haarspray angenehm überrascht. Diese Art Überraschungseffekt ist es, die ein Produkt am Markt erfolgreich macht – das zeigt uns die Marktforschung immer wieder. Die Hersteller der Haarnetze eignen sich hervorragend als Anschauungsmaterial für diese Gesetzmäßigkeit: Mit dem Haarspray startete eine riesige Erfolgsstory, während sich die Haarnetz-Hersteller binnen kürzester Frist regelrecht vom Markt gefegt sahen.[11]

Nachahmerstrategie oder die Fesseln sprengen?

Die Hersteller der Haarnetze konkurrierten nach der „Me-too"-Nachahmerstrategie. Alle hatten mehr oder minder identische Produkte im Angebot. Gestaltete ein Hersteller seine Haarnetze etwas dünner, zogen alle Wettbewerber nach.

Die Selbstbeschränkung auf Nachahmerstrategien führte letztlich zum Scheitern aller Hersteller. Diese Feststellung sollte nicht dahingehend missverstanden werden, es sei unsinnig, Vorsprünge von Wettbewerbern aufzuholen. Selbstverständlich ist es sinnvoll, das eigene Angebot durch Verbesserungen an Produkteigenschaften oder Herstellungsverfahren

---

11 Beispiel nach Hinterhuber, Handlbauer, Matzler, Kundenzufriedenheit durch Kernkompetenzen, München und Wien, 1997, S. 24.

den marktüblichen Standards anzupassen. Die spannende Frage ist: Reicht diese Minimalvariante an Innovation?

Nein, lautet die klare Ansage aus dem Haarnetz-Beispiel: Innovation darf sich unter gar keinen Umständen auf die Fortschreibung bestehender Lösungsansätze *beschränken!* Im Gegenteil: Sich von den Fesseln aller gängigen Verfahren und Anschauungen gedanklich zu *lösen* – darin liegt der entscheidende Faktor erfolgreicher Innovationstätigkeit! Echte Innovatoren treten einen Schritt zurück, *erweitern ihr Blickfeld* und *denken ergebnisoffen!*

Basisaufgabe richtig erfassen

Die erste Voraussetzung zum Start eines erfolgreichen Innovationsprozesses liegt in der richtigen Erfassung der *Basisaufgabe,* also des Problems, das Kunden gerne gelöst hätten. Aufgrund ihres engsichtigen, auf das bestehende Produkt ausgerichteten Fokus unterlagen die Manager der Haarnetz-Hersteller einer irrigen Auffassung über die Basisaufgabe.

Sie nahmen an, ihre Kundinnen wünschten „ein möglichst dünnes Haarnetz". Tatsächlich wollten die Kundinnen jedoch irgendeine Lösung, um ihrer Frisur unsichtbaren Halt zu geben.

Kreativitätsphase von Bewertungsphase trennen

Der zweite Schritt eines erfolgreichen Innovationsprozesses besteht in der ergebnisoffenen Auflistung aller denkbaren Lösungsansätze. Diese *Kreativitätsphase* ist absolut essenziell: Nur wenn Sie als Innovator einen Schritt zurücktreten und sich gedanklich von allen bestehenden Lösungen frei machen, können Sie auch neuartige, außergewöhnliche und unkonventionelle Ideen in den Innovationsprozess einbeziehen.

Eine Bewertung dieser Lösungsansätze sollte erst anschließend in einem dritten Schritt, der *Bewertungsphase,* vorgenommen werden. Stehen bereits in der Kreativitätsphase Beurteilungskriterien wie Machbarkeit oder Kosten im Vordergrund, werden erfahrungsgemäß viele gute Ideen von vornherein ohne ausreichende Prüfung ausgesondert, obwohl sich manche, entgegen dem ersten Augenschein oder nach ein paar Modifikationen, durchaus bewährt hätten.

Alleinstellungsmerkmal statt Nachahmerstrategie

Um voreiligen Ausschlüssen vorzubeugen, müssen neue Ideen erst in der Bewertungsphase ihre Praxistauglichkeit beweisen. Gut möglich, dass am Ende eine modifizierte Fortführung des Bestehenden das beste Ergebnis bringt. Möglich aber auch, dass – wie im Falle der Haarnetz-Hersteller – ein völlig neuartiges Produkt das Kundenproblem weit besser bewältigt. Falls ja, Glückwunsch! In diesem Fall hat sich das Unternehmen ein Produkt mit *Alleinstellungsmerkmal* geschaffen, das es deutlich wahrnehmbar von allen Wettbewerbern absetzt.

Die entscheidende Forderung an alle Innovatoren lautet deshalb: Sprengt die Fesseln der *Nachahmerstrategie* und sucht nach *Alleinstellungsmerkmalen!* Bei dieser Aufgabe leistet Schwarmintelligenz durch die mit der Talentvernetzung im Schwarm einhergehende *Gesichtsfelderweiterung* erneut ausgezeichnete Dienste! Diesen dritten Vorteil von Schwarmintelligenz veranschaulicht Bild 6.

Vorteile der Schwarmintelligenz (3):
Gesichtsfelderweiterung im Schwarm

Vernetzte Kompetenz steigert die Qualität des Innovationsprozesses

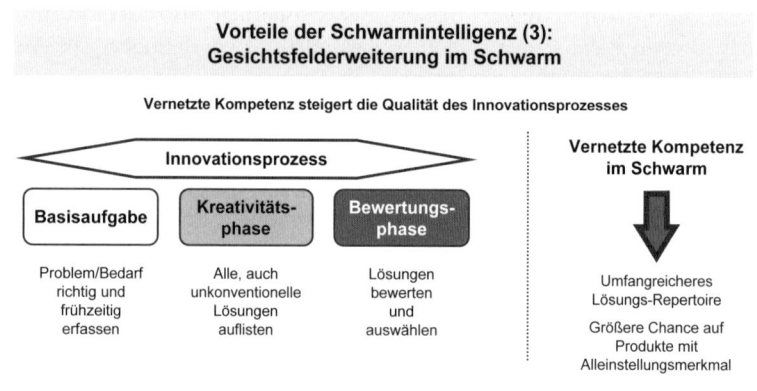

Innovationsprozess			Vernetzte Kompetenz im Schwarm
Basisaufgabe	Kreativitätsphase	Bewertungsphase	
Problem/Bedarf richtig und frühzeitig erfassen	Alle, auch unkonventionelle Lösungen auflisten	Lösungen bewerten und auswählen	Umfangreicheres Lösungs-Repertoire Größere Chance auf Produkte mit Alleinstellungsmerkmal

Bild 6

Blickerweiterung durch vernetzte Kompetenz

Warum orientieren sich neue Lösungsansätze viel zu oft am Bestehenden? Im Hinblick auf die menschliche Physis ist das naheliegend, denn unser Gehirn baut auf unseren Erfahrungen auf und entwickelt diese weiter.

Der Einbezug vieler Köpfe in den Innovationsprozess erweitert den individuellen Erfahrungshorizont. Die einzelnen Schwarm-Mitglieder bringen unterschiedliches Wissen, divergierende Gesichtspunkte und ein unterschiedliches Maß an Kreativität ein. Individuelle Kompetenzen werden durch Schwarmintelligenz zu einer Art *„Superorganismus"* vernetzt, der das Innovationspotenzial erhöht.

Ein Mix aus Kreativität und Rationalität, Design- und Funktionalitäts-Orientierung ist oft für erfolgreiche Innovationen erforderlich, findet sich aber nur in den seltensten Fällen in ein und derselben Person zusammen. Als Negativbeispiele fallen immer wieder stark technikgetriebene Produkte auf, die ihre Anwender überfordern. Statt überflüssigen Features und komplizierter Anwendung wünschen sich Benutzer einfache Handhabung und Resistenz gegenüber Fehlbedienung. Diese Art Produkt kann ihren Geburtsort in einer rein technikorientierten Entwicklungsumgebung kaum verleugnen. Durch Einsatz von Schwarmintelligenz lässt sich Abhilfe schaffen. Das Gesichtsfeld der Konstrukteure wird um nichttechnische Sichtweisen erweitert. Die Kompetenz im Unternehmen steigt, die Produktgestaltung wird kundenfreundlicher.

Kompetenz-Mix

Das Beispiel belegt einen weiteren Aspekt von Schwarmintelligenz: Es ist nicht erforderlich, dass Schwarmmitglieder besonders schlau, erfahren oder lauter Einserschüler sind. Die Wirkungsweise von Schwarmintelligenz beruht vielmehr darauf, dass *verschiedenartige Kompetenzen* miteinander kombiniert werden. Aufgrund dieser Talentvernetzung genügen MitarbeiterInnen mit durchschnittlicher Erfahrung und Qualifikation vollkommen, um überraschend positive Effekte durch Schwarmintelligenz zu erzielen.

Aus dieser Erkenntnis folgt eine wichtige Konsequenz: Schwarmintelligenz bedeutet mitnichten, dass MitarbeiterInnen ihre Vorgesetzten in Bezug auf Intelligenz, Fachkenntnis, Berufserfahrung usw. überflügelt haben und jetzt am Stuhl ihrer Chefs sägen. Entsprechende Befürchtungen mancher Führungskräfte sind meist völlig aus der Luft gegriffen. Sie zeugen eher von mangelndem Selbstbewusstsein der Führungskraft und – wie wir später noch sehen werden – einer etwas unglücklichen Auffassung von Führungsautorität.

1.6 Die Gretchenfrage der Schwarmintelligenz

Vom Unternehmen gewünschte Delta-Plus-Effekte zielen auf Wettbewerbsvorteile. Eine Produktverbesserung soll nicht nur Kunden erfreuen, sondern Umsätze steigern, Marktanteile erhöhen und sich am Ende des Tages in klingender Münze niederschlagen.

Strategische Innovation durch Führungskräfte folgt dieser Devise mehr oder minder per definitionem. Aber Schwarmintelligenz? Im Unterschied zu strategischen Überlegungen lebt Schwarmintelligenz von einem gewissen Chaos: Vielfalt, Kreativität, spontane Einfälle, selbst Zufälle bilden ihr Lebenselixier. Lassen sich Schwarmintelligenz und Wettbewerbsausrichtung vereinbaren? Oder bringt Schwarmintelligenz nur eine Reihe von Eierköpfen mit skurrilen Ideen ohne wirtschaftliches Potenzial hervor? Mit dieser Überlegung haben wir kurz und bündig die *Gretchenfrage der Schwarmintelligenz* gestellt!

Das wirtschaftliche Potenzial von Schwarmintelligenz

Das Potenzial zu wirtschaftlich potenten Lösungen besitzt Schwarmintelligenz auf jeden Fall! Schwarmintelligenz erleichtert die Suche nach Produkten oder Verfahren mit *Alleinstellungsmerkmalen*. Unternehmen können ihre Kunden positiv überraschen und sich deutlich von Konkurrenzprodukten differenzieren. Die Suche nach einem Alleinstellungsmerkmal wird auf drei Arten beflügelt:

1. Schwarmintelligenz fördert *Entrepreneurship* aller Beschäftigten und sorgt für einen inneren Innovationsdruck. Die Suche nach neuartigen Lösungen entsteht aus der Organisation heraus und muss nicht mühsam gegen die eigenen MitarbeiterInnen (und/oder einen Teil der eigenen Führungskräfte) durchgesetzt werden.
2. Der Einbezug vieler Köpfe erhöht die Chance, dass „König Zufall" Innovation befördert, indem MitarbeiterInnen plötzlich über ungeahnte Lösungswege stolpern (Nutzung von *Serendipitäts-Effekten*).
3. Die Vernetzung unterschiedlicher Erfahrungen und divergierender Blickwinkel erleichtert es, eingetretene Pfade zu verlassen und einzigartige neue Wege zu beschreiten.

Gewinnsprung durch Alleinstellungsmerkmal

Produkte mit kundengerechtem Alleinstellungsmerkmal zahlen sich fast immer finanziell aus. Sind Kunden wirklich begeistert, kommt dies nicht selten einer Lizenz zum Gelddrucken gleich. Kunden, die vor verschlossener Ladentüre übernachten, um am nächsten Morgen als erste ein bestimmtes Produkt ihr eigen nennen zu können, dokumentieren plakativ das außerordentliche wirtschaftliche Potenzial, das in Alleinstellungsmerkmalen steckt.

Welch Unterschied zu Nachahmerstrategien! Auf „Me-too"-Märkten findet Wettbewerb aufgrund des weitgehend identischen Angebots hauptsächlich über den Preis statt. Soweit keine Oligopole bestehen, sind diese Märkte tendenziell renditeschwach.

Durch Produkte mit Alleinstellungsmerkmal können innovative Unternehmen diesem Dilemma elegant entkommen. Wettbewerbern wird über das Alleinstellungsmerkmal die Möglichkeit der „Me-too"-Nachahmerstrategie zumindest eine Zeit lang verbaut.

Kontinuierliche Weiterentwicklung als Erfolgsgarantie

Schwarmintelligenz entsteht täglich neu. Die Suche nach Alleinstellungsmerkmalen findet *proaktiv* und *kontinuierlich* statt. Gute Ideen werden laufend produziert, nicht erst wenn eine Krise eintritt, die eine Fortführung der bisherigen Erfolgsstory unmöglich macht. Das ist auch gut so: Krisengetriebene Lösungen enden häufig in „Me-too"-Ansätzen. Schließlich muss zur Krisenbewältigung kurzfristig zumindest das Niveau der Wettbewerber erreicht werden.

Schwarmintelligenz ergreift neue Chancen, nicht weil etwas *schlecht* läuft, sondern *obwohl etwas gut läuft*. Wirtschaftlich ist diese Haltung von allergrößter Bedeutung. Sie garantiert, dass das Ruder rechtzeitig herumgerissen wird. Erfolgreiche Unternehmen handeln nach dem Motto: Wer wartet, bis sich eine Krise abzeichnet, hat schon verloren!

Historische Beispiele für Innovationsverweigerung sind zahlreich und können ganze Firmenfriedhöfe füllen. Fast schon kurios, aber wahr: Erfolg macht oft blind! Haben sich Produkte und strategische Ausrichtung in der Vergangenheit gut bewährt, halten Unternehmenslenker oft auf Biegen und Brechen am Status quo fest – selbst wenn am Horizont bereits dunkle Wolken heraufziehen.

So verpasste ein überaus erfolgreicher Hersteller mechanischer Registrierkassen den Trend zu elektronischen Kassen komplett. Auf Mechanik fixiert und ohne Kompetenz in Elektronik, versuchte das Unternehmen mit seiner Marktmacht, die elektronischen Kassen vom Markt fernzuhalten. Warum, so mag sich das Management gedacht haben, die errungene Marktführerschaft durch Wechsel zur Elektronik riskieren? Doch der Markt folgte eisern dem Gesetz der Nutzenmaximierung für Kunden. Nach einigen Anfangserfolgen der Verweigerungsstrategie war der Niedergang der mechanischen Kassen – und damit des Herstellers – ab dem Moment nicht mehr aufzuhalten, ab dem sich elektronische Kassen erstmals mit einem Warenwirtschaftssystem koppeln ließen.

Die Erfolgsstory neu schreiben

Bisher erfolgreiches Verhalten führt schnell in eine Sackgasse, wenn Innovationen unterbleiben. Schwarmintelligenz hilft Unternehmen, Bewährtes radikal in Frage zu stellen, Überholtes auszumustern und ohne Unterlass nach neuen Produkten und Verfahren zu suchen.

Eine bestehende Erfolgsstory ist eben kein Garant für alle Zukunft! Unternehmen, die nachlassen, sich kontinuierlich weiterzuentwickeln und an neuen Erfolgsstorys zu arbeiten, laufen Gefahr, vom Markt zu verschwinden. Marktstrategie, Produktangebot, eingesetzte Technik, innerbetriebliche Organisation und Prozesse – innovative Führungskräfte mobilisieren alle erdenklichen Kräfte im Unternehmen, um diese Bereiche ständig auf den Prüfstand zu stellen. Schwarmintelligenz ist dabei unersetzlich!

Bild 7 zeigt zusammenfassend das Potenzial, das Schwarmintelligenz als wirtschaftlicher Innovationsmotor besitzt.

Das wirtschaftliche Potenzial der Schwarmintelligenz

Neuartig mit Alleinstellungsmerkmal
Keine gedankliche Selbstbeschränkung auf Fortschreibung des Bestehenden

Proaktiv
Neue Erfolgsstory, solange die bisherige noch intakt ist

Schwarm-Intelligenz

Kontinuierlich
Daueraufgabe als Reaktion auf schnelllebige Märkte

als wirtschaftlicher Innovationsmotor

Bild 7

Gretchenfrage, 2. Teil

Wir haben gezeigt, dass Schwarmintelligenz durch kontinuierlichen Innovationsdruck einen bedeutenden Beitrag zu Wirtschaftlichkeit und Erfolg des Unternehmens leisten *kann*.

Allerdings ist die Gretchenfrage der Schwarmintelligenz mit dieser Feststellung nicht vollständig beantwortet. Eine Funktionsgarantie besteht durch die pure *Möglichkeit* zu wirtschaftlich potenten Lösungen noch lange nicht. Ein betriebswirtschaftlich optimaler Einsatz von Schwarmintelligenz erfordert, Schwarmintelligenz so zu organisieren, dass sie zwangsläufig, quasi automatisch, in wirtschaftlich bedeutende Innovationen münden *muss*.

Um die Funktionalität von Schwarmintelligenz im Sinne einer wirtschaftlichen Leistungserstellung unter allen Umständen zu gewährleisten, sind drei Problemkreise von Bedeutung:

1. Wie lassen sich Schwarmmitglieder, sprich MitarbeiterInnen, motivieren, ihre Kompetenzen zu vernetzen und Innovation zu ihrer Kern- und Alltagsaufgabe zu machen?
2. Wie lässt sich der Innovationsprozess so organisieren, dass sich Schwarmintelligenz im Rahmen vorhandener Funktionsroutinen und Prozessabläufe etablieren und behaupten kann?
3. Welche Mechanismen verhindern, dass sich Schwarmintelligenz auf Bestrebungen richtet, die von Markt und Kunden nicht angenommen werden oder dem Geschäftsmodell des Unternehmens zuwiderlaufen?

Antworten von Mutter Natur

Schwarmintelligenz erfolgreich im Unternehmen einzusetzen erfordert weit mehr als die vage Hoffnung, dass all diese Effekte sich schon irgendwie einstellen. Hilfestellung für einen gelungenen Einsatz von Schwarmintelligenz erhalten wir kostenlos bei Mutter Natur. Im nächsten Kapitel schauen wir uns als *Bioniker* an, wie die Natur Schwarmintelligenz umsetzt! Bionik setzt sich zusammen aus den Wörtern Biologie und Technik. Sie beschreibt das systematische Lernen von der Natur, indem natürliche Phänomene auf technische Systeme oder soziale/wirtschaftliche Organisationen übertragen werden.

1.7 Leitfragen und Antworten zum Kapitel

Warum sollten Unternehmen Schwarmintelligenz zur Innovationsförderung einsetzen?

- Kontinuierliche Innovation beschreibt angesichts schnelllebiger Märkte die wirtschaftliche Erfolgsformel für Hochlohnländer. Doch in der Praxis stoßen strategische Innovationsbemühungen des Managements häufig auf ein riesiges Beharrungsvermögen der Organisation. Schwarmintelligenz, sprich der Einbezug aller

MitarbeiterInnen in den Innovationsprozess, löst nicht nur Innovationsbremsen, sondern erschließt gleichzeitig ein ungeahntes, ansonsten brachliegendes Innovationspotenzial.

Woher rührt das Beharrungsvermögen von Organisationen?
- Das Beharrungsvermögen speist sich aus dem Eigenleben von Funktionsroutinen. Regeln und Prozesse, einst als Best Practice geschaffen, verlieren den Bezug zum ursprünglichen Kontext. Aus nützlichen Hilfsmitteln zur Leistungserstellung werden verselbstständigte Handlungsdirektiven, die von MitarbeiterInnen gegen alle Angriffe, sprich Neuerungen, mit Zähnen und Klauen verteidigt werden.

Welche drei entscheidenden Vorteile bietet Schwarmintelligenz Unternehmen bei der Innovationsförderung?

- *Vorteil 1: Innovationsdruck durch Mitarbeiter-Entrepreneurship.* Der „Autopilot" Funktionsroutine wird zu Gunsten der Übernahme von Ergebnisverantwortung für kundenorientierte *Servicelevel* abgeschaltet. Alle Regeln werden permanent auf ihre Tauglichkeit für vereinbarte Servicelevel geprüft und bei Bedarf verbessert. Innovationen entstehen von innen heraus und müssen nicht mühsam von Führungskräften gegen die eigene Organisation durchgesetzt werden.

- *Vorteil 2: Erweiterte Innovationsbasis.* Selbst bahnbrechende Innovationen wie die Erfindung des Penicillins verdanken sich glücklichen Zufällen. Durch Einbezug vieler neuer Köpfe trägt Schwarmintelligenz solchen *Serendipitäts-Effekten* Rechnung. Ähnlich wie beim Lotto die Abgabe zusätzlicher Tippscheine die Gewinnchance erhöht, steigt die Chance auf Innovation, wenn diese zur *alltäglichen Kernaufgabe aller MitarbeiterInnen* wird.

- *Vorteil 3: Gesichtsfelderweiterung in Schwarm.* Die vernetzte Kompetenz aller MitarbeiterInnen erweitert das Blickfeld. Sachverhalte werden neu interpretiert, veraltete Denkmuster landen auf dem Müll. Basisanforderungen werden zuverlässiger erkannt, kreative Lösungen werden begünstigt. Die Qualität des Innovationsprozesses steigt. Die Wahrscheinlichkeit, neue Produkte oder Verfahren mit Alleinstellungsmerkmal hervorzubringen, erhöht sich signifikant.

Jede betriebliche Innovation soll nicht nur Kunden erfreuen, sondern neue Umsätze generieren, die Wettbewerbsposition stärken und letztlich den Gewinn steigern. Die Gretchenfrage der Schwarmintelligenz lautet: Dient Schwarmintelligenz zwangsläufig diesen Unternehmenszielen?

Oder werden Unternehmenslenker die Geister, die sie riefen, nicht mehr los, so dass dysfunktionale Ergebnisse drohen?

- Wirtschaftliches Potenzial können wir der Schwarmintelligenz bereits auf den ersten Blick bescheinigen. Sie fördert Lösungen mit Alleinstellungsmerkmal. Aufgrund mangelnder Konkurrenz lassen sich Produkte oder Dienstleistungen mit Alleinstellungsmerkmal in aller Regel äußerst gewinnbringend vermarkten.

Offen bleibt an dieser Stelle zunächst die weitergehende Frage, ob sich Schwarmintelligenz so organisieren lässt, dass quasi *automatisch* Beiträge im Sinne übergeordneter Unternehmensziele entstehen. Auf der Suche, wie Unternehmen sich aufstellen können, um die wirtschaftliche Funktionalität von Schwarmintelligenz unter allen Umständen zu gewährleisten, holen wir uns zunächst kostenlosen Rat bei Mutter Natur. Bei Ameisen, Fischen und Vögeln bringt die Natur per Schwarmintelligenz schon seit Jahrtausenden spektakuläre Ergebnisse hervor.

2 Schwarmeffekte bei Mutter Natur

2.1 Geboren aus simplen Verhaltensmustern

Ameisen sind höchst erstaunliche Krabbler: Sie finden selbst in schwierigem und völlig unübersichtlichem Gelände zielsicher den kürzesten Weg zu einer Futterstelle. Für Ameisen ist das eine verblüffende Leistung. Sie können sich weder von oben einen Überblick über das Gelände verschaffen, noch besitzen sie einen Schrittzähler oder Meterstab. Schon gar nicht profitieren sie von der Routenberechnung eines Navigationsgeräts.

Wie gelingt Ameisen dieses kleine Wunder? Der Schlüssel zum Verständnis liegt in Schwarmintelligenz. Schwarmintelligenz führt in der Natur zu unerwarteten, frappanten Ergebnissen – und genau dieser Effekt macht Schwarmintelligenz als Vehikel zur Innovationsförderung so interessant.

Lernen von Mutter Natur

Viele grundlegende Prinzipien, wie sich Wissen, Erfahrung, Kompetenz und Know-how vernetzen und für Innovationen nutzen lassen, können wir von Mutter Natur lernen. Als Bioniker untersuchen wir natürliche Vorbilder. Diese Vorbilder geben uns Hinweise, nach welchen Spielregeln Schwarmintelligenz funktioniert und unter welchen Bedingungen sie sich entfaltet.

Lassen Sie uns zunächst einige Beispiele für Schwarmintelligenz in der Natur betrachten, um ihrem Geheimnis auf die Spur zu kommen: die Ameisenstraße, den Fischschwarm und die V-Formation beim Vogelflug.

Das Ameisenexperiment

Wissenschaftler haben mit Ameisen ein äußerst interessantes und aufschlussreiches Experiment durchgeführt. Wie in Bild 8 veranschaulicht, wurde in einiger Entfernung von einem Ameisenhaufen eine Futterstelle eingerichtet. Diese Futterstelle war auf zwei unterschiedlich langen Wegen erreichbar. Die Ameisen begannen sofort damit, das gefundene Futter in ihren Ameisenhaufen zu transportieren. Zunächst benutzten sie beide Wege gleichermaßen. Trotz ihrer unterschiedlichen Länge ergab sich anfangs keine Präferenz für den einen oder anderen Weg. Offenbar kann keine Ameise bewusst den kürzesten Weg kalkulieren. Dieser Umstand ist nicht weiter verwunderlich: Höchstwahrscheinlich hat die Ameise nicht einmal einen Begriff davon, was „Entfernung" eigentlich ist und dass Wege kürzer oder länger sein können.

Die ursprünglich gleich verteilte Nutzung der beiden Wege änderte sich jedoch rasch. Immer mehr Ameisen entschieden sich für den kürzeren Weg. Nur – woher weiß die einzelne Ameise, welches der kürzere Weg ist?

Das Interessante ist: Sie weiß es nicht, und sie muss es auch nicht wissen! Schwarmintelligenz baut auf den vorhandenen kognitiven Fähigkeiten auf. Diese werden so organisiert und eingesetzt, dass die gewünschten Ergebnisse quasi automatisch entstehen. Ameisen scheiden auf ihren Wegen permanent einen Duftstoff, ein so genanntes Pheromon, aus. Auf dem kürzeren Weg sind Ameisen schneller zurück – die Pheromon-Kon-

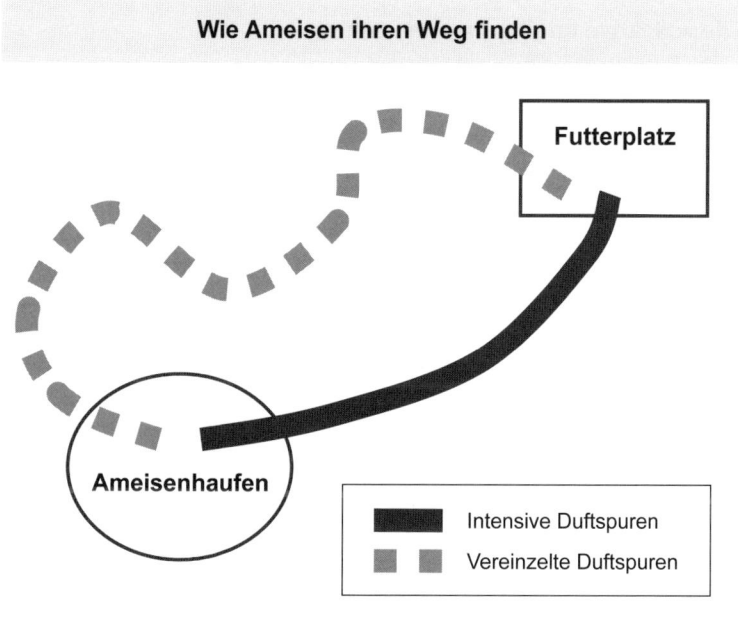

Bild 8

zentration steigt deshalb im Vergleich zum längeren Weg an. Die Natur hat Ameisen nun folgendes Verhaltensmuster aufgeprägt: Nachfolgende Ameisen wählen mit größerer Wahrscheinlichkeit einen Weg mit höherer Pheromonkonzentration.[12] Dieser einfache Verhaltenskodex genügt vollauf, um Ameisen zu Navigationsweltmeistern zu machen. Ihre Futtersuche erfolgt auf dem kürzestmöglichen Weg und damit energieeffizient – zweifellos ein bedeutender evolutionsbiologischer Vorteil!

Delta-Plus-Effekt: energieeffiziente Futtersuche

Schwarmeffekte entstehen aus einfachen Verhaltensmustern. Keine Ameise hat je etwas von den Vorzügen kurzer Wege oder von Energieeffizienz bei der Futtersuche gehört. Trotzdem stellt sich dieses vorteilhafte Resultat hinter ihrem Rücken automatisch ein.

Solche Delta-Plus-Effekte kennzeichnen Schwarmintelligenz. Ein Delta-Plus-Effekt beschreibt emergentes Verhalten: Der Effekt ist in den einzelnen Handlungen selbst nicht direkt angelegt. Es entsteht ein zusätzliches, im Sinne der übergeordneten Einheit – zum Beispiel des Ameisenstaats – positives Ergebnis, das von den Individuen des Schwarms weder direkt geplant oder auch nur angestrebt zu werden braucht. *„Ameisen sind nicht clever, Ameisenkolonien schon"*, beschreibt die Biologin Deborah M. Gordon von der Stanford-Universität diesen Umstand.[13]

Die kollektive Intelligenz der Fische

Selbst ein ganz einfacher Fischschwarm ist zu emergenten Leistungen fähig. Kommt es zu einem Angriff von Fressfeinden auf den Schwarm, beginnen die Fische im Kreis zu schwimmen, so dass eine Kugelform entsteht.[14] Evolutionsbiologisch gesehen ist eine Kugelform besonders günstig, da sie die Oberfläche im Verhältnis zum Volumen minimiert und somit einem Fressfeind die geringstmögliche Angriffsfläche für seine Attacken bietet. Darüber hinaus haben alle Raubfische, die sich optisch orientieren, Schwierigkeiten, im Schwarm einzelne Fische zu erkennen und gezielt zu ergreifen. Manchmal teilt sich der Schwarm auch blitzschnell in zwei Hälften und lässt den Fressfeind ins Leere laufen.

---

12 Beschrieben in: Matthias Böhmer, Schwarmintelligenz – Von natürlichen zu künstlichen Systemen, Fachhochschule Münster, Fachbereich Elektrotechnik und Informatik, Februar 2007. In der Informatik wird Schwarmintelligenz als Anleitung zur Lösung mathematischer Optimierungsprobleme verwendet. Anwendung finden Ameisenalgorithmen zum Beispiel bei der Wegeoptimierung, um bestimmte Reiseziele auf der kürzesten Strecke miteinander zu verbinden.
13 Peter Miller, Schwarmintelligenz, National Geographic Deutschland, 2007
14 www.welt.de/wissenschaft/article2287063/Biologen-dementieren-die-Schwarmintelligenz.html

Der Delta-Plus-Effekt „Kugelbildung" entsteht, obwohl kein Fisch die Größe einer Kugeloberfläche berechnen oder gar strategische Überlegungen über die günstigste Formation zur Abwehr von Fressfeinden anstellen kann. Beim Angriff eines Fressfeinds gelingen dem Schwarm Kugelbildung und blitzschnelle Richtungswechsel, ohne dass ein hektisches Durcheinander entsteht und ohne dass einzelne Fische anderen in die Quere schwimmen.

Kugelbildung durch einfache Verhaltensmuster

Zum Erzielen des Delta-Plus-Effekts der Kugelbildung genügt es vollkommen, dass der einzelne Fisch seinem Fluchtreflex nachkommt und weg vom Fressfeind hinein in den Schwarm schwimmt. Gleichzeitig imitiert er die Bewegungen seiner Nachbarfische. Dieser einfache Verhaltenskodex genügt, damit Fische synchron in die gleiche Richtung schwimmen.

Um dieses Synchronschwimmen möglich zu machen, besitzen Fische empfindliche Sinneszellen, das so genannte Seitenlinienorgan. Mit diesem können sie kleinste Druckunterschiede in ihrer Umgebung aufspüren und exakt erfassen. Zusätzlich sorgen von den Fischen ins Wasser abgesonderte Pheromone für einen Mindestabstand zu ihren Nachbarn. Wenn jeder Fisch versucht, gleichgerichtet in den Schwarm hinein zu flüchten, bleibt der Schwarm zusammen und bildet eine Kugel.

Wir sehen auch bei den Fischen emergentes Verhalten: Die Kugelbildung ist im Verhalten des einzelnen Fisches selbst nicht angelegt. Sie stellt sich erst durch das Agieren im Schwarm ein. Der eigene Überlebensdrang und die Orientierung an den Nachbarfischen reichen aus, den Schwarmfischen ein Ausmaß an Schutz zu bieten, das sie als Einzelgänger niemals erreichen könnten.

Vögel als Aerodynamik-Künstler

Der augenfälligste Delta-Plus-Effekt beim Vogelschwarm besteht in einer aerodynamisch optimierten Flugformation. Die bekannte *V-Formation* des Vogelschwarms bewirkt, dass der Schwarm mit minimalem Energieaufwand unterwegs ist. So wie Radfahrer bei Steherrennen vom Windschatten eines vorausfahrenden Motorrads profitieren, erzeugen die Vögel an der Spitze des Schwarms einen Sog, der nachfolgenden Vögeln das Fliegen erheblich erleichtert.

Aufgrund dieser Schwarmintelligenz sind Zugvögel in der Lage, so energiesparend zu fliegen, dass sie problemlos entlegene Winter- bzw. Sommerquartiere erreichen können. Während Rotkehlchen als so genannte Kurzstreckenzieher „nur" um die 2.000 Kilometer zurücklegen, schaffen

Langstreckenzieher Entfernungen über 4.000 Kilometer. Den Streckenrekord hält die Küstenseeschwalbe mit bis zu 15.000 Kilometern. Müssen Ozeane überquert werden, sind Nonstop-Flüge bis zu 100 Stunden keine Seltenheit.

Biologen haben errechnet, dass der Energiegewinn durch den V-förmigen Flug etwa 20 Prozent beträgt. Ohne diesen Energiegewinn könnten einzelne Vögel die riesigen Entfernungen nur sehr schwer oder überhaupt nicht bewältigen.[15]

Drei einfache Anweisungen

Der Vogel an der Spitze des Schwarms muss den höchsten Kraftaufwand leisten. Dieser Vogel ist jedoch keineswegs der Schwarmführer. Er besetzt die Spitze nur temporär und kann sich bei Ermüdung jederzeit auf eine Position im Windschatten zurückfallen lassen. Der Schwarm optimiert durch die V-Formation nicht nur seinen Gesamt-Energiehaushalt. Er sorgt gleichzeitig dafür, dass kein Vogel über Gebühr belastet wird.

Zur Erzielung dieses Delta-Plus-Effekts sind keinerlei Kenntnisse über Aerodynamik erforderlich. Die Ausführung einfacher, für den einzelnen Vogel vorteilhafter Verhaltensmuster genügt vollkommen. Die Anweisungen lauten: Halte dich im Windschatten. Falls du an die Spitze kommst, bleibe dort eine Weile und lass dich zurückfallen, sobald du müde wirst. Ansonsten richte dich nach deinen Nachbarn.

Bei einem Angriff können Vogelschwärme ähnlich wie Fischschwärme blitzschnell ihre Richtung ändern. Raubvögel, die in einen Vogelschwarm eindringen, werden abgewehrt, indem der Schwarm sie eng umschließt und so am Fliegen hindert. Der Raubvogel fällt unten aus dem Schwarm heraus. Der Schwarm bietet weitere Vorteile: Geeignete Rastplätze und Futterstellen werden vom Schwarm leichter entdeckt, und Jungvögel, die die Strecke nicht kennen, erreichen sicher die Winterquartiere.

Was ist Schwarmintelligenz?

Schwarmintelligenz verbindet Individuen zu einer Art *Superorganismus*. Für sich genommen eher unspektakuläre, auf die jeweiligen kognitiven Fähigkeiten abgestimmte Verhaltensmuster führen in der Summe zu Delta-Plus-Effekten. Über einen verbindlichen *Verhaltenskodex* wird ein intelligenteres Ergebnis erzeugt, als es dem einzelnen Schwarmmitglied

---

15 www.scinexx.de, Das Wissensmagazin, Gruppen, Rudel, Schwärme, Springer Verlag, Heidelberg – MMCD interactive in science, Düsseldorf, S. 5

je möglich wäre. Das Zusammenspiel unterschiedlicher Kompetenzen und Verhaltensweisen der Individuen bewirkt auf der Makroebene einen Erfolg, der in keinem ihrer Elemente unmittelbar angelegt ist und nicht beobachtet werden kann, wenn das Element isoliert vorliegt. Der Delta-Plus-Effekt erklärt sich nicht durch das einzelne Element, sondern durch ihr intelligentes Zusammenspiel.

Lassen Sie uns dieses Ergebnis als *Definition von Schwarmintelligenz* festhalten:

> **Definition Schwarmintelligenz**
>
> Schwarmintelligenz vernetzt Verhaltensweisen zur Erzielung von Delta-Plus-Effekten. Unter einem Delta-Plus-Effekt sind positive Ergebnisse aus übergeordneter Sicht zu verstehen. Delta-Plus-Effekte entspringen bereits einfachen Verhaltensmustern, ohne von den Schwarmindividuen direkt geplant oder auch nur angestrebt zu werden.

2.2 Intelligenz oder kollektive Intelligenz?

Ameisen, Fische und Vögel bilden Schwärme. Ameisen leben permanent im Schwarm, viele Fischarten, zum Beispiel Heringe, ebenfalls. Andere Fischarten bilden, ähnlich wie Vögel, nur temporär während bestimmter Lebensphasen einen Schwarm.

Alternativen zum Schwarm

Piranhas und manche *Seebarsche* leben nur außerhalb der Paarungszeit im Schwarm, manche Fischarten nur während ihrer Jugendzeit. Einige Schwärme lösen sich zeitweilig auf, weil die Tiere einzeln auf Futtersuche gehen. Wieder andere schließen sich nur zu Zeiten zusammen, in denen die Gefahr durch Fressfeinde besonders groß ist.

Die Natur kennt alternative Verhaltensformen zum Schwarm. Ein Schwarm unterstellt soziale Beziehungen der einzelnen Schwarmmitglieder zueinander. *Stechmücken* treten, wie jeder leidgeprüfte Spaziergänger weiß, allzu gern in Massen auf. Trotzdem bilden sie keinen Schwarm. Stechmücken sind Einzelgänger, die sich nur zeitgleich am selben Ort aufhalten, weil sie dort exzellente Nahrungsquellen – den Spaziergänger – oder angenehme klimatische Bedingungen vorfinden. Delta-Plus-Effekte sind von Stechmücken deshalb nicht zu erwarten.

Führung durch Leittiere

Neben Einzelgängern kommen in der Natur Paare, Rudel (kleine Gruppen bis etwa 10 Tiere) oder Herden (größere Verbände) vor. Die meisten Rudel und Herden werden von einem Leittier geführt. Denken Sie beispielsweise an eine Affen- oder Elefantenherde. Das Leittier lotst die Herde zu Futterplätzen oder Wasserlöchern und gibt vor, ob die Herde beim Angriff von Fressfeinden flieht oder diese abzuwehren versucht.

Beide Systeme, Schwarmintelligenz und Führung durch ein Leittier, haben in der Natur ihre Berechtigung. Die Evolution hat sich je nach Tierart für eine der beiden Varianten entschieden. Beide Systeme bieten im Einzelfall evolutionäre Vorteile.

Steuerung oder Selbststeuerung?

Die Existenz einer Herde hängt stark von der Erfahrung, manchmal auch von der Kampfkraft ihres Leittieres ab. Versagt das Leittier, kann die Herde verhungern, verdursten oder Fressfeinden zum Opfer fallen. Das Modell erfordert Tiere höherer Gattung, die ihre Umwelt beurteilen, Erfahrungen sammeln und der Situation angepasste Verhaltensweisen entwickeln können. Trotz dieser Fähigkeiten bleibt ein Risiko: Das einzelne Herdentier ist auf Gedeih und Verderb vom Leittier abhängig.

Das Erstaunliche an Schwarmintelligenz ist, dass überlebensfähige Verhaltensmuster entstehen, ganz ohne dass ein Leittier die Gruppe führt. Delta-Plus-Effekte – energieeffiziente Futtersuche bei den Ameisen, Kugelform zum Schutz bei den Fischen, die aerodynamische Flugformation bei den Vögeln – entstehen, ohne dass ein Leittier Entscheidungen trifft oder konkrete Handlungen einfordert. Die Selbststeuerung unter Beachtung eines feststehenden Verhaltenskodex ermöglicht dem Schwarm auch ohne Leittier eine optimale Anpassung an die Umwelt.

Zwei Arten von Intelligenz

Während die Herde von der „Intelligenz" eines einzelnen Leittieres abhängt, lebt der Schwarm von „kollektiver Intelligenz". Der Schwarm macht sich unabhängig von schicksalsträchtigen Entscheidungen einzelner. Andererseits können im Schwarm positive oder negative Erfahrungen aus der Vergangenheit nicht über Leittiere weitergegeben werden.

Beide Verfahren besitzen, wie in Bild 9 dargestellt, Vor- und Nachteile. Schwarmintelligenz funktioniert selbst dann noch, wenn die Komplexität einer Situation die kognitiven Fähigkeiten der beteiligten Individuen weit übersteigt. Komplexität ist in dieser Aussage nicht absolut, sondern

Intelligenz oder kollektive Intelligenz?

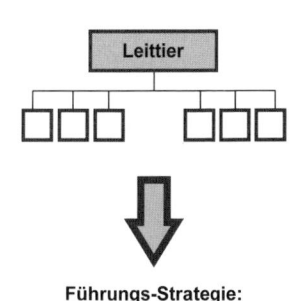

Leittier

Schwarm

Führungs-Strategie:
Analytische Reduzierung der Komplexität der Situation durch Leittier

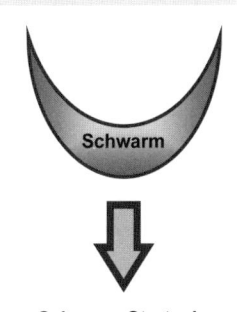

Schwarm-Strategie:
Erweiterung der kognitiven Fähigkeiten zum „Superorganismus" durch Kompetenz-Vernetzung

Bild 9

relativ, das heißt in Bezug zu den kognitiven Fähigkeiten der jeweiligen Tierart, zu verstehen.

Kompetenzvernetzung bei überhöhter Komplexität

Einem Menschen fällt es nicht schwer, den kürzesten Weg zwischen zwei geographischen Punkten zu finden. Entweder zieht er eine Karte zu Rate, oder er misst die Strecke, alternativ die benötigte Zeit, bis zum Ziel. Für einen Menschen ist die Komplexität der Aufgabe, die kürzeste Route zu bestimmen, vergleichsweise niedrig.

Ganz anders stellt sich diese Aufgabe aus Sicht einer Ameise dar. Ihr Gehirn ist für die Messung oder Berechnung von Strecken nicht ausgelegt. Für eine Ameise bildet die Bestimmung der kürzesten Strecke ein Problem allerhöchster Komplexität. Ein Ameisen-Leittier wäre zur Bewältigung dieser Situation deshalb nicht hilfreich. Das Leittier stünde vor exakt derselben unlösbaren Aufgabe wie die gewöhnliche Ameise. Der Ameisenstaat kennt zwar eine Ameisenkönigin; diese besitzt jedoch überwiegend reproduktive Aufgaben und steuert den Ameisenstaat wohlweislich nicht im Sinne eines Leittieres.

Schwarmintelligenz bietet in allen Situationen einen evolutionären Vorteil, die aufgrund ihrer *Komplexität* für die Beteiligten nicht vollständig beschreibbar, überschaubar und begreifbar sind. Bestehen *Unsicherheitsfaktoren*, spielt Schwarmintelligenz ihre Vorteile voll aus. Die Strategie der Natur für hochkomplexe Situationen besteht darin, die Kompetenzen der einzelnen Schwarmmitglieder miteinander zu vernetzen. Durch diese Vernetzung entsteht ein *Superorganismus,* der selbst hohe Komplexitätsanforderungen über geeignete Verhaltensmuster sinnvoll abarbeiten kann.

Reduzierung der Komplexität

Sind hingegen alle Parameter und Interdependenzen einer Situation bekannt und kalkulierbar, versprechen Berechnung und zielgerichtete Planung den größeren Erfolg. Dieser Strategie folgt die Natur beim Einsatz von Leittieren.

Leittiere bringen Vorteile, wenn sie einer Situation kognitiv gewachsen sind, Handlungsalternativen abwägen und deren Folgen plausibel abschätzen können. Das Leittier reduziert die Komplexität der zu Grunde liegenden Situation: Es verarbeitet die gegebenen Parameter und zieht daraus Schlüsse. Die Situation wird mit vorher gespeicherten Situationen und dazu passenden Verhaltensmustern abgeglichen, sodass letztendlich die am meisten erfolgversprechende Verhaltensalternative gewählt werden kann.

Bei Tieren läuft dieser Prozess instinktiv ab. Menschen können in solchen Situationen auf ihr Denkvermögen zurückgreifen und selbst unbekannte Situationen analysieren, für die gesicherte Erfahrungswerte fehlen. Die menschliche Analysefähigkeit kann nicht nur die Komplexität von Situationen drastisch reduzieren, sie kann auch die Wahrscheinlichkeit von Ereignissen kalkulieren und völlig neuartige Verhaltensmuster entwickeln.

Die Doppelstrategie der Natur

Intelligenz oder kollektive Intelligenz? Die Natur setzt auf beide Varianten. Wenn eine Situation das Analysevermögen ihres Beobachters übersteigt, wenn Details zu zahlreich sind, wenn unbekannte Variablen eine Rolle spielen oder wenn zufallsbedingte Wahrscheinlichkeiten eine Situation schwer kalkulierbar machen, setzt die Natur auf Schwarmintelligenz, andernfalls auf das Führungsprinzip.

Warum sollten wir im Wirtschaftsleben nicht – je nach Situation – ebenfalls beide Strategien nutzbringend einsetzen und miteinander kombinieren?

2.3 Der Ambivalenz-Faktor

Aristoteles war vermutlich der erste Gelehrte, der den Delta-Plus-Effekt der Schwarmintelligenz erkannt und auf sozialwissenschaftliche Fragestellungen angewandt hat. In seinem Werk *Politik* fordert er, dass staatspolitische Entscheidungen eher von der Masse als von einer geringen Zahl hoch gebildeter Aristokraten getroffen werden sollten. Zur Begründung dieser so genannten *Summierungstheorie* argumentiert er, dass die Masse, auch wenn sie keineswegs aus den Besten bestehe, letztlich bessere Ergebnisse erreiche als einige wenige, wenngleich hoch gebildete Personen.[16]

Kompetenzvernetzung

So könne die Masse Musik oder Dichtung weit besser beurteilen als einzelne Gelehrte. Kein noch so gebildetes Individuum, so Aristoteles, besitze den vollständigen Überblick über alle Aspekte und Interpretationen eines künstlerischen Werks. Die Masse hingegen schätze an einem Werk sehr mannigfaltige Gesichtspunkte. In ihrer Gesamtheit führten die individuellen Sichtweisen deshalb zu einer umfassenden und vollständigen Beurteilung.

James Surowiecki argumentiert in seinem Buch „Die Weisheit der Vielen" ganz ähnlich. Als Beleg führt er ein Beispiel an, in dem der Mittelwert aller Schätzungen einer Gruppe den besten Schätzwert – in dem Fall über das Schlachtgewicht von Rindern auf einer Viehauktion – lieferte. Die Qualität dieses Mittelwerts übertraf selbst die Schätzwerte von Sachverständigen.[17]

Eine mathematische Analyse liefert uns ein Experiment aus dem Jahr 2007. Der Versuchsaufbau: Probanden sollten die Anzahl von Nadeln in einer Box schätzen.

Das Resultat: Die Spannbreite aller Schätzungen, also der Abstand zwischen der höchsten und der niedrigsten Schätzung, betrug 500 %. Der Mittelwert aller Schätzungen lag 20 % unterhalb des richtigen Werts. Die beste Einzelschätzung wich vom tatsächlichen Wert um 7 % ab. Was sagt uns dieses Resultat? Sollte man dem Schwarmergebnis, also dem Mittelwert aller Schätzungen, eher vertrauen als einer individuellen Schätzung?

---

16 Aristoteles: Politik, Übersetzt und herausgegeben von Olof Gigon, Buch 3, Kapitel 11, 10. Auflage, München, 2006.
17 James Surowiecki und Gerhard Beckmann, Die Weisheit der Vielen, München, 2005.

Eindeutig ja! 71 % aller Teilnehmer lagen mit ihren individuellen Schätzwerten schlechter als das Schwarmergebnis. Nur 29 % konnten bessere Ergebnisse vorweisen. Hätte der beste Schätzer dem Schwarmergebnis statt seiner eigenen Schätzung vertraut, hätte er sein Ergebnis lediglich um 13 % verschlechtert. Hätte der schlechteste Schätzer dem Schwarmergebnis vertraut, hätte er sein Ergebnis hingegen um 55 % verbessert.[18]

Wir sehen: Es gibt durchaus bessere Schätzergebnisse als das Schwarmergebnis. Allerdings lässt sich dieser Umstand in der Praxis nicht nutzen, da niemand vorab wissen kann, *wer* der beste Schätzer ist. Deshalb bildet das Schwarmergebnis in Situationen, die sich einer exakten Vorausberechnung entziehen, die solideste Entscheidungsgrundlage.

Ausgleich von Vorlieben und Vorurteilen

Wodurch entsteht diese *Weisheit der Vielen?* Einzelpersonen, so argumentiert Surowiecki, sind nicht frei von Vorlieben, Vorurteilen und eingeschliffenen Denkmustern. Sie verfügen über mannigfache Erfahrungen und unterschiedliche Informationsstände. Somit kommt es zwangsläufig zu verschiedenartigen Interpretationen von Sachverhalten. Die Vernetzung dieses Wissens führt zur Kompetenzsteigerung und zur Gesichtsfelderweiterung im Schwarm.

Die Gedanken von Aristoteles und Surowiecki reflektieren ein Ergebnis, das wir bereits bei Betrachtung der Schwarmintelligenz in der freien Natur gewonnen haben: Schwarmintelligenz ist immer dann ein probates Mittel, wenn Situationen hochkomplex sind und dem Einzelnen kein vollständiger Überblick über Fakten und Wirkungszusammenhänge möglich ist. Je komplexer die zu Grunde liegende Situation, desto ambivalenter ist sie: Entscheidungen und ihre Folgen sind kaum kalkulierbar. Man ist auf Interpretationen, Prognosen und Schätzungen angewiesen.

Der Einbezug vieler Personen stellt sicher, dass in solch unwägbaren Situationen alle erdenklichen Aspekte berücksichtigt und nach der Wahrscheinlichkeit ihres Eintretens bewertet werden. In ihrer Summe erhöhen die unterschiedlichen Bewertungen deshalb die Entscheidungsqualität.

---

18 Alle Daten von Wolff Horbach, Experiment zur Schwarmintelligenz, beschrieben auf www.innovativ-in.de. Leider war die Zahl der Teilnehmer im Experiment gering, sodass seine Aussagekraft eingeschränkt bleibt.

Einsatzfelder im Unternehmen

Ihre Entscheidungsqualität in ambivalenten Situationen macht Schwarmintelligenz in betrieblichen Alltagsituationen interessant. Schwarmintelligenz lässt sich überall dort bevorzugt einsetzen, wo Fakten, Trends und Entwicklungen nicht vollständig bekannt sind.

Überbetrieblich sind Faktoren wie die Reaktion von Nachfragern, Vorstöße von Wettbewerbern, Konjunktur- oder Wechselkursentwicklungen nicht eindeutig vorhersehbar. Wenn im Rahmen der Marktforschung eine Vielzahl von Personen befragt wird, um künftige Trends besser vorhersagen zu können, ist das im Grunde praktizierte Schwarmintelligenz, auch wenn das Verfahren nicht so tituliert wird. Der Erfolg solcher Befragungen beruht auf der von Aristoteles und Surowiecki gezeigten Gesetzmäßigkeit, dass die Meinungsvielfalt Trends besser abbildet als singuläre Expertenmeinungen.

Ein riesiges, bisher unerschlossenes Feld für Schwarmintelligenz bietet sich innerbetrieblich. Dort besteht die Wertschöpfung aus einem komplexen Konglomerat miteinander vernetzter Einzelhandlungen und sozialer Kontaktpunkte. Selbst die allerbeste Führungskraft kann nur einen winzigen Bruchteil dieses Beziehungsgeflechts überblicken. Man schätzt, dass im Zuge des Lean Managements Führungskräfte nur 5 Prozent aller Vorgänge in ihrem Bereich tatsächlich zu Gesicht bekommen. Den restlichen 95 Prozent können sie aufgrund zeitlicher Restriktionen keinerlei Aufmerksamkeit schenken. Aus diesem Grund besteht im Arbeitsalltag ein hohes Innovationspotenzial, das sich nur durch Schwarmintelligenz erschließen lässt. Einen Überblick über die betrieblichen Einsatzfelder gibt Bild 10.

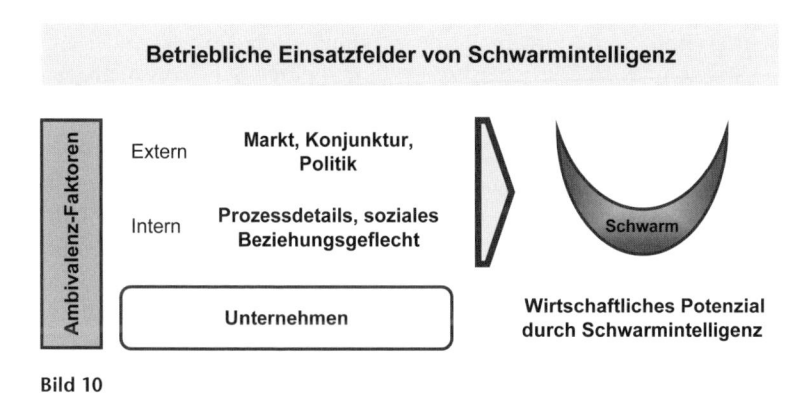

Betriebliche Einsatzfelder von Schwarmintelligenz

Ambivalenz-Faktoren		
Extern	Markt, Konjunktur, Politik	
Intern	Prozessdetails, soziales Beziehungsgeflecht	Schwarm
	Unternehmen	Wirtschaftliches Potenzial durch Schwarmintelligenz

Bild 10

Über Schwarmintelligenz lassen sich zum Beispiel prozessuale Schwachstellen oder Probleme im Umgang mit Kunden identifizieren und neuartige, auch unkonventionelle Lösungsvorschläge entwickeln. Schwarmintelligenz kann Prozesse und Arbeitsabläufe effizienter gestalten sowie Produkteigenschaften verbessern. Weniger Reibungsverluste und kürzere Reaktionszeiten sind weitere Vorteile. Qualität und Quantität des Outputs steigen, Kosten sinken. Die Wettbewerbsfähigkeit steigt durch Schwarmintelligenz. Dazu müssen die einzelnen Schwarmmitglieder – sprich MitarbeiterInnen – dieses Ziel nicht einmal direkt ansteuern.

Umgekehrt erweisen sich strategische Entscheidungen durch Führung und Spezialistentum in allen Fällen als die überlegene Methode, in denen die Komplexität einer Situation so weit reduziert werden kann, dass Ergebnisse kalkulierbar und die Auswirkungen von Entscheidungen vorhersehbar werden. Die Lösung einer mathematischen Optimierungsaufgabe wird einem erfahrenen Mathematiker mit Sicherheit besser gelingen als einer Gruppe von Personen, die alle nicht viel von Mathematik verstehen.

Leistungsschub im Doppelpack

Lassen sich *Strategie* und Schwarmintelligenz im Unternehmen kombinieren? Durchaus! Die Entwicklung neuer Marketingstrategien macht es vor: In einem ersten Schritt werden bestehende Unsicherheiten bezüglich Markttrends und Kundenwünschen durch Schwarmintelligenz bestmöglich beseitigt. Schwarmintelligenz reduziert die Komplexität der Situation so weit, dass sie strategischen Überlegungen zugänglich wird und erfahrenen Unternehmenslenkern eine sinnvolle Positionierung des Unternehmens im Markt ermöglicht. Die Kombination aus Strategie und Schwarmintelligenz fördert die Entwicklung erfolgversprechender Geschäftsmodelle. In ähnlicher Weise können durch Schwarmintelligenz innerbetriebliche Schwachstellen aufgespürt werden, die dann durch strategische Überlegungen ausgemerzt werden.

Schwarmintelligenz kann aber nicht nur *Trends* und *Problembereiche* entdecken, sie findet vor allem auch *innovative Lösungen*. Testen Sie als Führungskraft ruhig einmal den umgekehrten Weg: Nutzen Sie Schwarmintelligenz, um strategische Zielsetzungen voranzubringen! Sie werden mit hoher Wahrscheinlichkeit die Erfahrung machen, dass die Aktivierung von Schwarmintelligenz zu einer Reihe innovativer Ideen führt, die bisher nicht im Fokus standen. Deren Potenzial und Erfolgschancen können Sie anschließend im Zuge Ihrer strategischer Planungen evaluieren und umsetzen.

Bei allen Fragestellungen, in denen es um die Erweiterung des bestehenden Horizonts geht, verspricht Schwarmintelligenz hochinteressante Delta-Plus-Effekte. Strategie und Schwarmintelligenz sollten sich im Unternehmen deshalb stets ergänzen!

2.4 Innovations-Versager in Nadelstreifen?

Der Einsatz von Schwarmintelligenz bringt Unternehmen Vorteile in Situationen, in denen

- Entscheidungen auf Basis von unsicherem Wissen, das heißt aufgrund von Prognosen und Schätzungen getroffen werden müssen;
- Fehlentscheidungen, die durch Nichtbeachtung wesentlicher Aspekte, durch übertriebenen Fokus auf bestehende Lösungsansätze oder durch persönliche Vorlieben und Vorurteile entstehen, vermieden werden sollen;
- ein hohes Maß an Kreativität und Einfallsreichtum gefordert ist;
- Serendipitäts-Effekte eingefangen werden sollen.

Auf unbekanntem Terrain

Ihre hohe Erfolgswahrscheinlichkeit in ambivalenten Situationen macht Schwarmintelligenz zum idealen Vehikel der Innovationsförderung. Es liegt im Wesen von Innovation, dass unbekanntes Terrain betreten wird. Jede Innovation startet aus einer hochkomplexen Situation: Fakten und Wirkungszusammenhänge sind zu mehr oder minder großen Teilen unbekannt. Kreativität ist gefragt! Neue Funktionalitäten werden erahnt, getestet, kombiniert, abgestimmt und schließlich nutzbar gemacht.

Innovation steht geradezu als Synonym für Unsicherheit und Ambivalenz. Innovatoren sind in hohem Maße auf zündende Ideen, Geistesblitze, Schätzungen und ihre Intuition angewiesen. Der technische und wirtschaftliche Erfolg von Innovationen lässt sich nie mit völliger Sicherheit vorhersagen. Wo Neuland betreten wird, sind stets eine ganze Reihe unbekannter Parameter im Spiel. Schwarmintelligenz hilft, möglichst viele Aspekte einer Innovation im Vorhinein zu erfassen. Die Erfolgswahrscheinlichkeit lässt sich besser abschätzen und letztlich steigern.

Der Einbezug vieler Köpfe – im Fall von Unternehmen vor allem MitarbeiterInnen, aber auch Kunden oder Lieferanten – verspricht in ambivalenten Situationen Ergebnisse, die selbst die intelligenteste und denkfreudigste Einzelperson, sprich Führungskraft, allein nicht erzielen könnte. Nicht umsonst wird Schwarmintelligenz auch kollektive Intelligenz genannt.

Innovations-Versager Führungskraft?

Diese erfreulichen Erfolgsaussichten von Schwarmintelligenz führen uns zu einer provokanten Frage: Wenn Schwarmintelligenz ein derart vielversprechendes Potenzial besitzt, sind dann Führungskräfte *Innovations-Versager*, wie es das bekannte Klischee der „*Nieten in Nadelstreifen*"[19] nahe zu legen scheint?

Die Frage besitzt weit größere Brisanz, als es auf den ersten Blick scheint. Objektiv gesehen – das dürfte nach unseren bisherigen Überlegungen zur Schwarmintelligenz kaum überraschen – lautet die Antwort schlichtweg nein. Schwarmintelligenz erschließt ein zusätzliches Innovationspotenzial, das ansonsten brach läge.

Schwarmintelligenz als Managementtechnik

Strategische, also managementgesteuerte Innovationen und Schwarmintelligenz können ohne weiteres nebeneinander bestehen, sollten sogar miteinander kombiniert werden. Schwarmintelligenz *ergänzt* strategische Innovationen. Beide Vorgehensweisen haben je nach Aufgabenstellung ihre Berechtigung.

Vielleicht lohnt auch der Hinweis, dass Schwarmintelligenz Führungskräfte in keiner Weise überflüssig macht. Ganz im Gegenteil! Die Aktivierung und Umsetzung von Schwarmintelligenz im Unternehmen will organisiert sein. Führungskräfte müssen eine Reihe von Voraussetzungen schaffen, damit sich Schwarmintelligenz im Unternehmen überhaupt entfalten kann. In diesem Sinne begründet Schwarmintelligenz eine eigenständige Managementtechnik.

Brisantes Selbstverständnis

Brisant ist die Frage nach *Innovations-Versagern in Nadelstreifen* in ganz anderer Hinsicht: Immer wieder fühlen sich Führungskräfte blamiert, wenn gute Ideen nicht von ihnen selbst, sondern von ihren MitarbeiterInnen kommen, oder wenn Vorschläge von außen an sie herangetragen

---

19 Günter Ogger, Nieten in Nadelstreifen: Deutschlands Manager im Zwielicht, Droemer Knaur, 1997

werden. Erstaunlicherweise halten manche Führungskräfte *selbst* den Vorwurf, Innovations-Versager in Nadelstreifen zu sein, für berechtigt!

> **„Das geht Sie nichts an, machen Sie endlich Ihre Arbeit!"**
> Der Personalleiter eines großen Industrieunternehmens hatte das Betriebliche Vorschlagswesen neu organisiert. Mit Erfolg: Gleich nach dem Start erhielt er eine ganze Reihe nützlicher Vorschläge. Bei näherem Hinsehen musste er allerdings erkennen, dass aus einigen Standorten praktisch keinerlei Verbesserungsvorschläge eingingen. Dieses Manko sprach er auf der nächsten Betriebsversammlung unverblümt an – und löste einen unerwartet heftigen Proteststurm aus.
> Die Belegschaft wertete den Einwurf schlichtweg als Affront. Immer wieder, so stellte sich in der Diskussion heraus, hatten MitarbeiterInnen in der Vergangenheit versucht, ihren Vorgesetzten größere und kleinere Verbesserungen vorzuschlagen – völlig umsonst! Alle Vorschläge wurden von ihren Vorgesetzten abgeblockt, die MitarbeiterInnen massiv in ihre Schranken gewiesen. „Das geht Sie nichts an, machen Sie endlich Ihre Arbeit!", schien noch der freundlichste „Dank" gewesen zu sein, den sich innovative Beschäftigte für ihre gut gemeinten Vorschläge einhandelten.

Niemand vermag zu sagen, wie viele gute Ideen aufgrund derartiger Praktiken schon kaltschnäuzig niedergebügelt wurden. Tipps und Vorschläge von MitarbeiterInnen werden reihenweise zurückgewiesen. Kunden, die gut gemeinte Verbesserungsvorschläge anregen, werden brüskiert. Dass eine Idee nicht von der Führungskraft selbst stammt, wird zum ernsthaften, sprich, salonfähigen Argument. Vorschläge Dritter werden nicht auf Herz und Nieren geprüft, sondern ohne viel Federlesen abgeblockt. Wertvolle Innovationschancen gehen auf diese Weise verloren.

Schade! Dabei lässt sich durch einen überarbeiteten Begriff der Führungsautorität (siehe Kapitel „Spielmacher oder Impulsgeber?") und ein paar Kniffe in der Führungstechnik die unausgesprochene Befürchtung mancher Führungskräfte, innovationsfreudige MitarbeiterInnen würden heimlich an ihrem Stuhl sägen, leicht aus der Welt schaffen. Nach dieser Neuorientierung braucht kein Vorgesetzter mehr Angst vor kreativen MitarbeiterInnen zu haben, im Gegenteil! Mit der Nutzung von Schwarmintelligenz kehrt sich die Betrachtungsweise komplett um: Die erfolgreiche Führungskraft bemisst sich am Umfang der durch ihre MitarbeiterInnen geschaffenen Delta-Plus-Effekte!

Gut ist der Nieten-Vorwurf lediglich für eine einzige Schlussfolgerung: Die Aktivierung von Schwarmintelligenz erfordert ein angepasstes Führungsverständnis. Nicht nur die Belegschaft, auch die Chefetage muss umdenken!

2.5 Leitfragen und Antworten zum Kapitel

Worauf basiert Schwarmintelligenz?

- Aus einzelnen, für sich genommen wenig spektakulären Verhaltensweisen entstehen höherwertige Ergebnisse, Delta-Plus-Effekte. Eine energieeffiziente Futtersuche bei Ameisen oder die Kugelform als perfekte Abwehr von Fressfeinden im Fischschwarm bilden spektakuläre Beispiele aus der Natur. Schwarmintelligenz ist, wie Sozialwissenschaftler sagen, emergent: Delta-Plus-Effekte stellen sich ein, ohne von den Schwarmmitgliedern direkt angestrebt zu werden.

Welche beiden Strategien kennt die Natur, um angemessen auf Umweltreize zu reagieren?

- Reichen die kognitiven Fähigkeiten einer Spezies aus, die Komplexität einer Situation gedanklich zu durchdringen, hat das Herdenprinzip mit Leittier eine Erfolgschance. Die Ergebnisse verschiedener Verhaltensalternativen lassen sich im Vorhinein abschätzen. Erfahrungen aus der Vergangenheit können dabei zur Problemlösung aktiviert werden.

- In ambivalenten Situationen, die sich aufgrund ihrer Komplexität nur unvollständig gedanklich reflektieren lassen, verspricht die umgekehrte Strategie größeren Erfolg: Eine Vernetzung aller vorhandenen Kompetenzen zur Schwarmintelligenz erweitert die kognitiven Fähigkeiten der Gruppe zum „Superorganismus". So lassen sich selbst hochkomplexe Umweltreize, die das kognitive System des einzelnen Schwarmmitglieds weit überfordern, angemessen bewältigen.

Durch welchen Mechanismus spielt Schwarmintelligenz in ambivalenten, unwägbaren Situationen ihre Vorteile voll aus?

- Durch die vernetzte Kompetenz aller Schwarmmitglieder wird eine Vielzahl unterschiedlicher Gesichtspunkte eingebracht und bewertet. Kein einzelnes Individuum besitzt eine derart umfangreiche kognitive Kompetenz wie der „Superorganismus" Schwarm.

Was macht Schwarmintelligenz so ideal zur Innovationsförderung? Mit welchen Vorbehalten von Führungskräften muss gerechnet werden?

- Innovation erkundet unbekanntes Terrain. In dieser unwägbaren Umgebung fördert der Einbezug vieler Köpfe nicht nur die Kreativität. Unterschiedliche Sichtweisen machen es außerdem leichter, Trends klar zu erkennen. Die Prognose zukünftiger

Entwicklungen gerät stabiler. Fehleinschätzungen durch Einseitigkeit und Vorurteile lassen sich leichter vermeiden. Auch *Serendipitäts*-Effekte – das Stolpern über glückliche Zufälle – werden durch Einbezug vieler Köpfe gefördert.

- Manche Vorgesetzte fühlen sich durch innovative MitarbeiterInnen als Führungskraft diskreditiert. Bei Aktivierung von Schwarmintelligenz muss nicht nur die Belegschaft, sondern auch die Führungsetage umdenken. Anzahl und Qualität der von ihren MitarbeiterInnen erzielten Delta-Plus-Effekte werden dann für Vorgesetzte zum Ausdruck von Erfolg.

2.5 Leitfragen und Antworten zum Kapitel

3 Spielregeln der Schwarmintelligenz

3.1 Außerhalb der Petrischale

Schwarmintelligenz beschreibt eine geniale Erfindung der Natur: Aus einfachen Verhaltensweisen folgen hochinteressante Ergebnisse, Delta-Plus-Effekte. Diese herausragenden Ergebnisse entstehen, obwohl sie aus den einzelnen Handlungen der Schwarmmitglieder weder direkt ersichtlich noch in ihnen unmittelbar angelegt sind.

Einfache Spielregeln?

Ameisen müssen für eine energieeffiziente Futtersuche nichts weiter tun, als sich nach der Intensität vorhandener Duftspuren ihrer Artgenossen zu richten. Fisch- und Vogelschwärme – man hat das getestet und mit Robotern simuliert – bleiben zusammen, wenn jedes Schwarmindividuum die drei Spielregeln Ausrichtung, Kohäsion und Separation, wie in Bild 11 verdeutlicht, berücksichtigt:

1. *Ausrichtung:* Folge der Durchschnittsrichtung deiner Nachbarn.
2. *Kohäsion:* Bewege dich zum Mittelpunkt derer, die du in deinem Umfeld siehst.
3. *Separation:* Entferne dich, wenn andere Schwarmmitglieder dir zu nahe kommen.

Die erste Regel gibt die generelle Richtung vor. Kohäsion und Separation stehen in einem Spannungsverhältnis und sorgen in ihrer Kombination dafür, dass der Schwarm zusammenbleibt, ohne dass die Schwarmmitglieder zusammenstoßen.

Bei Vögeln gelten die drei Prinzipien Ausrichtung, Kohäsion und Separation mit folgenden Verfeinerungen:

- Nutze den Auftrieb, den der Flügelschlag eines vor dir fliegenden Vogels verursacht.

Die 3 Spielregeln der Schwarmintelligenz bei Fischen: Ausrichtung, Separation, Kohäsion

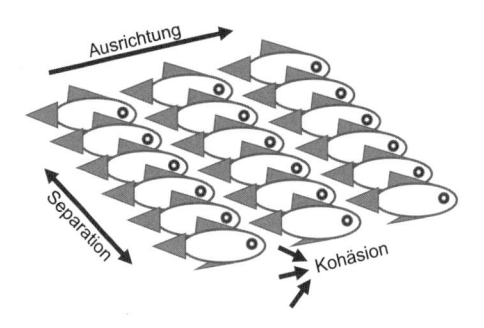

Bild 11

- Nimm dabei eine Position ein, von der aus du ungestört nach vorn blicken kannst.

Bei Beachtung dieser beiden Zusatzprinzipien konnte der V-förmige Vogelflug im Computermodell nachgestellt werden.

Auch in sozialen Systemen scheinen die Spielregeln für Schwarmintelligenz auf den ersten Blick recht anspruchslos zu sein: Zur Bestimmung des Schlachtgewichts von Rindern oder zur Ermittlung der Anzahl von Nadeln in einer Box haben wir einfach den Durchschnitt aus einer Reihe unabhängig voneinander getätigter Schätzungen berechnet und gute Näherungswerte erzielt.

Genial einfach, das Konzept Schwarmintelligenz! Oder doch zu schön, um wahr zu sein? Viele gängige Forschungsergebnisse zur Schwarmintelligenz enden tatsächlich an dieser Stelle. Bedauerlicherweise ist das zu kurz gesprungen!

Klärungsbedarf

Der Forschungsbedarf wird schnell deutlich, sobald wir uns ein paar einfache Fragen stellen:

- Wer hat die angesprochenen Verhaltensregeln erfunden?
- Auf welche Weise werden die Regeln Schwarmmitgliedern vermittelt?
- Gelten die Regeln immer und unabdingbar?
- Sind Delta-Plus-Effekte Zufälle oder folgen sie zwingend aus den Verhaltensregeln? Können eventuell dysfunktionale Ergebnisse

3.1 Außerhalb der Petrischale

(Delta-Minus-Effekte) entstehen? Wodurch wird das gegebenenfalls verhindert?
- Wieso bildet sich überhaupt ein Schwarm? Warum bleibt er zusammen?
- Warum folgen alle Schwarmmitglieder dem Verhaltenskodex? Was geschieht bei Dissens im Schwarm?

Ganz entscheidend für die Nutzbarmachung von Schwarmintelligenz im Unternehmen ist eine weitere zentrale Frage: Lassen sich die Spielregeln der Schwarmintelligenz, denen wir in der Natur begegnen, überhaupt auf soziale Systeme übertragen? Wenn ja, wie?

Laborbedingungen und das wahre Leben

Auf den ersten Blick mag das Hinterfragen der Spielregeln manch einem überflüssig erscheinen. Ameisen, Fische und Vögel verhalten sich schließlich instinktiv *„richtig"*. Auch bei Versuchen mit *„menschlichen Schwärmen"* stellen sich die erwarteten Ergebnisse zuverlässig ein. Freilich wird hier gerne die *Laborsituation* übersehen. In Wirklichkeit setzt der Versuchsleiter eine Reihe gewichtiger Randbedingungen und gibt allen Probanden vor, was sie zu tun oder zu lassen haben. Vernachlässigt man diese Laborsituation, entsteht der Anschein, dass sich Delta-Plus-Effekte automatisch einstellen, sobald sich Individuen in einer Gruppe zusammenschließen.

In diesem Sinne ist Schwarmintelligenz kein Selbstläufer. Kein Delta-Plus-Effekt materialisiert sich einfach aus dem Nichts! Ganz im Gegenteil – jeder Schwarmeffekt bedarf eines Minimums an Organisation. Diese Aussage gilt doppelt und dreifach für soziale Systeme, die im Unterschied zur Natur nicht von instinktiven Verhaltensweisen gesteuert werden.

Übertrag auf soziale Systeme

Unsere oben aufgeworfenen Fragen legen nahe: Schwarmintelligenz ist sehr viel strukturierter und organisierter, als es auf den ersten Blick den Anschein hat. Die zielführenden Verhaltensmuster bei Ameisen hat die Evolution in Jahrmillionen geschaffen. Durch Versuch und Irrtum wurden aus einer Vielzahl möglicher Verhaltensmuster die ungeeigneten ausgesiebt und die bewährten beibehalten. Falls es je Ameisenvölker mit anderem Verhaltenskodex gegeben haben sollte, konnten sie sich gegenüber den heutigen Ameisen nicht durchsetzen. Offensichtlich bietet der Duftspuren-Ansatz heutigen Ameisen einen unschlagbaren evolutionären Vorteil.

Die Strukturierung basiert im Tierreich weitgehend auf Instinkt. Bei Menschen spielen jedoch Motivation, bewusste Planung, intellektuelle Fähigkeiten und Organisation die entscheidende Rolle. Wir sehen eine Trennlinie zwischen Tierreich und sozialen, vor allem wirtschaftlichen Organisationen. Im Unterschied zur biologischen Evolution stellen zum Beispiel Versuch und Irrtum für schnelldrehende moderne Unternehmen keine geeigneten Verfahren dar, um bei Verhaltensmustern die Spreu vom Weizen zu trennen. Die für heutige Märkte erforderliche Innovationsgeschwindigkeit lässt sich über Evolutionsverfahren auf gar keinen Fall erzielen.

Als Bioniker können wir aus der Natur lernen, auf welchen Prinzipien Schwarmintelligenz basiert und welchen Gesetzmäßigkeiten sie folgt. Geeignete Instrumente zu schaffen, um diese Prinzipien in Wirtschaftsorganisationen analog umzusetzen, bleibt hingegen Aufgabe von Unternehmenslenkern und Führungskräften.

3.2 Verhaltenskodex mit Freiheitsgraden

Woran erkennt die Ameise, ob sie einen Delta-Plus-Effekt erzielt hat? Antwort: Überhaupt nicht! Die einzelne Ameise hat keinen blassen Schimmer davon, dass sie den kürzesten Weg findet, den Energieaufwand für die Futtersuche minimiert und so letztlich den Erhalt ihrer Art befördert, wenn sie nur oft genug den Duftspuren ihrer Artgenossen folgt.

Die übergeordnete Sicht der Dinge

Delta-Plus-Effekte und Schwarmintelligenz lassen sich auf der Handlungsebene der einzelnen Akteure nicht unbedingt erkennen. Egal, ob die Individuen im Schwarm aus reiner Gewohnheit handeln, indem sie den Duftspuren folgen, oder als Reaktion auf Umweltreize, wie Fische, die vor einem Angreifer in den Schwarm hinein flüchten – weder der individuell gefühlte Handlungsimpuls noch die vorgegebenen Verhaltensnormen sind identisch mit dem Delta-Plus-Effekt aus übergeordneter Sicht. Der einzelne Fisch mag sich im Schwarm geborgener fühlen. Er weiß jedoch nicht, dass durch die Kugelbildung die Angriffsfläche für Fressfeinde minimiert und der Schwarm als Ganzes bestmöglich geschützt wird.

Die Differenz zwischen individueller *Handlungsmotivation,* vorgegebenen *Verhaltensnormen* und dem Delta-Plus-Effekt bildet einen einzigartigen Vorzug von Schwarmintelligenz. Aufgrund dieser Differenz wird der einzelnen Ameise trotz ihrer eng begrenzten kognitiven Fähigkeiten eine Leistung möglich, die sie intellektuell ansonsten niemals meistern könnte.

Der Delta-Plus-Effekt zeigt sich erst *in Relation zu einem übergeordneten Bezugsrahmen*. Auf der Betrachtungsebene eines solchen *Makrosystems* wird die Magie der Schwarmintelligenz *erklärbar*. Auch wenn Schwarmautonomie eine wesentliche Voraussetzung für Delta-Plus-Effekte bildet, agieren die Schwarmmitglieder keineswegs losgelöst von allen Zielen und Verhaltensnormen. Jeder Schwarm ist Bestandteil eines umfassenderen Makrosystems. Als *übergeordnete Einheit* setzt dieses Makrosystem Verhaltensnormen für die Schwarmmitglieder und erwartet bestimmte Ergebnisse.

Makrosystem als Zielgeber

Eine solch übergeordnete Einheit kann die Form einer greifbaren Organisation annehmen, beispielsweise als Ameisenstaat oder als Unternehmen. Schwarmintelligenz funktioniert jedoch auch, wenn das übergeordnete Makrosystem ein eher abstraktes Gebilde, wie zum Beispiel eine biologische Art, darstellt. Das Makrosystem qualifiziert sich als übergeordnete Einheit durch die Vorgabe eines verbindlichen *Verhaltenskodex*, der den Keim des erwünschten Delta-Plus-Effekts in sich trägt. Ob sich diese Vorgaben wie im Falle der Ameisen als instinktgesteuerte Verhaltensmuster im Rahmen der Evolution herausgebildet haben oder von Führungskräften als Ergebnisziele vorgegeben werden, ist für den Schwarmeffekt völlig gleichgültig.

Die übergeordnete Einheit kann sogar mehrstufig aufgebaut sein. Jede Einheit definiert verbindliche Rahmenbedingungen für die nächstniedrigere Stufe. Beispiel Ameisen: Die unmittelbar übergeordnete Einheit für alle Ameisen ist der Ameisenstaat. Dieser besitzt ein originäres Interesse, die Futtersuche so energieeffizient wie möglich zu halten. Wenn das Futter auf dem kürzesten Weg in den Ameisenbau gelangt, kann ein vergleichsweise größerer Teil der Ameisen für andere Aufgaben wie Nestbau und Aufzucht von Nachwuchs eingesetzt werden.

Letztlich dient die energieeffiziente Futtersuche dem Arterhalt, sodass die Art selbst als nächsthöhere Einheit angesehen werden kann.[20] Entsprechend lässt sich auch der Delta-Plus-Effekt zweistufig interpretieren:

---

20 Wir sprechen der Einfachheit halber von der Art und vom Arterhalt. Streng genommen bilden Ameisen in der biologischen Systematik eine Familie, die aus mehreren Tausend Arten besteht. Im Zusammenhang mit Schwarmintelligenz ist diese Unterscheidung jedoch nicht von Belang.

Arterhalt kann als eigenständiger Delta-Plus-Effekt angesehen werden, der in der nächsten Stufe durch den untergeordneten Delta-Plus-Effekt „energieeffiziente Futtersuche" konkretisiert wird.

Autonomiebereich mit Freiheitsgraden

Die übergeordnete Einheit übt einen *monodirektionalen Einfluss* auf den Schwarm aus. Sie setzt dem Schwarm einen *verbindlichen Handlungskodex*, der quasi als Einbahnstraße weitgehend immun gegen jegliche Rückkopplung ist. Der Schwarm kann diesen Handlungsrahmen nicht oder bestenfalls in homöopathischen Dosen und auf lange Sicht beeinflussen. Die Ameise hat keine Wahl: Wenn sie zur Futtersuche eingeteilt wurde, kann sie sich nicht plötzlich zur Brutpflege melden.

Der Schwarm fungiert umgekehrt als eine Art *Teilsystem,* das heißt als organisatorisch klar abgegrenzte Einheit, von der ein positiver Ergebnisbeitrag zum übergeordneten Makrosystem erwartet wird. Dieser positive Ergebnisbeitrag legt die Messlatte für alle Delta-Plus-Effekte.

Wie lässt sich der Schwarm von seiner übergeordneten Einheit abgrenzen? Schwärme gewinnen eine eigenständige Identität, weil ihnen vom Makrosystem ein *Autonomiebereich mit Freiheitsgraden* zugestanden wird. Ohne dass Ameisen zunächst alle möglichen Wege erkunden, funktioniert die Duftspuren-Methode eben nicht. Auch die Aristotelische Talentvernetzung stellt sich in sozialen Systemen nur ein, wenn das Zusammenspiel verschiedenartiger Sichtweisen der Schwarmmitglieder nicht durch dirigistische Maßnahmen abgewürgt wird.

> Schwarmintelligenz erfordert einen *übergeordneten Verhaltenskodex,* der den Schwarm zu Delta-Plus-Effekten lotst, ohne die *Freiheitsgrade* der Schwarmmitglieder unangemessen anzutasten.

Individuelle Motivation

Eine übergeordnete Einheit erlässt einen verbindlichen Verhaltenskodex, der, autonom umgesetzt, zu Delta-Plus-Effekten führt. Eine äußerst sinnige Konstruktion aus der Warte des Makrosystems, aber warum macht die einzelne Ameise bei diesem Spiel mit? Wegen der Delta-Plus-Effekte jedenfalls nicht – diese sind ihr nicht einmal bekannt. Jedes Schwarmmitglied besitzt seine eigene Motivation, sich für Schwarmeffekte zu engagieren. Ihr eigener Hunger mag die Ameise motivieren, nach Futter zu suchen, vielleicht auch eine Art instinktgetriebenes „Pflichtbewusstsein" im Rahmen der auferlegten Arbeitsteilung oder einfach der instinktive Drang, Duftspuren ihrer Artgenossen zu folgen.

Auch bei den Fischen sind *individuelle Motivation* und Delta-Plus-Effekt keineswegs identisch: Zwar sucht der einzelne Fisch Schutz, indem er möglichst tief in den Schwarm eintaucht. Doch bleiben alle Fische im äußeren Ring der Kugel gegenüber Fressfeinden schutzlos ausgeliefert. Die Kugelform entfaltet ihre Schutzwirkung nicht gegenüber einem einzelnen Fisch, sondern gegenüber dem Schwarm als ganzem, indem der Umfang des äußeren Rings und somit die Gefahrenzone möglichst klein gehalten wird. Der Delta-Plus-Effekt besteht im Arterhalt. Konkret: Die Kugelbildung minimiert den Populationsverlust durch Fressfeinde.

Überwintern im sonnigen Süden. So lautet die individuelle Motivation bei Vögeln, die in diesem Fall überhaupt erst zur Schwarmbildung führt. Wegen der, mit winterlichen Temperaturen einhergehenden, Verknappung des Futterangebots sind viele Vögel zu langen Reisen gezwungen. Auch wenn die energiesparende *V-förmige Flugformation* die weite Reise in die Winterquartiere und die Rückkehr in die Sommerquartiere erst möglich macht, ist dieser Delta-Plus-Effekt mit der individuellen Motivation nicht identisch – Vögel sind schließlich keine Strömungstechniker. Letztlich liegt der positive Ergebnisbeitrag auch beim Vogelschwarm im Arterhalt.

Grundbausteine der Schwarmintelligenz

Mit dieser Betrachtung liegen die vier grundlegenden Bausteine der Schwarmintelligenz offen (siehe auch Bild 12): Eine *übergeordnete Einheit* (1) formuliert Ergebniserwartungen in Form von *Delta-Plus-Effekten* (2). Zugleich gibt sie dem Schwarm einen *Verhaltenskodex* (3) vor. Dieser Kodex bildet in gewisser Weise das Herzstück der Schwarmintelligenz, da er einerseits auf die kognitiven Fähigkeiten im Schwarm abgestellt ist und Freiheitsgrade zulässt, andererseits aber mehr oder weniger automatisch dazu führt, dass die gewünschten Delta-Plus-Effekte erreicht werden.

Durch die eingebauten Freiheitsgrade beruht Schwarmintelligenz ein Stück weit auch auf Freiwilligkeit. Schwarmintelligenz funktioniert deshalb nur unter der Bedingung, dass auch die *individuelle Motivation* (4) der Schwarmmitglieder ausreichend Berücksichtigung findet. Schwarmmitglieder müssen einen Vorteil im Hinblick auf ihr persönliches Bedürfnis- oder Wertesystem erzielen können.

Einbettung in hierarchiegesteuerte Organisationen

Für die Aktivierung von Schwarmintelligenz im Unternehmen ist das beschriebene Spannungsverhältnis Makrosystem – Autonomiebereich ein wahrer Glücksfall. Die Natur selbst stellt klar, dass Schwärme ohne

Grundbausteine der Schwarmintelligenz

Schwarm	Ameisen	Fische	Vögel	MitarbeiterInnen
Übergeordnete Einheit	Art/ Ameisenstaat	Art	Art	Unternehmen/ Geschäftsmodell
Delta-Plus-Effekt	Arterhalt/ Energieeffiziente Futtersuche	Arterhalt/ Minimale Angriffsfläche	Arterhalt/ Energiesparende Flugformation	Verbesserte Wettbewerbsfähigkeit/ Innovative Produkte, Effizienzsteigerung
Verhaltenskodex	Duftspuren als Orientierungshilfe	Ausweichen/ Synchronschwimmen	V-Formation mit Positionswechsel	Servicelevel-Vereinbarungen
Individuelle Motivation	Fressen	Schutz	Überwintern	Lebensunterhalt, Anerkennung

Bild 12

weiteres in ein hierarchiegesteuertes Makrosystem mit Ergebniserwartungen und verbindlichen Verhaltensvorgaben eingebettet werden können. Die Einbettung ist dann erfolgreich, wenn die Befolgung des Verhaltenskodex quasi automatisch zu den erwünschten Delta-Plus-Effekten führt und gleichzeitig dem Schwarm genügend Luft zur Vernetzung vorhandener Kompetenzen lässt. Demgegenüber besitzt eine Organisation, die von oben nach unten ohne Autonomiebereich strikt durchgesteuert wird, als kleinste Untergliederung vielleicht Mitarbeitergruppen, aber keinen Schwarm.

3.3 Zieltranskription durch Ergebniserwartungen

Kennen Sie *Seefedern?* In gut ausgestatteten Aquarien können Sie dieses Gebilde bewundern. Auf den ersten Blick sehen Sie eine große federförmige Pflanze. Tatsächlich handelt es sich jedoch um ein Tier, genauer gesagt nicht um ein Lebewesen, sondern um Hunderte kleiner Polypen, die in streng symmetrischer Form fest miteinander verbunden sind. Durch diese rigorose Organisation, die den einzelnen Polypen so gut wie keine eigene Handlungsfähigkeit lässt, entsteht der Eindruck einer federähnlichen Pflanze.

Noch allumfassender kann eine Organisation im Tierreich wohl kaum sein. Schwarmintelligenz ist bei Seefedern daher kaum zu erwarten. Schwarmintelligenz verlangt nach einer *Zieltranskription* durch das Makrosystem, die Ziele verständlich vermittelt, ohne dabei alle Freiheitsgrade auszuradieren.

Einmal mehr liefert uns Mutter Natur das passende Vorbild für diese Aufgabe. Die *Balance zwischen Zielen und Freiheitsgraden* lässt sich durch Steuerung über *Ergebniserwartungen* optimal wahren.

Die Ameisenfreiheit

Vielleicht stutzen Sie – der Auftrag an Ameisen, ihren Weg anhand der Intensität von Duftspuren zu wählen, enthält auf den ersten Blick ebenso wenig Freiheitsgrade wie die Schwarmregeln „an den Nachbarn ausrichten", „im Schwarm halten" (Kohäsion) und „Abstand wahren" (Separation) für Fische und Vögel.

Dass eine Ameise zur Futtersuche eingeteilt ist, wird ihr über die Organisation des Ameisenstaats mitgeteilt – absolut verbindlich, ohne den geringsten Freiheitsgrad. Allerdings geht es nicht um Futtersuche an sich, sondern um *energieeffiziente Futtersuche*. Für Umstandskrämer hat ein Ameisenstaat nichts übrig!

Aufgrund ihrer beschränkten kognitiven Fähigkeiten kann eine Ameise mit dem Ziel *„energieeffiziente Futtersuche"* natürlich wenig anfangen. Mutter Natur bringt Ameisen dieses Ziel deshalb auf indirekte Weise näher: Sie erhalten den Auftrag, *„intensiveren Duftspuren häufiger zu folgen als weniger intensiven"*. Wer aus diesem Auftrag eine unabdingbare Verhaltensanweisung herausliest, täuscht sich. Entgegen dem ersten Augenschein beschreibt der Auftrag keine unmittelbare Handlungsanweisung, sondern ein *Ergebnis*: In der Summe sollen Wege mit intensiveren Duftspuren häufiger verfolgt werden – im Einzelfall keineswegs!

Der *Freiheitsgrad,* der in dieser Verhaltenserwartung eingebettet ist, versteckt sich in einer *Wahrscheinlichkeitsverteilung*. Niemand schreibt einer Ameise im Einzelfall vor, welchen Weg sie konkret einzuschlagen hat.

Freiheitsgrade durch Wahrscheinlichkeitsverteilung

Ein vergleichbares Phänomen ist aus der Atomphysik bekannt: Radioaktive Elemente zerfallen unter Abgabe von Strahlung mit einer für jedes Element charakteristischen Halbwertszeit. Beispielsweise besitzt das in Kernkraftwerken verwendete Uran eine Halbwertszeit von über 700 Millionen Jahren. Ist die Halbwertszeit erreicht, sind 50 Prozent aller Atome zerfallen – definitiv! Obwohl jede Gruppe von Atomen eisern diesem Gesetz gehorcht, lässt sich für ein einzelnes Atomen keinerlei Aussage zum Zerfallszeitpunkt treffen. Der Zeitpunkt, zu dem ein bestimmtes Uranatom zerfällt, ergibt sich völlig zufällig.

Im Fall der Ameisen hängt der Delta-Plus-Effekt – Futtersuche auf dem kürzesten Weg – von einer geeigneten Wahrscheinlichkeitsverteilung ab. Die erste Ameise, die einen neuen Futterplatz sucht, folgt überhaupt keinen Duftspuren. Wie sonst sollten Ameisen jemals neue Futterplätze entdecken?

Umgekehrt würden Ameisen, ohne jemals vorhandenen Duftspuren zu folgen, niemals den kürzesten Weg zu einem Futterplatz finden. Der Delta-Plus-Effekt erfordert beide Verhaltensweisen: Duftspuren mehrheitlich folgen und sie öfter einmal ignorieren. Eine solche Wahrscheinlichkeitsverteilung definiert eine *Ergebniserwartung* an den Schwarm, die das übergeordnete Ziel „energieeffiziente Futtersuche" perfekt vermittelt. Das Ergebnis selbst steht nicht zur Diskussion, wird aber durch die Freiheit im Einzelfall erst bewirkt!

Der Freiheitsgrad von Fischen

Fische kommen ohne Wahrscheinlichkeiten, aber nicht ohne Freiheitsgrade aus. Auch die drei Prinzipien *Ausrichtung, Kohäsion und Separation* umschreiben die Verhaltenserwartungen ja nicht umfassend. Jeder Fisch kann jederzeit eine Richtungsänderung des Schwarms anstoßen, beispielsweise beim Herannahen eines Fressfeindes. In dieser Möglichkeit zum *Richtungswechsel* liegt der Freiheitsgrad für Schwarmfische. Die Ergebniserwartung, die Mutter Natur dem Schwarm zum Arterhalt mitgegeben hat, lautet also: „Bringe dich beim Herannahen eines Fressfeindes durch Flucht in Sicherheit, ansonsten halte dich im Schwarm."

Fliehen genügend Fische in eine bestimmte Richtung, schwimmt ihnen der Schwarm blitzschnell nach. Würden lediglich die Schwarmprinzipien Ausrichtung, Kohäsion und Separation ohne den Freiheitsgrad zum Richtungswechsel gelten, würde der Schwarm einem entgegenkommenden Fressfeind kompakt und geordnet direkt ins Maul schwimmen. Dann könnte man höchstens von Schwarmdummheit sprechen...

Die Kombination aus Richtungswechsel und Schwimmen im Schwarm bewährt sich auch, wenn erste Fische einen neuen Futterplatz entdecken. Sobald eine hinreichend große Anzahl von Fischen neugierig genug geworden ist, einen potenziellen Futterplatz näher in Augenschein zu nehmen, folgt ihnen der restliche Schwarm nach.

Die Ergebniserwartung beim Vogelschwarm

Die Verhaltensmaxime beim Vogelflug lautet, sich eine energiesparende Position im Windschatten der „Vordervögel" zu suchen. Natürlich ist das nicht für alle Vögel möglich: In „der ersten Reihe zu sitzen" ist im Vogelschwarm kein Vorteil, sondern fliegerische Schwerstarbeit.

Bei *V-förmiger Flugformation* muss ein Vogel die unangenehme Pole-Position innehaben. Auch die seitlich in der V-Formation vorneweg fliegenden Vögel befinden sich auf einer energetisch ungünstigen Position. Die vorderen Vögel lassen sich deshalb nach einiger Zeit nach hinten in den Schwarm zurückfallen. Im Windschatten ihrer Artgenossen können sie im Energiesparmodus weiterfliegen.

Der Freiheitsgrad liegt in der Zeitdauer, die ein Vogel an der Spitze bleibt. Bei Gegenwind können Vögel sich frühzeitiger zurückfallen lassen als bei Rückenwind. Kräftigere Vögel ermüden später und können länger vorneweg fliegen als schwache Vögel. Wieder zeigt ein kleiner Freiheitsgrad eine große Wirkung: Das Gesamt-Energiereservoir im Schwarm wird optimal eingesetzt und somit die Flugweite maximiert.

Neben der energieeffizienten Flugformation nutzen auch Vögel den bei Fischen beschriebenen Schwarmeffekt zur Richtungsänderung. So können sie beispielsweise Raubvögeln entkommen oder geeignete Rastplätze aufsuchen.

WAS, aber nicht WIE

Ergebniserwartungen[21] mit Freiheitsgraden lassen sich durch das Prinzip *„WAS, aber nicht WIE"* charakterisieren. Die Ziele fast jeder übergeordneten Einheit sind komplex, interpretierbar und lassen viele Spielarten zur Umsetzung zu. Deshalb benötigt jede übergeordnete Einheit eine Zieltranskription. Diese Zieltranskription *reduziert die Komplexität* so weit, dass für ihre Teilsysteme sinnvolle Verhaltens- und Handlungsmuster entstehen. Aus einer relativ umfangreichen theoretischen Lösungsmenge werden diejenigen Lösungen ausgesiebt, die von der übergeordneten Einheit als besonders geeignet angesehen werden.

---

21 Normalerweise wird man in der Natur nicht direkt von Erwartungen sprechen, da Erwartung einen Akt menschlichen Willens unterstellt. Die „Erwartungen" in der Natur sind jedoch instinktgesteuert. Sieht man Evolution oder biologische Art jedoch als übergeordnete Steuereinheit an, ist der Vergleich ausnahmsweise berechtigt. Was in sozialen Systemen als explizite Verhaltenserwartungen formuliert wird, ist in der Natur als instinktgesteuerter Verhaltenskodex fest verankert. Der Auftrag an Ameisen, zur Futtersuche intensiveren Duftspuren häufiger zu folgen als weniger intensiven, formuliert eine klare Ergebniserwartung.

Der erste Schritt zum Aussieben geeigneter Lösungen liegt bereits in der Art der Organisation. Aus diesem Grund finden wir sowohl in der Natur als auch im Wirtschaftsleben eine Vielzahl unterschiedlicher Organisationsformen. Einzelgänger oder Gruppe, Leittier oder Gleichstellung – Arterhalt ist auf sehr unterschiedliche Weise möglich.

Soziale Systeme bedienen sich ebenfalls unterschiedlicher Organisationsformen, um komplexe Ziele in nachvollziehbare Handlungsstränge herunterzubrechen. Die Gesamtkomplexität der Hauptziele (zum Beispiel Gewinn- und Umsatzwachstum) eines Unternehmens wird durch Schaffung eigenständiger und überschaubarer Unternehmensbereiche reduziert. Egal, ob das Unternehmen eine funktionale, arbeitsteilige oder eine segmentierende, auf Mengenteilung basierende Differenzierung bevorzugt: Jede Organisationsstruktur konkretisiert die von der Spitze erwarteten Aufgaben.

Durch die Strukturierung wird die Umsetzung übergeordneter Ziele für alle Beteiligten ein Stück weit handhabbar. Die Aufgaben werden in groben Zügen festgelegt. Die Menge möglicher Lösungen bleibt jedoch nach wie vor unübersichtlich groß (in Bild 13 durch >>0 angedeutet). Durch Verfeinerung der Organisation zu mehrstufigen Systemen werden die Auswahlmöglichkeiten weiter eingeschränkt. Die Gliederung des Vertriebs in Außendienst, Innendienst mit Bestellannahme, Kundenbetreuung, Reklamationsabteilung usw. gibt eindeutige Hinweise auf die Akti-

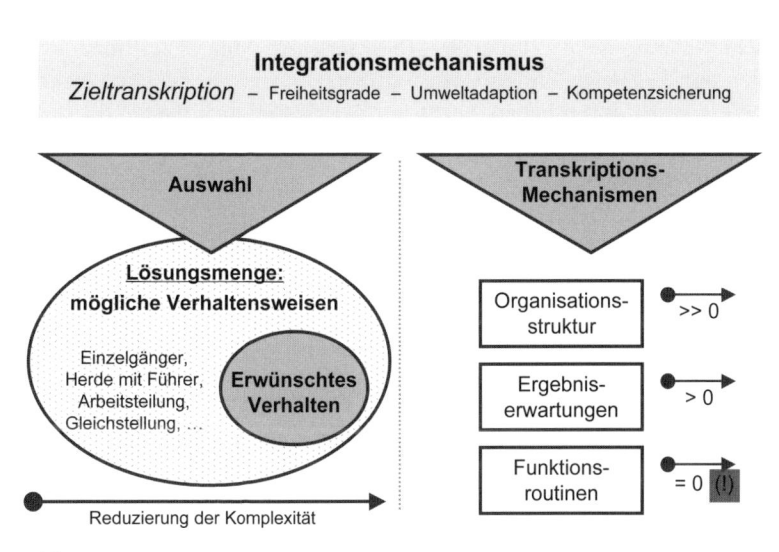

Bild 13

3.3 Zieltranskription durch Ergebniserwartungen

vitäten, die vom übergeordneten System zur Zielerreichung erwartet werden.

Neben der Organisationsform sorgen konkrete Ergebniserwartungen für eine weitere Reduktion der Komplexität. Durch die Organisationsstruktur angelegte Zielsetzungen – das „WAS" – werden näher konkretisiert. Auch bei der Formulierung von Ergebniserwartungen bleiben Freiheitsgrade beim „WIE", die von den Beschäftigten im Sinne der Zielerwartungen interpretiert und zur Zielerreichung genutzt werden können (in Bild 13 durch >0 dargestellt).

Das Bürokratiemodell – Reduzierung der Komplexität auf Null

Die Reduktion von Komplexität durch Organisationsstrukturen und Ergebniserwartungen widerspricht Schwarmintelligenz also nicht; eher stiftet sie einen geeigneten Rahmen. Schwarmintelligenz wird allerdings dann unmöglich, wenn die Komplexität, zum Beispiel durch Funktionsroutinen, auf Null reduziert wird. In diesem Fall entfallen Freiheitsgrade völlig, vernetzte Kompetenz kann sich deshalb nicht entfalten. Eine solche Reduzierung der Komplexität auf Null ist beispielsweise im Bürokratiemodell von Max Weber[22] durch Ausdifferenzierung der Organisation auf die Spitze getrieben und bis in die unterste Handlungsebene konsequent verwirklicht. Das Bürokratiemodell mit seinen fein verästelten Hierarchien und allumfassenden Arbeitsanweisungen galt lange Zeit unangefochten als das Nonplusultra effizienter Unternehmensführung. Lange Zeit? Heute noch bedienen sich viele Unternehmen der klassischen Managementtechnik des *„Durchsteuerns"*. MitarbeiterInnen werden mit vorgefertigten Funktionsroutinen versorgt, die sie ohne Abweichung auszuführen haben. Nicht nur das „WAS", auch das „WIE" steht hundertprozentig fest. Dieses Führungsmodell ist mit Schwarmintelligenz inkompatibel.

Ergebniserwartung mit integrierten Freiheitsgraden

Eingebaute Freiheitsgrade unterscheiden eine Ergebniserwartung von strikten Verhaltensanweisungen à la Max Weber. Sind Rahmenbedingungen und Ergebniserwartungen richtig gesetzt, können die besten Wege zum Ziel getrost der Evaluierung durch den Schwarm überlassen werden.

---

22 Das so genannte Bürokratiemodell wird von Max Weber in seinem Hauptwerk „Wirtschaft und Gesellschaft. Grundriß der verstehenden Soziologie", von 1921/1922, beschrieben.

Der Schwarm erhält die Möglichkeit, sich in definiertem Umfang selbst zu steuern. Festgelegt ist der funktionale Leistungsbeitrag. *Freiheitsgrade* bestehen beim WIE: Schwarmmitglieder können nach eigenem Ermessen auf bestehende Verfahren zurückgreifen oder innovative Gestaltungsvarianten einsetzen.

Durch den Einbau von Freiheitsgraden beinhalten Ergebniserwartungen die Möglichkeit, flexibel auf veränderte Umweltbedingungen zu reagieren. Im instinktgesteuerten Tierreich genügen wie gesehen bereits sehr eng geschnittene Freiheitsgrade, um überlebenswichtige Delta-Plus-Effekte zu erzielen (Bild 14).

Eine Zieltranskription via *Ergebniserwartungen mit integrierten Freiheitsgraden* funktioniert im Unternehmen, wenn drei Problemkreise erfolgreich bewältigt werden:

- Führungskräfte müssen eine geeignete *Grenzlinie* finden, bis zu der ihre Entscheidungen im Unternehmen absolut gelten. Erst unterhalb dieser Grenzlinie beginnen die Freiheitsgrade für Schwarmintelligenz.

- Sie benötigen ein Instrument, um einen Verhaltenskodex in Form eindeutiger *Ergebniserwartungen* für jede Position zu definieren, und alle diese Ergebniserwartungen müssen einen Beitrag zur Verbesserung übergeordneter Unternehmensziele beinhalten.

- Zur Nutzung der Freiheitsgrade im Schwarm ist ein Verfahren erforderlich, das Funktionsroutinen zu dem macht, was sie ursprünglich einmal waren: nützliche Hilfsmittel, aber kein unumstößliches Zwangskorsett.

Integrationsmechanismus
Zieltranskription – *Freiheitsgrade* – Umweltadaption – Kompetenzsicherung

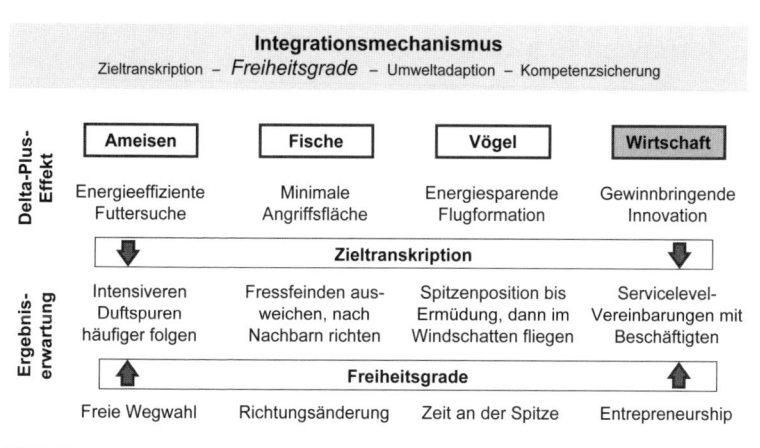

	Ameisen	Fische	Vögel	Wirtschaft
Delta-Plus-Effekt	Energieeffiziente Futtersuche	Minimale Angriffsfläche	Energiesparende Flugformation	Gewinnbringende Innovation
	⬇	Zieltranskription		⬇
Ergebnis-erwartung	Intensiveren Duftspuren häufiger folgen	Fressfeinden ausweichen, nach Nachbarn richten	Spitzenposition bis Ermüdung, dann im Windschatten fliegen	Servicelevel-Vereinbarungen mit Beschäftigten
	⬆	Freiheitsgrade		⬆
	Freie Wegwahl	Richtungsänderung	Zeit an der Spitze	Entrepreneurship

Bild 14

Intelligente Führungsinstrumente

Zu allen drei Problemkreisen wurden im Rahmen der Führung durch Schwarmintelligenz intelligente, teils völlig neuartige Managementinstrumente zusammengestellt, die an späterer Stelle noch im Detail erläutert werden. Mit dem *Subsidiaritätsprinzip* steht ein einfaches und bewährtes Verfahren zur Verfügung, um die Verantwortung zwischen Führungskraft und MitarbeiterInnen so aufzuteilen, dass eine zur Entwicklung von Schwarmintelligenz ausreichende *Handlungsfreiheit* gewährleistet ist, ohne dass die Führungskraft die Kontrolle verliert.

Ergebniserwartungen, die in gewünschten Delta-Plus-Effekten münden, lassen sich am einfachsten durch Servicelevel-Vereinbarungen setzen. Mit diesem innovativen Instrument können Ergebniserwartungen für alle MitarbeiterInnen glasklar und kennzahlengestützt beschrieben werden, ohne Freiheitsgrade nach dem *Subsidiaritätsprinzip* zu verletzen. Ein ausgeklügeltes Verfahren zur Generierung der Servicelevel-Vereinbarungen stellt zugleich sicher, dass alle relevanten Faktoren wie Unternehmensziele und Kundenanforderungen Berücksichtigung finden.

Ergebnisverantwortung in Kombination mit *Freiheitsgraden* macht *Entrepreneurship,* unternehmerisches Handeln, für MitarbeiterInnen überhaupt erst möglich. Eine *Regel/Ergebnis-Kompatibilitätsprüfung* setzt „Regeln für Regelabweichungen". Mit diesem Paradigmenwechsel werden MitarbeiterInnen zu einer Kompatibilitätsprüfung verpflichtet: Erfüllen bestehende Funktionsroutinen die gewünschten Servicelevel, werden sie strikt eingehalten. Andernfalls besteht nicht nur das Recht, sondern sogar die Pflicht zur Innovation, um Abhilfe zu schaffen.

3.4 Umweltadaption

Wieso setzen Schwärme tradierte Verhaltensmuster nicht in einer Art Endlosschleife bis zum Sankt Nimmerleinstag fort? In einer rein statischen Umwelt gäbe es in der Tat keinen vernünftigen Grund, erfolgreich eingespieltes Verhalten aufzugeben. Im wirklichen Leben sind Schwärme gezwungen, ständig auf *veränderte Umweltbedingungen* zu reagieren. Neue Umweltreize erzeugen *Innovationsdruck*. Ohne gelungene Umweltadaption geraten Delta-Plus-Effekte in Gefahr. Die erfolgreiche Bewältigung von Umweltänderungen wird schnell zur Überlebensfrage.

Ameisenstraßen lassen sich durch Hindernisse wie große Blätter, Stöckchen oder Steine leicht unterbrechen. Was passiert? Im ersten Moment bricht Chaos aus. Doch bereits nach kurzer Zeit haben die Ameisen mit

Hilfe ihrer Duftspuren-Methode den besten Weg zur Umgehung des Hindernisses gefunden. Ameisen können flexibel auf die Störung reagieren. Ihre Verhaltensnormen enthalten genügend Freiheitsgrade, um mit den veränderten Umweltbedingungen zurechtzukommen.

Zentrale Steuerung oder Selbststeuerung?

Biologische Arten und soziale Systeme können sich der Umwelt auf zweierlei Art anpassen. Wie Bild 15 verdeutlicht, kann die Umweltadaption zentral gesteuert oder im Rahmen der Selbststeuerung des Teilsystems erfolgen:

- *Zentrale Steuerung:* Die übergeordnete Steuereinheit (biologische Art bzw. Unternehmen, Geschäftsmodell usw.) wird in ihrem Selbstverständnis und ihrer Ausrichtung den veränderten Umweltbedingungen angepasst. Die Ergebniserwartungen für untergeordnete Teilsysteme werden anschließend entsprechend geändert.

- *Selbststeuerung:* Die Zielsetzungen und Verhaltenserwartungen in den Teilsystemen, zum Beispiel im Schwarm, enthalten genügend Freiheitsgrade, um eine selbstständige Anpassung zu ermöglichen. Die Anpassung erfolgt im Rahmen entsprechend weit gefasster Parameter der übergeordneten Steuereinheit.

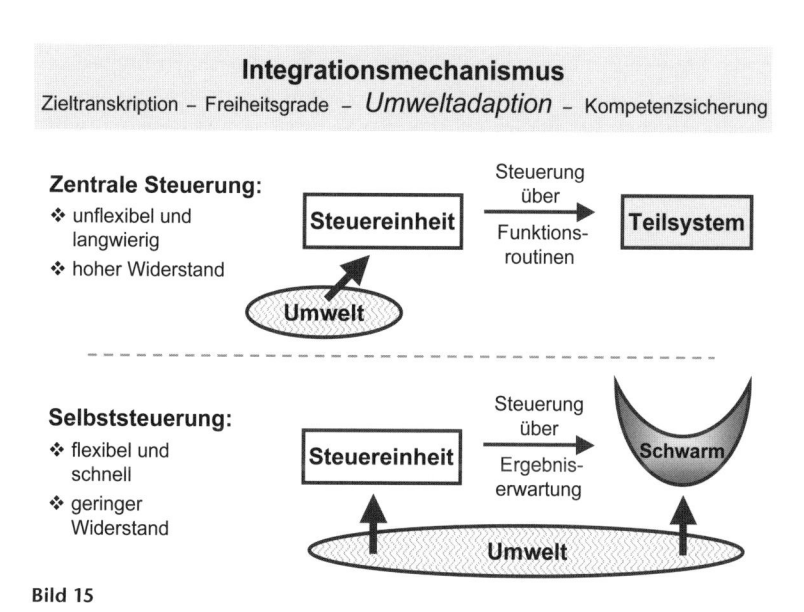

Integrationsmechanismus
Zieltranskription – Freiheitsgrade – *Umweltadaption* – Kompetenzsicherung

Zentrale Steuerung:
❖ unflexibel und langwierig
❖ hoher Widerstand

Steuereinheit → Steuerung über Funktionsroutinen → Teilsystem
Umwelt

Selbststeuerung:
❖ flexibel und schnell
❖ geringer Widerstand

Steuereinheit → Steuerung über Ergebniserwartung → Schwarm
Umwelt

Bild 15

Je umfangreicher die eingeräumten Freiheitsgrade sind, desto flexibler können Umweltänderungen schon im Teilsystem aufgefangen werden.

Fehlen aufgrund absolut gültiger Funktionsroutinen jegliche Freiheitsgrade, kann die Reaktion selbst auf kleinste Umweltänderungen nur auf übergeordneter Ebene stattfinden. Von dort müssen entsprechende Anweisungen an alle Teilsysteme erteilt und weitergeleitet werden. Ein Mehr an Bürokratie und nicht selten größere Widerstände aus den Teilsystemen – die in dieser Konstruktion dem Druck, umweltgerechte Lösungen zu finden, nicht direkt ausgesetzt sind – bilden die fast unausweichliche Folge.

Flexibilität durch Selbststeuerung

In der Natur müssen wir bis auf die Ebene der Evolution zurückgehen, um Beispiele für eine zentrale Steuerung im weiteren Sinne zu finden. Im weiteren Sinne deshalb, weil eine direkte Steuerung im Sinne von Führung in der Natur selbstverständlich nicht stattfindet. Die Auslöschung und Neuerschaffung ganzer Arten entspricht jedoch vom Prinzip her in etwa den dargestellten Mechanismen. Als am Ende der Kreidezeit ein großer Meteorit auf der Erde einschlug und sich gleichzeitig oder in der Folge erhöhter Vulkanismus breit machte, waren viele Arten, darunter die meisten Dinosaurier, dieser rigorosen Umweltänderung nicht gewachsen. Die „übergeordnete Steuereinheit" Evolution sah sich gezwungen, völlig neue „Teilsysteme" – Arten wie zum Beispiel Säugetiere – hervorzubringen, um die Umwälzungen in der Umwelt zu bewältigen.

Arten bestehen so lange, wie die Selbststeuerung zur Umweltanpassung funktioniert. Wie im Beispiel der blockierten Ameisenwege baut sich Innovationsdruck auf, der im Rahmen der Selbststeuerung bewältigt wird. Ein Instanzenweg über die Steuereinheit ist überflüssig, weil der Innovationsdruck aus der Umwelt direkt auf das Teilsystem wirkt und im Rahmen bestehender Freiheitsgrade abgearbeitet werden kann. Die Adaption an die veränderte Umwelt erzwingt keine Änderung des Systems selbst, sondern kann innerhalb der bestehenden Organisation und damit gezielter und vor allem reaktionsschneller vonstatten gehen.

Wieweit kann eine Umweltadaption im Zuge der Selbststeuerung gehen? Ein Vergleich zwischen Pandabär und Ameisen zeigt: Eine hohe Anpassungsfähigkeit des Teilsystems erhöht die Überlebenswahrscheinlichkeit der Art. Der Pandabär ist aufgrund seines wenig flexiblen Speisezettels – er frisst nur eine ganz bestimmte Bambussorte – vom Aussterben bedroht. Wird sein Nahrungsangebot aufgrund intensiverer Besiedlung oder in Folge von Klimaschwankungen knapp, kann er nicht auf andere Nahrungsmittel ausweichen.

Ganz im Unterschied zu den Ameisen. Die funktionale Arbeitsteilung im Ameisenstaat ist schon seit Menschengedenken dieselbe. Zunehmende Dominanz des Menschen, Einschränkung ihres Lebensraums, Klimaveränderungen – alle diese Herausforderungen konnte der Ameisenstaat bewältigen, ohne seine bewährten Organisationsprinzipien aufgeben zu müssen. Schwarmintelligenz macht den Ameisenstaat *robust*.

Wandel der Systemidentität

Die Grenzen jeder Selbstorganisation sind erreicht, wenn die grundsätzliche Ausrichtung oder die funktionale Gliederung der übergeordneten Steuereinheit in Frage gestellt sind. In der Natur machen radikale Veränderungen der Umwelt – Beispiel Dinosaurier – das Fortbestehen von Arten unmöglich. Unternehmen können sich gezwungen sehen, ihre gesamte Organisationsstruktur in Frage zu stellen und/oder ihr Geschäftsmodell zu ändern, um sich auf neue Marktanforderungen einzustellen.

Übergeordnete Einheiten sind mit ihrer funktionalen Gliederung in aller Regel auf mittelfristigen oder längerfristigen Bestand hin ausgelegt. Dies ist wenig verwunderlich. Die funktionale Gliederung bildet das Rückgrat jeder Steuereinheit und reflektiert ihre Ziele. Eine Änderung dieses Rückgrats verändert zugleich die *Identität* des Systems. Das alte System wird aufgegeben, ein modifiziertes oder völlig neuartiges System tritt an seine Stelle.

Ein solcher Systemwandel ist kaum ohne größere Verwerfungen denkbar. Aufgaben entfallen, neue Funktionen entstehen. Grundlegende Ziele ändern sich. Systemmitglieder müssen umdenken. Bestehende Privilegien werden in Frage gestellt, neue Machtstrukturen entwickeln sich. Der Vorteil, den einzelne Systemmitglieder aus ihrer Systemzugehörigkeit ziehen, variiert: Er kann zu- oder abnehmen, größer oder kleiner werden.

Jede Umkrempelung der Organisationsstruktur bedarf deshalb eines starken äußerlichen Anstoßes. Systeme neigen von sich aus eher zu Kontinuität als zu forschem Wandel. Grundsätzliche Systemänderungen werden oft erst unter extremem Innovationsdruck ausgelöst. Fast immer sind größere Widerstände zu überwinden, und häufig benötigen diese Reformen sehr viel Zeit.

Anpassungsdruck durch Transmittoren

Aus diesen Gründen ist eine zentrale Steuerung zur kurzfristigen, alltäglichen Anpassung an eine schnelllebige Umwelt nicht optimal geeignet. Schwarmintelligenz mit ihren Freiheitsgraden zur Selbststeuerung ist nicht zuletzt wegen der einfachen Umweltadaption ein bemerkenswertes Erfolgsmodell der Natur.

Neue Umweltreize erfordern einen *Transmittor*, der die Schwarmmitglieder zur Änderung ihres Verhaltens anregt. Freiheitsgrade bieten die *Möglichkeit* zur Anpassung, aber erst Transmittoren erzeugen den erforderlichen *Anpassungsdruck*.

Geht Ameisen ein Futterplatz zur Neige, lautet der *Transmittor Hunger*. Über zunehmenden Hunger baut sich Innovationsdruck auf, der im Rahmen der bestehenden Selbstorganisation leicht bewältigt werden kann. Ameisen suchen nach neuen Futterquellen. Die Intensität der Duftspuren zum bisherigen Futterplatz sinkt. So werden immer mehr Ameisen weg vom alten Futterplatz und hin zu neuen, attraktiveren Quellen gelockt.

Fischschwärme leben als egalitärer Verband ohne Arbeitsteilung, sind also wesentlich simpler gestrickt als der Ameisenstaat. Dennoch ist die innere Flexibilität im Verband groß genug, um auf Umweltreize, wie den Angriff von Fressfeinden, adäquat reagieren zu können. Der Innovationsdruck baut sich in diesem Fall über den *Transmittor Furcht* auf.

Der Vogelschwarm bildet lediglich eine temporäre Zweckgemeinschaft, um die anstrengende Reise zwischen Sommer- und Winterquartieren zu erleichtern. Nach Ankunft am Zielort löst er sich auf. Wegen seines temporären Charakters ist der Innovationsdruck im Schwarm auf die Reisezeit begrenzt, kann aber gravierend sein: Ungünstige Wind- und Wetterverhältnisse können den Flug erheblich erschweren. Im Zuge der Selbststeuerung wird auf diese Umweltreize adäquat reagiert, indem zum Beispiel die vorneweg fliegenden Vögel sich bei starkem Gegenwind früher in den Windschatten zurückfallen lassen. Den *Transmittor* zur Umsetzung des Innovationsdrucks bildet in diesem Fall der Grad an *Ermüdung*. Daneben gibt es bei Vögeln – ähnlich wie bei Fischen – Abwehrverfahren bei Angriffen von Raubvögeln. Der entsprechende Transmittor lautet in diesem Fall *Furcht*.

Unternehmen: Innovationsdruck durch Schwarmintelligenz

Märkte bieten im Vergleich zur Natur eine volatilere und noch weniger verlässliche Umgebung. Evolutionäre Entwicklungen werden in Jahrtausenden oder Jahrmillionen gemessen, heutige Märkte sind Schnelldreher. Produktzyklen werden immer kürzer und stellen Unternehmen vor ernsthafte Existenzprobleme, wenn sie keine zugkräftigen Nachfolgeprodukte in der Pipeline haben.

Klassisch geführte Unternehmen setzen fast ausschließlich auf zentral gesteuerte Änderungen zur Umsetzung des Innovationsdrucks. Selbst kleine Anpassungen sind dem beschriebenen Beharrungsvermögen der Organisation voll ausgesetzt. Eine erfolgreiche Umweltadaption steht und fällt mit der Haltung der Führungskräfte. Wo entschlossene Reformkräfte in Form von Managern, Eigentümern oder Investoren fehlen, laufen klassisch geführte Systeme Gefahr, sich selbst nicht rechtzeitig zu erneuern.

Durch Schwarmintelligenz wird es möglich, den Innovationsdruck des Marktes anhaltend auf die gesamte Organisation zu richten – die Verwendung eines passenden Transmittors vorausgesetzt. Viele alltägliche Herausforderungen können so im Rahmen der Selbststeuerung reaktionsschnell abgearbeitet werden. MitarbeiterInnen werden zu aktiven *Trägern* von Innovation, viele Innovationsbremsen entfallen.

Innere Flexibilität durch Schwarmintelligenz schließt zwar nicht aus, dass ein Unternehmen Geschäftsmodell und Organisation von Zeit zu Zeit dem Markt anpassen muss. Schwarmintelligenz bewirkt aber, dass Marktveränderungen früher wahrgenommen und so weit wie möglich innerhalb der bestehenden Struktur umgesetzt werden. Hochexplosiver Innovationsdruck, wie er durch langfristige Ignoranz neuer Marktanforderungen entsteht, wird gedämpft und im Idealfall durch eine *proaktive Umweltanpassung* gänzlich ersetzt.

Interne Kundenorientierung als Transmittor

Mit welchem *Transmittor* können Umweltänderungen in den Schwarm hineinprojiziert werden? Innovationsdruck im Schwarm baut sich erst auf, wenn dieser die Umweltanforderungen erkennt und in ihrer Bedeutung treffsicher bewertet. Nur unter dieser Voraussetzung kann ein Schwarm Herausforderungen mit angemessenen Reaktionsmustern beantworten.

Bilanz- und Umsatzkennzahlen kreieren eine Menge Innovationsdruck für Unternehmen und bilden wichtige *Transmittoren* für Führungskräfte. Für Nicht-Führungskräfte werden jedoch andersartige *Transmittoren* benötigt. Welche konkreten Verhaltensanforderungen könnte ein durchschnittlicher Produktionsmitarbeiter für sich schon aus Bilanzkennzahlen ableiten?

Wie Bild 16 verdeutlicht, besteht der ideale *Transmittor*, um den Innovationsdruck des Marktes zu jedem einzelnen Beschäftigten durchzurouten, in einer konsequent gelebten *internen Kundenorientierung*. In der innerbetrieblichen Dienstleistungskette ist jeder Mitarbeiter zugleich Liefe-

	Integrationsmechanismus		
	Zieltranskription – Freiheitsgrade – *Umweltadaption* – Kompetenzsicherung		
Schwarm	Paradigma der Steuereinheit	Umwelteinflüsse	Transmittor
Ameisen	Arbeitsteilung	Versiegende Futterquelle	Hunger
Fische	Egalitärer Verband	Angriff von Fressfeinden	Furcht
Vögel	Temporäre Zweckgemeinschaft	Widrige Windverhältnisse	Ermüdung
Mitarbeiter	Geschäftsmodell	Märkte, Kundenwünsche, Wettbewerbssituation	Resonanzwelle „Interne Kundenorientierung"

Bild 16

rant und Empfänger von Dienstleistungen, zugleich interner Anbieter und interner Kunde. Bei konsequenter Kundenorientierung pflanzen sich Signale von Markt und externen Kunden in einer Art *Resonanzwelle* konsequent bis in jeden Winkel des Unternehmens fort. Es gibt deshalb keinen sensibleren *Transmittor* für Innovationsbedarf als interne Kundenorientierung!

Im weiteren Verlauf des Buches werden wir noch ausführlich darauf zu sprechen kommen, wie interne Kundenorientierung organisiert und wie der entstehende Innovationsdruck über Zielgrößen in den Servicelevel-Vereinbarungen feinjustiert werden kann.

3.5 Fehlerprävention durch Kompetenzsicherung

Donnerstag, der 24. Oktober 1929, New York: Der Abgabendruck steigt. Anleger sind zunehmend verunsichert, immer mehr verkaufen, die Kurse fallen stärker. Nach dem ersten Kursrutsch wollen Tausende nervös gewordener Anleger nur noch raus aus ihren Aktien, doch Käufer zu vernünftigen Kursen sind weit und breit nicht mehr in Sicht. Panikverkäufe starten, die Kurse rasen immer tiefer in den Keller. Der Börsenkrach ist da!

Spannungsfeld Freiheitsgrade – Funktionalität

Indirekte Zieltranskription, Ergebnisziele, Handlungsrahmen mit Freiheitsgraden – diese Grundbausteine führen zu Delta-Plus-Effekten. Doch besitzt diese Konstellation eine potenzielle, höchst unangenehme Kehrseite: Wo Freiheitsgrade existieren, besteht latent die Gefahr dysfunktionaler Ergebnisse. Positiver Systembeitrag und Freiheitsgrade stehen in einem Spannungsfeld. Bei kollektiver Inkompetenz kann sich Schwarmintelligenz schnell ins Negative verkehren: Statt aus einfachen Verhaltensmustern überraschend positive Ergebnisse zu gewinnen, schaukelt sich Schwarmintelligenz dann zu verheerenden „Delta-Minus-Effekten" hoch.

Das Beispiel Börsenkrach bebildert diesen Effekt. Die negative Markteinschätzung weniger Anleger wird unversehens zum Selbstläufer. Aktionäre folgen in immer größerer Zahl selbsternannten Crashpropheten. Erst diese blinde Kopierwut setzt den negativen Schwarmeffekt in Gang.

Kompetenzverlust im Schwarm

Freiheitsgrade ermöglichen diesen Effekt, verursachen ihn aber nicht. Die eigentliche Ursache liegt in der fehlenden wirtschaftlichen Kompetenz vieler Anleger. Von einer Minute zur anderen misstrauen Tausende von Anlegern ihrem bisherigen wirtschaftlichen Urteil und verkehren ihre bisherige Markteinschätzung ins Gegenteil. Ein derart plötzlicher Stimmungsumschwung besitzt keinerlei realwirtschaftliche Grundlage. Im Gegenteil: Der Bezug zur Realwirtschaft wird kognitiv immer weiter ausgeblendet. Einzelne negative Schlagzeilen und trübe Konjunkturaussichten verändern den wirtschaftlichen Ausblick graduell, aber nicht crashartig. Bei Wirtschaftseinbrüchen infolge plötzlich auftretender Naturkatastrophen oder infolge eines Kriegsausbruchs liegt der Fall anders. Beides lag jedoch 1929 nicht vor.

Schwarmintelligenz, so hatten wir gesehen, erzielt deshalb Delta-Plus-Effekte, weil unterschiedliche Ansichten, Blickwinkel und Kompetenzen der einzelnen Schwarmmitglieder Überblick und Gesamtkompetenz des Schwarms erhöhen. Der „Superorganismus Schwarm" erzielt mit größerer Wahrscheinlichkeit optimale Resultate als einsame Entscheidungen einzelner.

Die Vernetzung unabhängiger Kompetenzen ist im Falle eines Börsenkrachs nachhaltig gestört. Nicht mehr vielfältige, voneinander unabhängige Standpunkte werden berücksichtigt; stattdessen werden die unterschiedlichen Ansichten vieler Schwarmmitglieder zu Gunsten der dominanten Meinung der Crashpropheten aufgegeben. Das Autonomieprinzip im Schwarm ist somit verletzt. Erst dieser *Kompetenzverlust* führt zum dysfunktionalen Ereignis.

Meinungsvielfalt statt Einfältigkeit

Sieht man einmal von Fällen vorsätzlicher Täuschung oder Betrugs ab, lässt sich ein solcher Kompetenzverlust im Schwarm auf zwei potenzielle Ursachen zurückführen:

- Die Schwarmmitglieder besitzen die erforderlichen Kompetenzen nicht oder glauben zumindest, sie nicht zu besitzen.
- Eingeschränkte Freiheitsgrade verhindern eine Vernetzung unterschiedlicher Kompetenzen im Schwarm.

Der erste Fall beschreibt den Börsencrash, den zweiten Fall finden wir häufig bei klassisch geführten Unternehmen. Wo Mitarbeiter auf sture Regelausführung verpflichtet werden, ist Mitdenken eher hinderlich. Eine vernetzte Kompetenz kann sich hier nicht entfalten.

Die Beispiele lehren uns: Ein ungetrübter Blick auf die Realität ist Voraussetzung für Delta-Plus-Effekte. Talentvernetzung entsteht nur, wo Schwarmmitglieder sich selbst ein sicheres Urteil über Umweltanforderungen und Handlungskonsequenzen zutrauen. Wird die Meinung Dritter unreflektiert übernommen, besteht die Gefahr gravierender *Delta-Minus-Effekte*. Der Schwarm wird manipuliert, aus Meinungsvielfalt wird Einfalt!

Keine Geisterfahrer: Kompetenz durch Instinkt

Im Umkehrschluss können wir festhalten: Die Sicherstellung funktionaler Kompetenzen aller Schwarmmitglieder steigert die Wahrscheinlichkeit positiver Ergebnisse signifikant. Auf Basis dieser These lässt sich auch verstehen, warum dysfunktionales Verhalten in der Natur praktisch nicht vorkommt. Instinktgesteuertes Verhalten trägt seine eigene Kompetenz in sich. Tiere reagieren *„instinktiv richtig"*. Alle erforderlichen Kompetenzen wurden ihnen von Natur aus „eingebaut".

Ameisen benötigen die beiden Kompetenzen, Pheromone (Duftspuren) zu setzen und die Intensität der Duftspuren ihrer Artgenossen zu erfassen. Dazu sind Ameisen von Natur aus mit einem hochentwickelten Geruchs- und Geschmacksvermögen ausgestattet. Sie besitzen am Kopf zwei, Antennen genannte, Fühler mit über 2000 Sinneszellen. Mit diesen Antennen können sie Temperaturschwankungen, Luftströmungen und eben auch Gerüche wahrnehmen. Erzeugt werden die Pheromone durch Drüsen am Hinterleib.

Fische können winzige Druckunterschiede erfühlen und sich so blitzschnell an die Schwimmbewegungen ihrer Nachbarfische anpassen. Sinneszellen, die auf kleinste Druckunterschiede im Wasser ansprechen, sind im Seitenlinienorgan untergebracht. Zusätzlich geben Fische Pheromone ins Wasser ab. Diese Duftstoffe helfen ihnen immer, einen Mindestabstand zueinander zu wahren. Selbst bei abrupten Richtungswechseln stoßen Fische niemals zusammen.

„Geisterfahrer", die aus der Schwarmrichtung ausscheren, wird man auch im Vogelschwarm vergeblich suchen. Im Unterschied zum Fischschwarm strebt der Vogelschwarm ein bestimmtes geografisches Ziel an (Sommer- bzw. Winterquartier). Als Kompass nutzen die Vögel das Magnetfeld der Erde, das sie über Magnetfeld-Rezeptoren im Auge wahrnehmen können. Zusätzlich liefert ihnen auch der Sonnenstand Anhaltspunkte für die richtige Reiseroute.

Die Kenntnis der Flugrichtung allein sorgt noch nicht für die Ausrichtung der Position im Schwarm. Das Beibehalten des richtigen Abstands zum Nachbarn erfolgt bei Vögeln optisch. An der Universität Rom wurden Stare mit Hochgeschwindigkeitskameras beobachtet. Erkenntnis aus diesem Videobeweis: Jeder Vogel orientiert sich an sechs bis sieben Nachbarvögeln und richtet seine Flugbahn an ihnen aus.[23] Vermutlich können Vögel eine größere Zahl ihrer Artgenossen nicht ununterbrochen im Auge behalten. Diese bescheidene mathematische Kompetenz genügt aber vollauf, um eine perfekte Flugformation zu bilden.

Möglicherweise können Vögel auch leichte Luftdruckunterschiede, die durch Bewegungen ihrer Nachbarvögel ausgelöst werden, erspüren. Ob auch akustische Phänomene, die beim Fliegen entstehen, eine Rolle spielen, ist bis dato nicht geklärt.

Antwort auf die Gretchenfrage

Die eingangs des Buches aufgeworfene Gretchenfrage, ob Schwarmintelligenz trotz aller Freiheitsgrade stets zu funktionalen Ergebnissen führt, lässt sich in diesem Licht folgendermaßen beantworten: In der Natur finden wir in aller Regel kein dysfunktionales Verhalten. Die Ursache hierfür ist die Instinktsteuerung. Mutter Natur gibt ihren Arten alle zur Erzielung von Delta-Plus-Effekten *erforderlichen Kompetenzen* als Grundausstattung mit ins Leben. Deshalb bewegen sich Fische und Vögel stets gleichgerichtet und stoßen niemals zusammen.

---

23 Versuche von Andra Cavagna, beschrieben auf der Homepage des Dipartimento di Fisica, Università „La Sapienza", Rom, www.smc.infm.it

Leider gilt dieser Automatismus funktionaler Delta-Plus-Effekte nicht für soziale Systeme. Das Beispiel des Börsencrashs zeigt, dass funktionale Ergebnisse nur entstehen, wenn der Selbststeuerungsprozess im Schwarm ungestört funktioniert. An dieser Stelle macht sich der Unterschied zwischen der instinktgesteuerten Natur und den nach freiem Willen handelnden Menschen nachhaltig bemerkbar.

Während im Tierreich alle notwendigen Kompetenzen durch die Evolution über Tausende von Jahren hinweg entwickelt wurden, sind Unternehmen beim Kompetenzerwerb ihrer MitarbeiterInnen ganz auf sich selbst gestellt.

Die Antwort auf die Gretchenfrage der Schwarmintelligenz
Die Sicherstellung aller für Schwarmverhalten erforderlichen Kompetenzen bildet den Schlüssel zu *funktionalen* Delta-Plus-Effekten im Unternehmen. In dieser Erkenntnis besteht die Antwort auf die Gretchenfrage.

Prävention statt Kontrolle

Mit zunehmender Komplexität in Organisation und Abläufen steigen Abweichungsmöglichkeiten und Fehlerquellen. In sehr komplexen Organisationen kann bereits ein geringer Input gewaltige, unvorhersehbare Effekte nach sich ziehen. Völlig unerwartete Ergebnisse treten auf, wenn vielfältige Abhängigkeiten zu Verstärkereffekten führen. Dysfunktionales Verhalten einzelner Mitglieder kann hohen Schaden für das System nach sich ziehen, sogar seinen Erhalt gefährden. Der Versuch einzelner Bankmitarbeiter, durch überzogene Risikobereitschaft einen exorbitanten Gewinn zu erzielen, hat schon einige Banken an den Rand des Ruins oder gleich in den Bankrott getrieben.

Mangel an Wissen, unzureichende Erfahrung, Fehleinschätzungen von Trends oder das Übersehen direkter oder auch nur indirekter Folgen von Handlungen bilden die Ursache solcher *Delta-Minus-Effekte*. Auch von Führungskräften falsch gesetzte Motivationsanreize können zu negativen Entwicklungen beitragen. Wie lassen sich derlei Fehlentwicklungen vermeiden? Wie sieht eine wirkungsvolle Dysfunktionalitätssperre aus?

Ein wesentliches Gebot der Schwarmintelligenz lautet *Kompetenzsicherung*, deren Komponenten und Methoden Bild 17 zeigt. Die klassische Strategie zur Fehlervermeidung – nachhaltige Kontrolle – verliert bei Aktivierung von Schwarmintelligenz an Bedeutung. Kontrolle verhindert abweichendes Verhalten. Delta-Plus-Effekte entstehen jedoch nur, wenn eine gewisse Streubreite an Versuch und Irrtum zugelassen wird. Innova-

Integrationsmechanismus
Zieltranskription – Freiheitsgrade – Umweltadaption – *Kompetenzsicherung*

	Ameisen	Fische	Vögel	Unternehmen
Wesentliche Kompetenzen	Duftdrüsen zur Pheromon-abgabe, Geruchssinn	Sinneszellen für Druck-unterschiede, Geruchssinn	Optisches Screening von 6 bis 7 Nachbarvögeln	Bedarfserkennung, Kompatibilitätsprüfung, Kommunikationsfähigkeit
Kompetenz-erwerb	Im Zuge der Evolution			Zielpyramiden, Angebots-Nachfrage-Synchronisation, Knowledge-Management
Kompetenz-sicherung	Wegen Instinkt-Steuerung nicht erforderlich			4-Stufen-Kompetenz-Modell

Bild 17

tion erfordert nicht Angepasstheit, sondern Dissens! Erst *Entrepreneurship* aller Beschäftigten führt zu Schwarmintelligenz. Rigider Rechtfertigungsdruck für jede Normabweichung macht solch schöpferische Unruhe jedoch unmöglich.

Aus einem weiteren Grund ist Kontrolle nicht das Mittel der Wahl: Kontrolle ist ein *nachlaufendes* Instrument, da durch sie Fehlentwicklungen erst dann auffliegen, wenn sie längst stattgefunden haben. Bis der Kontrolleur kommt, ist das Kind schon in den Brunnen gefallen. Durch nachträgliche Kontrolle können höchstens Folgeschäden eingegrenzt werden.

Allerdings ist Kontrolle mit diesen Überlegungen nicht ganz aus dem Spiel. Zur Abwehr einer *vorsätzlichen* Schädigung durch Betrug, Diebstahl oder Korruption ist Kontrolle selbstverständlich angemessen. Gegen wirtschaftliche Fehlentwicklungen aber hilft *Prävention durch Kompetenzsicherung!*

Dysfunktionalitätssperre duch das 4-Stufen-Kompetenz-Modell

Rein fachliche Kenntnisse und Fertigkeiten werden auch bei klassischer Führung gefördert. Schwarmintelligenz verlangt jedoch erweiterte Kompetenzen: Im Rahmen von Servicelevel-Vereinbarungen müssen Anforderungen der eigenen internen oder externen Kunden – unser Transmittor für Innovationsbedarf – richtig erkannt und bewertet werden. Eine Prüfung, ob beabsichtigte Handlungen mit Kundenanforderungen, aber auch mit den eigenen Bereichszielen kompatibel sind, sollte allen Schwarmmitgliedern möglich sein.

Typischerweise erfordert Schwarmintelligenz auch mehr Mitarbeiter-Kompetenzen auf den Gebieten Kommunikation und soziales Miteinander.

Personenbezogene Kompetenzen, wie Kommunikationsverhalten, können durch entsprechende Trainings erworben werden. Um MitarbeiterInnen das Erkennen von Kunden- und Unternehmensanforderungen zu erleichtern, stehen einschlägige Führungsinstrumente wie *Gap-Analyse, Zielpyramiden* mit *Kausalkettenbildung* oder die *Angebots-Nachfrage-Synchronisation* zur Verfügung. Diese Instrumente werden an späterer Stelle noch ausführlich erläutert.

Zur Feststellung des persönlichen Entwicklungsbedarfs und zur Kontrolle des erreichten Entwicklungsstands wurde das *4-Stufen-Kompetenz-Modell* entwickelt. Das Modell, auf das wir im weiteren Verlauf noch ausführlich eingehen, gestattet es, MitarbeiterInnen Freiheitsgrade in Abhängigkeit vom Umfang erworbener Kompetenzen zu gewähren. Mit Hilfe des Modells lässt sich somit eine äußerst wirksame *Dysfunktionalitätssperre* errichten.

3.6 Selbststeuerung im Schwarm

Wer ist der Boss im Schwarm? Niemand! In der Natur wird sofort augenfällig: Ameisen, Fische und Vögel streiten nicht im Schwarm. Kommunikationsstörungen, „Spielchen" und kleine Gemeinheiten, Austricksen, Auflaufen lassen, Verzögern – die wohlbekannte Mobbing-Palette aus dem Arbeitsalltag existiert in Schwärmen aus dem Tierreich nicht.

Homogener Superorganismus

Vögel mögen sich im Frühling um Brutplätze oder Partner zanken, sobald sie sich im Schwarm zusammenfinden, bilden sie einen *homogenen Superorganismus*. Alle Kräfte sind konsequent auf das gemeinsame Ziel gebündelt: die lange Reise möglichst unbeschadet zu überstehen. Für Streit und Zank wird keinerlei Energie vergeudet.

So stoßen wir nach unseren Überlegungen zur Kompetenzsicherung erneut auf einen einschneidenden Unterschied zwischen Instinktsteuerung in der Natur und menschlichem Handeln. Die tierische Nonchalance bei der Selbststeuerung im Schwarm wird von menschlichen Gruppen nicht ohne weiteres erreicht.

> **Kein Superorganismus ohne Spielregeln**
> Menschliche Schwärme wachsen erst zum Superorganismus zusammen, wenn sie sich selbst eine Reihe von *Spielregeln* geben.

Der erste Unterschied entsteht bereits im Zuge der Gruppenbildung. Wer ist Insider, wer Outsider? Wie homogen ist die Gruppe? Wie groß ist sie? Die Natur löst diese Fragen en passant: Fische gehören ihrem Schwarm qua Geburt an. Ameisen finden sich per funktionaler Aufgabenteilung im Schwarm zusammen. Der einzelnen Ameise wird ihre Rolle mitgeteilt – Widerspruch zwecklos! Etwas mehr Mühe wird Vögeln abverlangt: Sie müssen sich im Herbst aus eigener Initiative zu Schwärmen zusammenschließen.

Fischschwärme können riesig werden. Das ist nicht weiter verwunderlich: Sein Schwarm bietet dem einzelnen Fisch umso größeren Schutz, je mehr seiner Artgenossen um ihn herum schwimmen. Bei Vogelschwärmen hat man das Gegenteil beobachtet: Übersteigt der Vogelschwarm eine bestimmte Größe, zerfällt er in einzelne, unabhängig voneinander agierende Schwärme. Offenbar bringen zusätzliche Vögel dem Schwarm ab einer bestimmten Größenordnung keinen weiteren Vorteil mehr.

Halten wir als Ergebnis fest:

- Schwarmintelligenz basiert auf einer *Gruppenidentität*, die den Schwarm zum Superorganismus formt: Gleichgestellte Mitglieder verfolgen ein gemeinsames Ziel.
- Die *Größe* eines Schwarms und seine Beitrittsmodalitäten richten sich nach den angestrebten Schwarmeffekten.
- Die *Selbstorganisation* im Schwarm funktioniert bei Ameisen, Fischen und Vögeln aufgrund der Instinktsteuerung reibungslos. Abstimmungsprobleme oder gar Mobbing sind im Tierreich unbekannt.

Lässt sich ein solcher Superorganismus auch bei menschlichen Schwärmen erreichen? Eine funktionierende Gruppenbildung ohne Chef ist im Unternehmensalltag mit Sicherheit keine banale Angelegenheit. Erst recht nicht in allen Fällen, in denen Unternehmen bisher über internes Konkurrenzdenken und Einzelkämpfermentalität geführt wurden!

Gruppenidentität: Gleichstellung und gemeinsames Ziel

Schwarmintelligenz weicht die eiserne Regel traditioneller Unternehmensführung, dass jeder Mitarbeiter detaillierten Einzelanweisungen seines Vorgesetzten unterliegt, ein Stück weit auf. Schwarmintelligenz erfordert teilautonome Räume, Führung realisiert sich über Ergebniserwartungen. Innerhalb des Autonomiebereichs herrscht Gleichstellung aller Schwarmmitglieder. Die Vernetzung verschiedenartiger Kompetenzen und Erfahrungen, auf denen Delta-Plus-Effekte im Unternehmen beruhen, wäre bei Dominanz einzelner Gruppenmitglieder in Frage gestellt. Schlimmer noch: Wie das Beispiel *Börsenkrach* beweist, torpedieren dominante, anderen Gruppenmitgliedern aufgezwungene Denkmuster und Meinungen nicht nur den Schwarmeffekt, sondern können ihrerseits äußerst schmerzhafte dysfunktionale Ergebnisse *(Delta-Minus-Effekte)* nach sich ziehen.

Im Schwarm sind alle gleich

Schwarmintelligenz spielt sich immer in einer Gruppe Gleichberechtigter ab. Vorgesetzte gehören nicht zum Schwarm. MitarbeiterInnen unterhalb der Führungsebene können einen Schwarm in diesem Sinne bilden, aber auch Projektteams aus Fachleuten oder eine Gruppe von Führungskräften können Schwarmintelligenz erzeugen, wenn sie ihr interdisziplinäres Know-how zusammenschalten.

Kunden-Leistungspaket als Gruppenidentität

Wie konstituieren sich Mitarbeiter-Schwärme? Ganz wie in der Natur ergibt sich die Gruppenbildung aus einem gemeinsam angestrebten Ergebnis. Relevante Ziele sind in Servicelevel-Vereinbarungen niedergelegt.

Bei komplexen Aufgabenstellungen, die vieler unterschiedlicher Handgriffe bedürfen, könnten Schwärme jedoch unübersichtlich groß werden. Schwarmintelligenz kann sich nur eingeschränkt entfalten, wenn MitarbeiterInnen den Überblick über die Gesamtaufgabe verlieren oder die Kommunikationswege zu verzweigt werden. Wird die Gruppe zu unübersichtlich, empfiehlt sich ähnlich wie bei Vögeln die Bildung mehrerer kleiner, dafür umso schlagkräftigerer Einheiten. Aufspaltung und limitierte Gruppengröße garantieren, dass alle Schwarmmitglieder die gemeinsame Aufgabe überblicken und ihre Aktivitäten untereinander abstimmen können. Erst unter dieser Bedingung kann eine *Ergebnisverantwortung* von einer Gruppe tatsächlich *gemeinsam* getragen werden.

In der Praxis lassen sich effektive Schwärme über die gemeinsame Verantwortung für ein so genanntes *Kunden-Leistungspaket* definieren. Im weiteren Verlauf des Buches werden wir noch ausführlicher auf die Kunden-Leistungspakete eingehen. Vorab sei so viel verraten: Kunden-Leistungspakete zerlegen komplexe Servicelevel nach bestimmten Kriterien in einzeln anzusteuernde, nachvollziehbare Meilensteine und bilden die kleinste Leistungseinheit in Servicelevel-Vereinbarungen.

Spielregeln zur Selbststeuerung

Die Zusammenarbeit im Schwarm verläuft in menschlichen Gruppen erfahrungsgemäß weit weniger harmonisch als im Tierreich. Dieser Umstand muss nicht unbedingt von Nachteil sein. Allzu harmonisch funktionierende Gruppen gelten in der Sozialwissenschaft als ineffizient, da einmal eingeschlagene Pfade nicht mehr verlassen werden. Das andere Extrem ist allerdings genauso ungesund: Gruppen, die sich in permanenten Konflikten selbst zerfleischen, bringen mangels abgestimmten Handelns keine akzeptable Leistung.

> **Mit konstruktivem Dissens zur Spitzenleistung**
> Spitzenleistungen entstehen in Gruppen, die ein gesundes Mittelmaß an konstruktiver Auseinandersetzung pflegen. Schwarmintelligenz entspricht diesem Szenario, denn sie beruht auf konstruktivem Dissens.

Schwarmfunktionen zur Selbststeuerung

Zu konstruktivem Dissens muss ein Schwarm drei prinzipielle Aufgaben lösen:

- *Informationsfluss:* Kompetenzvernetzung erfordert, dass jedes Schwarmmitglied jederzeit über alle relevanten Informationen verfügt. Zugleich sollte sichergestellt sein, dass kein Schwarmmitglied seine Zeit mit überflüssigem Informationsmüll vergeudet.
- *Innovationsdruck:* Wenn sich Umwelteinflüsse ändern, neue Kundenanforderungen bekannt werden oder etwas nicht wie gewünscht läuft, werden Verfahren zum *Eskalationsmanagement* benötigt. Auch sollten Prozeduren verfügbar sein, mit denen innovative Ideen einzelner Schwarmmitglieder aufgegriffen und rasch umgesetzt werden können.
- *Verhaltensabstimmung:* Schwarmintelligenz lebt von Meinungs- und Kompetenzvielfalt. Nach Abschluss des Meinungsbildungs-

prozesses benötigt der Schwarm eine Verhaltensabstimmung, um sich *autoritätsfrei* auf ein einheitliches Vorgehen zu einigen.

Dezentrale Informationssteuerung

Jeder Schwarm ist auf funktionierende Kommunikationsstrukturen angewiesen. Im Unterschied zur ausgefeilten menschlichen Kommunikation vollzieht sich die Kommunikation im Tierreich eher einfach gestrickt und unter Einbezug ganz unterschiedlicher Sinne. Wie gesehen, kommunizieren Ameisen via Duftspuren, Fische über Drucksensoren und Vögel per Optik – ein Blick auf sechs bis sieben ihrer Nachbarn genügt, um ihnen Flugrichtung und Geschwindigkeit des Schwarms zu vermitteln.

Im Unternehmen ist *autoritätsfreie Kommunikation* und höchstmögliche *Transparenz* Grundlage jeglicher Schwarmintelligenz. Im Vergleich zu klassisch geführten Mitarbeiter-Gruppen müssen Schwärme bei der Kommunikation umdenken. Während Vorgesetzte Informationen nach Relevanzkriterien *sternförmig* verteilen, sind Schwärme als autonome Gebilde darauf angewiesen, den Informationsfluss *dezentral* zu gestalten. Ein spezieller *Set von Kommunikationsregeln* ermöglicht eine optimale Kanalisation des Informationsflusses innerhalb des Schwarms und zu Schnittstellen außerhalb der Schwarmgrenzen. Zugleich wird überflüssiger Informationsmüll zuverlässig aussortiert. Die Kommunikationsregeln werden im Abschnitt über die Selbststeuerung näher erläutert. Bild 18 gibt einen ersten Überblick über grundlegende Selbststeuerungsmechanismen im Schwarm.

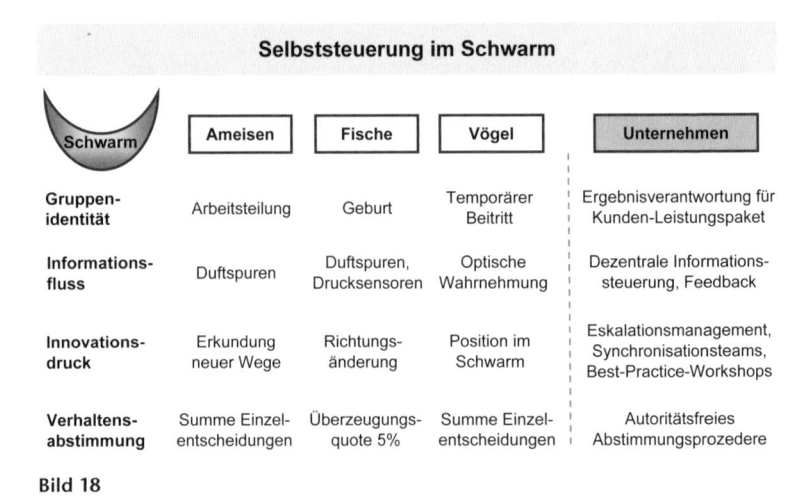

Selbststeuerung im Schwarm

Schwarm	Ameisen	Fische	Vögel	Unternehmen
Gruppenidentität	Arbeitsteilung	Geburt	Temporärer Beitritt	Ergebnisverantwortung für Kunden-Leistungspaket
Informationsfluss	Duftspuren	Duftspuren, Drucksensoren	Optische Wahrnehmung	Dezentrale Informationssteuerung, Feedback
Innovationsdruck	Erkundung neuer Wege	Richtungsänderung	Position im Schwarm	Eskalationsmanagement, Synchronisationsteams, Best-Practice-Workshops
Verhaltensabstimmung	Summe Einzelentscheidungen	Überzeugungsquote 5%	Summe Einzelentscheidungen	Autoritätsfreies Abstimmungsprozedere

Bild 18

Größtmögliche Transparenz ist über die Schwarmgrenzen hinaus von höchster Bedeutung. Ohne ausreichende Transparenz kommt es zu Misstrauen in der übergeordneten Steuereinheit und in der Konsequenz zu Eingriffen in die Autonomie der Gruppe. Schwarmeffekte sind dann nicht länger möglich.

Robuste Umsetzung des Innovationsdrucks

Schwarmintelligenz macht jede Organisation *robust*. Herausforderungen unterschiedlichster Art lassen sich via Schwarmintelligenz optimal bewältigen. Nicht zuletzt dieser Robustheit verdankt Schwarmintelligenz ihren Ruf als großartiges Erfolgsmodell.

Die Duftspuren-Methode der Ameisen ist universell einsetzbar und immer erfolgreich. Der Innovationsdruck wird im Rahmen alltäglichen Schwarmverhaltens bewältigt. Selbst auf plötzliche Krisensituationen wie blockierte Wege ist der Schwarm gut vorbereitet.

Schwarmmitglieder im Unternehmen sind auf verschiedenartige Techniken zur Bewältigung des Innovationsdrucks angewiesen. Routinemäßig können mittelfristig absehbare Änderungen bei Kunden- oder Marktanforderungen in der nächsten Auflage der Servicelevel-Vereinbarungen berücksichtigt und umgesetzt werden. Sind jedoch kurzfristig Eingriffe oder Krisenreaktionen erforderlich, benötigt der Schwarm spezielle Verfahren zum *Eskalationsmanagement*. *Best-Practice-Workshops* dienen der raschen Umsetzung innovativer Ideen. Bei Abstimmungsproblemen über Schwarmgrenzen hinweg treten spezielle *Synchronisationsteams* in Aktion. Alle genannten Techniken werden im Abschnitt über die Selbststeuerung im Schwarm ausführlich erläutert. Durch die Kombination all dieser Instrumente lässt sich der im Rahmen innerbetrieblicher Kundenorientierung auf den Schwarm ausgeübte Innovationsdruck optimal umsetzen.

Verhaltensabstimmung im Schwarm

Bei Ameisen bedarf es keiner großartigen Verhaltensabstimmung. Jede Ameise entscheidet nach eigenem Gutdünken, ob sie einer vorhandenen Duftspur folgt oder nicht. Zur Erzielung des Delta-Plus-Effektes *effiziente Futtersuche* ist eine unmittelbare Koordination mit den Artgenossen nicht erforderlich. Ähnlich wie bei den Ameisen bedarf die Entscheidung bei den Vögeln, wann sich ein an der Spitze fliegender Vogel in den Schwarm zurückfallen lässt, keiner gesonderten Verhaltensabstimmung.

Für Fische gilt das so nicht. Zwar ist das Synchronschwimmen im Rahmen des Verhaltenskodex Ausrichtung, Kohäsion und Separation umfassend geregelt. Jeder Richtungswechsel des Schwarms muss aber streng koordiniert werden, wenn der Schwarm nicht auseinander fallen soll. Der Schutz vor Fressfeinden gelingt dem Fischschwarm nur, wenn er einheitlich reagiert und als Gruppe geschlossen ausweicht.

In ähnlicher Weise müssen sich Schwärme im Unternehmen aus eigener Kraft einigen. Bei Differenzen erfolgt kein Machtwort eines Vorgesetzten. Ganz im Gegenteil: Schwarmintelligenz lebt von schöpferischer Unruhe und konstruktivem Dissens! Formate zur *autoritätsfreien Entscheidungsfindung* müssen deshalb sicherstellen, dass unterschiedliche Gesichtspunkte fair und vorurteilsfrei gegeneinander abgewogen werden. Je nach Aufgabenstellung stehen für das Abstimmungsprozedere unterschiedliche Verfahren zur Wahl. Insbesondere die beiden Verfahren *iterativer Einigungsprozess* und *holistische Interessenabwägung* ermöglichen jedem Schwarm eine zuverlässige Ergebniserfindung selbst in komplexen und potenziell konfliktgeladenen Situationen. Auf die einzelnen Abstimmungsprozedere wird im Kapitel zur Selbststeuerung im Schwarm näher eingegangen.

Überzeugungsquote zur Mehrheitsbildung

Zur Frage, wie sich im Schwarm Mehrheiten bilden, existieren interessante Untersuchungen. In einem an der Humboldt-Universität in Berlin durchgeführten Versuch wurden Fische darauf trainiert, auf ein Signal hin eine bestimmte Futterstelle aufzusuchen. Im nächsten Versuchsstadium kam ein derart dressierter Fisch zusammen mit einem Schwarm undressierter Artgenossen ins gleiche Becken. Der dressierte Fisch konnte bis zu 23 undressierte Artgenossen dazu bewegen, mit ihm zur Futterstelle zu schwimmen. Schwammen mehr undressierte Fische im Becken, ließ sich der Schwarm nicht länger durch einen einzelnen Fisch beeinflussen. Aus den Daten ergibt sich als Größenordnung eine *„Überzeugungsquote"* von rund 5 Prozent; sprich, mindestens 5 Prozent der Population müssen für einen Richtungswechsel votieren, damit der restliche Schwarm ihnen folgt.[24]

Man hat analoge Tests mit menschlichen „Schwärmen" durchgeführt. In einem Versuch mit 200 Probanden wurde zunächst das Verhalten des Fischschwarms anhand der drei Prinzipien Ausrichtung, Kohäsion und Separation nachgestellt. Das Ergebnis überrascht auf den ersten Blick,

---

24 Renate Siegmund, Klaus Scheibe und Dieter Köhler, Qualitative Verstärkerwirkung im Fischschwarm, Bereich Verhaltenswissenschaften, Sektion Biologie der Humboldt-Universität zu Berlin; erschienen in der Zeitschrift Naturwissenschaften, Band 56, Nummer 8/August 1969, S. 426.

wenn man an den geschlossenen Fischschwarm denkt: Die Probanden fanden sich in zwei Gruppen zusammen, die gegenläufig im Kreis liefen.

Logisch ist dieses Ergebnis trotzdem: Die drei im Versuch vorgegebenen Verhaltensprinzipien lassen einen Freiheitsgrad offen – die Wahl der generellen Richtung.

Wie also findet der Schwarm seine Richtung? Man hat den Versuch folgendermaßen modifiziert: 5 der 200 Probanden bekamen heimlich die Anweisung, den Schwarm zu einem bestimmten Ort zu führen. Dies misslang. Als im nächsten Versuch 10 Probanden eine heimliche Richtungsvorgabe bekamen, konnte der Schwarm hingegen erfolgreich manipuliert werden. Als 20 Probanden die Anweisung erhielten, den Schwarm zum Ort A, 10 weitere Probanden aber, den Schwarm zum Ort B zu bewegen, pendelte der Schwarm zwischen den beiden Orten A und B, ohne sich für eine Richtung entscheiden zu können.[25]

Die Versuche zeigen, dass Verhaltensänderungen sich erst durchsetzen, wenn eine Mindestzahl an Schwarmmitgliedern – man höre und staune: eine Überzeugungsquote von 5 Prozent bei den menschlichen Probanden, genau wie im Experiment mit den dressierten Fischen – für die Änderung votiert. Ein einzelnes Individuum kann einen großen Schwarm nicht manipulieren – das ist auch gut so, sonst wären wir ja wieder beim Führungsprinzip!

Was bei Interpretation dieser Ergebnisse gerne unter den Tisch fällt, ist eine Beurteilung der Randbedingungen. Deshalb bitte unbedingt beachten: Die Überzeugungsquote von 5 Prozent gilt ausschließlich für Fälle, in denen die restlichen Probanden *keine bestimmte Präferenz* für irgendeine Richtung besitzen. Wie der Versuch mit den beiden Orten A und B andeutet, gerät der Entscheidungsprozess wesentlich komplexer, wenn die restlichen Probanden eigenständige Ziele verfolgen. Die im Unternehmen benötigten Verfahren zur Verhaltensabstimmung fallen deshalb auch um einiges vielschichtiger aus als bei Fischen.

Schwarmintelligenz im Unternehmen

Welches Fazit können wir aus unserem Ausflug in die Bionik ziehen? Das Schwarmverhalten in der Natur liefert uns das Grundgerüst für die Erzielung von Delta-Plus-Effekten im Unternehmen. Eine Eins-zu-eins-Übertragbarkeit besteht jedoch nicht. Während Schwarmverhalten in der Natur auf Instinkt gegründet ist, beruhen soziale Organisationen auf Ver-

---

[25] Versuch von J. Krause und J. Dyer 2007 in Zusammenarbeit mit „Quarks und Co."
Beschrieben in: Lydia Pintscher, Schwarmintelligenz, Universität Karlsruhe.

stand und zweckgerichtetem Handeln einzelner Personen. Dieser Unterschied will berücksichtigt sein! Ein besonderes Augenmerk sollte auch darauf liegen, wie Schwarmintelligenz als teilautonomes Gebilde in eine Unternehmenskultur, die dem Führungsprinzip folgt, eingebettet werden kann.

Die Übertragung von der Natur abgeschauten Spielregeln auf Unternehmen erfordert aus diesen Gründen die Implementierung einer Reihe spezieller Verfahren und Führungsinstrumente – ansonsten kann sich Schwarmintelligenz im Arbeitsalltag nicht entfalten.

An dieser Stelle beenden wir unseren Ausflug in die Bionik. Die folgenden Abschnitte entwickeln detailliert und anwendungsreif alle notwendigen Tools und Techniken, um Schwarmintelligenz im Unternehmen zu aktivieren und für MitarbeiterInnen und Führungskräfte handhabbar zu machen.

3.7 Leitfragen und Antworten zum Kapitel

Delta-Plus-Effekte entstehen aus einfachen Verhaltensweisen. Die Wegwahl unter Berücksichtigung der Intensität von Duftspuren bildet bei Ameisen, Ausrichtung, Kohäsion und Separation bei Fischen und Vögeln die Grundlage von Schwarmeffekten. Warum beschreiben diese gängigen Forschungsergebnisse Schwarmintelligenz trotzdem nicht umfassend?

- Schwarmintelligenz unterliegt einer Reihe gewichtiger Rahmenbedingungen. Schwarmeffekte werden erst im Hinblick auf Ziele einer übergeordneten Steuereinheit (Ameisenstaat, biologische Art, Unternehmen, Geschäftsmodell) erkennbar. Aus der Perspektive einer einzelnen Ameise ist der Delta-Plus-Effekt „energieeffiziente Futtersuche" weder ersichtlich, verständlich noch unmittelbar umsetzbar. Schwarmeffekte entstehen im Spannungsfeld zwischen Ergebniserwartungen der Steuereinheit und autonomem Handeln im Schwarm.

- Die Natur bewältigt dieses Spannungsfeld durch instinktgesteuerte, im Laufe von Jahrtausenden per Evolution entwickelte Verhaltensmuster. Unternehmen, als durch Wille und Intellekt gesteuerte soziale Organisationen, müssen hingegen passende Führungsinstrumente suchen, um Schwarmautonomie in hierarchiegesteuerte Einheiten sinnvoll einzubetten. Führungskräfte werden durch Schwarmintelligenz nicht arbeitslos – ganz im Gegenteil!

Auf welchen vier grundlegenden Bausteinen basiert Schwarmintelligenz?

- Schwarmintelligenz beruht auf den vier grundlegenden Bausteinen *übergeordnete Steuereinheit, Delta-Plus-Effekte, Verhaltenskodex und Motivation*. Die übergeordnete Steuereinheit definiert die erwünschten Delta-Plus-Effekte und entwickelt für den Schwarm einen auf seine kognitiven Fähigkeiten abgestellten Verhaltenskodex. Dieser Verhaltenskodex bildet das Herzstück der Schwarmintelligenz und unterliegt hohen Anforderungen: Er muss einerseits Freiheitsgrade zulassen, ohne die kollektive Kompetenz im Schwarm nicht nutzbar ist. Andererseits muss der Kodex gewährleisten, dass seine Befolgung mehr oder minder automatisch zum gewünschten Delta-Plus-Effekt führt. Schwarmintelligenz gründet auf Freiheitsgrade und insofern auf freiwilliges Handeln der Schwarmmitglieder. Sie funktioniert nur, wenn sie bei der individuellen Motivation der Schwarmmitglieder ansetzt und sich diesen einen Vorteil hinsichtlich ihres persönlichen Wertesystems verschafft.

Im Unterschied zu Ameisen verstehen MitarbeiterInnen übergeordnete Ziele wie Umsatz- und Gewinnwachstum ohne weiteres. Diese Ziele bilden die Messlatte für Delta-Plus-Effekte im Unternehmen. Warum sind übergeordnete Unternehmensziele trotzdem nicht als Verhaltenskodex zur Generierung von Schwarmintelligenz geeignet?

- Im Rahmen strategischer Überlegungen wählt das Unternehmen als übergeordnete Steuereinheit aus der Menge möglicher Vorgehensweisen die Teilmenge an Lösungen aus, die es für besonders erfolgversprechend hält. Durch Organisationsstrukturen und Bereichsziele werden die Ergebniserwartungen weiter konkretisiert. Trotzdem sind Ergebniserwartungen auf übergeordneter Ebene relativ abstrakt. Eine Grauzone entsteht. Selbst Führungskräfte sind sich nicht immer sicher, ob einzelne Handlungen einen funktionalen Ergebnisbeitrag leisten.
- Ein Verhaltenskodex zur Generierung von Schwarmintelligenz muss deshalb übergeordnete Ziele so weit operationalisieren, dass für MitarbeiterInnen nachvollziehbare Verhaltensanforderungen entstehen, ohne dabei die Freiheitsgrade, wie im Weberschen Bürokratiemodell, auf Null zu reduzieren. Servicelevel-Vereinbarungen bieten eine optimale Lösung für diese Aufgabe.

3.7 Leitfragen und Antworten zum Kapitel

Was kennzeichnet konkret eine *indirekte Zieltranskription*, die zu Delta-Plus-Effekten führende Verhaltensnormen vorgibt, ohne dem Schwarm die notwendigen Freiheitsgrade zu nehmen?

- Indirekte Zieltranskription basiert auf Ergebniserwartungen. Ergebniserwartungen geben ein bestimmtes Resultat, das WAS, vor. Das WIE bleibt offen und bildet den für Schwarmintelligenz erforderlichen Freiheitsgrad. Beispiel Ameisen: Die einzelne Ameise ist in ihrer Wegwahl völlig frei. Erst in der Summe aller Einzelfälle schreibt der Ameisen-Verhaltenskodex in Form einer Wahrscheinlichkeitsverteilung die Berücksichtigung von Duftspuren bei der Wegwahl vor. Durch diesen „Trick" der Natur stellt sich der gewünschte Delta-Plus-Effekt, eine energieeffiziente Futtersuche, zuverlässig ein.

- Im Unternehmen lässt sich eine indirekte Zieltranskription durch Servicelevel-Vereinbarungen realisieren. Diese formulieren umfassend und kennzahlengestützt erwartete Ergebnisse. Wie diese Ergebnisse erreicht werden, bleibt in bestimmtem Rahmen offen. Dieser Freiheitsgrad schafft Raum für Entrepreneurship von MitarbeiterInnen und bildet die Basis für Innovationen durch Schwarmintelligenz.

Welche Vorteile bietet Schwarmintelligenz im Hinblick auf Anpassungen an neue Umweltbedingungen?

- Für biologische Arten, erst recht für Unternehmen in modernen, volatilen Märkten, ist die Verarbeitung neuer Umweltreize überlebenswichtig. Prinzipiell stehen zwei Wege offen: Die zentrale Steuerung der Umweltadaption durch die übergeordnete Einheit oder eine Selbststeuerung im Teilsystem. Bei Anpassungen an alltägliche Umweltveränderungen ist die zentrale Steuerung aufwändig, zeitraubend und bürokratisch. Nur für grundsätzliche Umwälzungen, die Paradigma und Organisation des gesamten Systems in Frage stellen, ist eine zentrale Steuerung der Umweltadaption uneingeschränkt empfehlenswert.

- Eine Anpassung an Alltagsänderungen können untergeordnete Einheiten wie Schwärme im Rahmen ihrer Selbststeuerung wesentlich flexibler und schneller vornehmen. Voraussetzung sind Transmittoren, die dem Schwarm Umweltänderungen und Handlungsbedarf einprägsam mitteilen. In der Natur kein Problem: Ein herannahender Fressfeind wird vom Fischschwarm mit tödlicher Sicherheit beachtet. In klassisch geführten Unternehmen sind MitarbeiterInnen in marktfernen Bereichen von Markteinflüssen oft völlig abgeschottet. Durch interne Kundenorientierung lässt sich dieses Manko nachhaltig beseitigen.

Konsequent gelebte interne Kundenorientierung routet als Transmittor Marktanforderungen in einer Art *Resonanzwelle* bis in die entlegensten Winkel der Organisation durch. Schwarmintelligenz kann sofort reagieren und innovative Lösungen entwickeln.

Wie lassen sich dysfunktionale Ergebnisse durch Schwarmintelligenz wirksam verhindern?

- Mutter Natur kennt keine Geisterfahrer! Per Instinkt hat sie Ameisen, Fischen und Vögeln alle für *Delta-Plus-Effekte* notwendigen Kompetenzen fest eingebaut. Unternehmen finden sich in einer weniger komfortablen Situation. Wenn MitarbeiterInnen Anforderungen interner Kunden fehlinterpretieren oder die Konsequenzen ihres Handelns nicht richtig abschätzen können, können sich daraus schnell *Delta-Minus-Effekte* entwickeln. Gleiches droht, wenn eine Kompetenzvernetzung im Schwarm durch autoritäre Eingriffe verhindert wird.

- Rigide Kontrolle macht Schwarmintelligenz und Innovation unmöglich. Wer Neues wagt, weicht von eingetretenen Pfaden ab. Die stärkste Waffe gegen dysfunktionale Effekte liegt deshalb nicht in strikter Kontrolle, sondern in umfassender Kompetenzentwicklung. Mit *Gap-Analyse, Kausalkettenbildung* und der *Angebots-Nachfrage-Synchronisation* stehen Führungsinstrumente zur Verfügung, die MitarbeiterInnen Kundenbedarf und unternehmerische Anforderungen bestmöglich nahe bringen. Das *4-Stufen-Kompetenz-Modell* vergibt Freiheitsgrade an MitarbeiterInnen in Abhängigkeit von der erreichten Kompetenzstufe. Je größer die Kompetenz, desto mehr Innovationsspielraum wird einem Mitarbeiter gewährt; Kompetenz und Handlungsspielraum entsprechen einander.

Wie kann sich ein Schwarm im Unternehmen intern aufstellen, um sich als teilautonomes Gebilde selbst zu steuern?

- Der Nukleus von Schwarmintelligenz liegt in der gemeinsamen Verantwortung des Schwarms für die Erstellung von *Kunden-Leistungspaketen*. Für eine reibungslose Umsetzung muss jeder Schwarm ein paar grundlegende Elemente zur Selbststeuerung beherrschen: Ein dezentral aufgebauter *Informationsfluss* versorgt die Schwarmmitglieder mit allen erforderlichen Informationen, ohne durch überflüssigen Informationsmüll den Blick für das Wesentliche zu trüben. Kurzfristiger *Innovationsdruck,* der ad hoc Reaktionen erfordert, lässt sich mit Hilfe der Verfahren zum *Eskalationsmanagement* bewältigen. *Best-Practice-Workshops* fördern die systematische Erarbeitung von Innovationen.

Ähnlich wie bei Fischen ist bei menschlichen Schwärmen eine konsequente Verhaltensabstimmung erforderlich. Je nach Ausgangslage eignen sich unterschiedliche Verfahren zur Abstimmung. Mit dem *iterativen Einigungsprozess* oder der *holistischen Interessenabwägung* lassen sich selbst komplexe Themen und potenziell konfliktgeladene Situationen erfolgreich bewältigen.

4 Zieltranskription durch Servicelevel-Vereinbarungen

4.1 Schwarmintelligenz als Managementtechnik

Ein forschender Blick in die Natur räumt mit einigen gängigen *Illusionen zur Schwarmintelligenz* auf. Schwarmintelligenz entsteht nicht schon deshalb, weil Individuen sich in Gruppen zusammenfinden. Der *Erfolgsfaktor*, damit relativ simple Verhaltensweisen in hochinteressante Delta-Plus-Effekte münden, liegt in der richtigen Gestaltung der *Rahmenbedingungen*. Die geniale Erfindung der Natur besteht darin, für ein perfekt abgestimmtes *Spannungsfeld* zwischen striktem Verhaltenskodex und Freiheitsgraden im Schwarm zu sorgen. Dieses Spannungsfeld gilt es im Unternehmen gekonnt nachzubauen, um von den süßen Früchten der Schwarmintelligenz zu profitieren.

Vier Pfeiler der Schwarmintelligenz

Schwarmintelligenz, so lehrt uns die Bionik, basiert auf den vier Pfeilern *indirekte Zieltranskription, Umweltadaption, Kompetenzsicherung* und *Selbststeuerung*.

- Eine übergeordnete Steuereinheit definiert einen Verhaltenskodex für den Schwarm, der die gewünschten Delta-Plus-Effekte bereits in sich birgt. Die Definition erfolgt im Rahmen einer indirekten Zieltranskription durch Ergebniserwartungen mit Freiheitsgraden.
- Umwelt-Transmittoren übertragen Innovationsdruck aus veränderten Umweltbedingungen direkt in den Schwarm.
- Die Sicherstellung aller erforderlichen Kompetenzen verhindert dysfunktionale Schwarmeffekte.
- Die Selbststeuerung durch autoritätsfreie Kommunikations- und Abstimmungsprozesse ermöglicht dem Schwarm eine effektive Nutzung der Kompetenzvielfalt.

Um diese Pfeiler im Unternehmen nachzustellen, sind spezielle Führungstechniken und Instrumente erforderlich. Ohne geeignete Managementtechniken kann sich Schwarmintelligenz im Unternehmen entweder nicht entfalten oder sie läuft Gefahr, dysfunktionale Effekte zu generieren.

Integration des Schwarms im Unternehmen

Die grundlegende Herausforderung besteht darin, das teilautonome Gebilde „Schwarm" in die hierarchisch geführte Organisation „Unternehmen" zu integrieren. Diese Integration erfordert oft Änderungen in der Arbeitskultur eines Unternehmens.

Lässt ein Unternehmen zu wenig *Autonomie* zu, würgen Vorgaben der Führungskräfte die Kompetenzvielfalt im Schwarm von vornherein ab. Gelingt es umgekehrt dem Unternehmen nicht, einen auf Delta-Plus-Effekte zielenden *Verhaltenskodex* zu entwickeln und im Schwarm durchzusetzen, verliert die Unternehmensleitung ihren Einfluss; die Zielkonsistenz im Unternehmen gerät in Gefahr. Schwarmintelligenz meint nicht *„Laissez faire"* – ganz im Gegenteil! Schwarmintelligenz wird aktiviert, um gezielt Innovationsbeiträge zu liefern und die Wettbewerbsfähigkeit systematisch zu stärken.

Wesentliche Management-Tools im Überblick

Mit ausschließlich klassischen Führungsinstrumenten ist eine ausgeglichene Balance zwischen Schwarmautonomie und Führungsprinzip nicht zu erreichen. Viele Unternehmen halten zu sehr an einem überholten Führungsprinzip fest und tun sich schwer, die für Schwarmintelligenz erforderlichen Freiheitsgrade einzurichten oder zuzulassen. Selbst Instrumente, um einen für Schwarmintelligenz geeigneten Verhaltenskodex zu formulieren, fehlen. Soweit Teams und Projektgruppen bestehen, ist deren Autonomie oft streng begrenzt. Verfahren und Tools für eine autoritätsfreie Abstimmung in der Gruppe fehlen fast immer.

> Die Einbettung von Schwarmintelligenz in führungskräftegesteuerte Organisationen ist problemlos möglich, sofern die Schnittstelle zum Schwarm sauber definiert wird. Eine erfolgreiche Einbettung erfordert *neuartige Führungsinstrumente* wie Servicelevel-Vereinbarungen und das 4-Stufen-Kompetenz-Modell.

In den folgenden Abschnitten wird deshalb ein *Komplettpaket an Führungsinstrumenten* vorgestellt, mit dem Schwarmintelligenz im Unternehmen praxisgerecht aktiviert werden kann. Manche Aufgaben lassen sich

Schwarmintelligenz im Unternehmen: Management-Tools

Ergebnisverantwortung Eskalationsmanagement Abstimmungsprozedere	Indirekte Zieltranskription	Entrepreneurship Subsidiaritätsprinzip Servicelevel-Vereinbarungen
Selbststeuerung	Kontinuierliche Innovation im Arbeitsalltag	Umweltadaption
4-Stufen-Kompetenz-Modell Kompetenzabhängiger Handlungsspielraum	Kompetenzsicherung	Innovationsdruck durch innerbetriebliche Kundenorientierung

Start: Aktives Veränderungs-Management – Aktions-Workshops

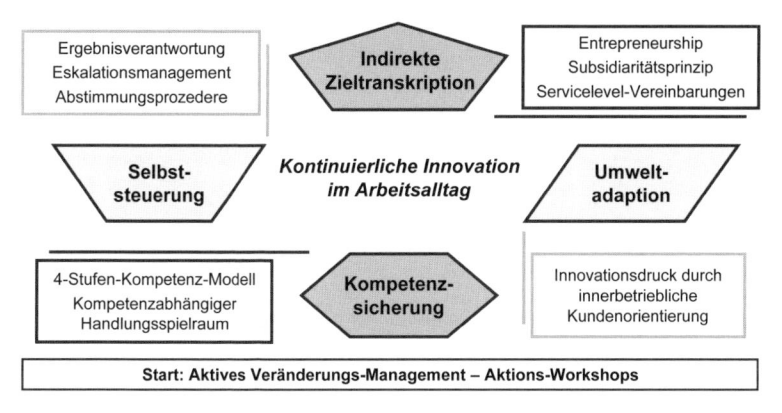

Bild 19

mit Tools aus dem klassischen Management-Repertoire bewältigen, aber viele der vorgestellten Verfahren und Techniken wurden völlig neu entwickelt, um eine saubere Integration von Führung und Selbststeuerung im Schwarm zu gewährleisten. Einen Überblick über die wichtigsten Management-Tools gibt Bild 19.

Entrepreneurship, Subsidiaritätsprinzip und vor allem erstmals innerbetrieblich eingesetzte *Servicelevel-Vereinbarungen* sorgen für eine gelungene Zieltranskription mit allen erforderlichen Freiheitsgraden.

Innerbetriebliche Kundenorientierung trägt in einer Art Resonanzwelle Kunden-, Markt- und Wettbewerbsanforderungen bis in die letzten Winkel des Unternehmens.

Das *4-Stufen-Kompetenz-Modell* dient der Fehlerprävention: Das Modell ermöglicht es, Handlungsspielräume in Abhängigkeit von der individuell erreichten Kompetenzstufe zu gestalten. Selbstverständlich unterstützt es auch Erwerb und Weiterentwicklung aller für Schwarmintelligenz wesentlichen Kompetenzen.

Ergebnisverantwortung, Eskalationsmanagement und eine Reihe von *Kommunikations- und Abstimmungsprozeduren* zielen auf eine eigenverantwortliche Organisation des Arbeitsalltags im Schwarm. Eine durchdachte Selbststeuerung ermöglicht Delta-Plus-Effekte selbst in einem schwierigen Umfeld.

Schwarmintelligenz steht und fällt mit *Motivation* und Begeisterung der MitarbeiterInnen. Mögliche Bedenken in der Belegschaft beim Startschuss lassen sich durch ein *aktives Veränderungsmanagement* wirksam zerstreuen und in Engagement ummünzen.

Zum Start vermitteln spezielle *Aktions-Workshops* Führungskräften und MitarbeiterInnen in kurzen Lernblöcken, mit direkt anschließender praktischer Umsetzung in „Aktionen", das komplette Know-how. Die Arbeitskultur wird so Zug um Zug auf Schwarmintelligenz umgestellt.

4.2 Entrepreneurship

Schwarmintelligenz lebt von *Freiheitsgraden!* Ohne Freiheitsgrade, so unsere Erkenntnis aus der Bionik, kann sich keine *Kompetenzvernetzung* entwickeln. Die klassische Unternehmenssteuerung, die MitarbeiterInnen in das enge Korsett strikt einzuhaltender Funktionsroutinen und detaillierter Arbeitsvorgaben zwängt, darf nicht auf Delta-Plus-Effekte hoffen. Erst eine *indirekte Zieltranskription,* bei der die Beschäftigten über *Ergebniserwartungen* geführt werden, macht den Weg für Schwarmeffekte frei.

Wo Funktionsroutinen dominieren, schaltet der Kopf ab

Leider besitzen Funktionsroutinen in vielen Unternehmen den Status eines Autopiloten: Einmal eingeschaltet, laufen Prozesse immun gegen Umweltveränderungen und äußere Einflüsse ab. Ob ein Ergebnis kundengerecht ist, ob neue Techniken eine bessere Lösung ermöglichen würden, ob geänderte Arbeitsprozesse effizienter oder schneller zum Ziel führen – keine dieser Fragen stellt sich MitarbeiterInnen, solange dieser Autopilot unverdrossen steuert. Ein solches Eigenleben von Funktionsroutinen zu durchbrechen, ist deshalb Grundvoraussetzung für die Aktivierung von Schwarmintelligenz im Unternehmen. Delta-Plus-Effekte können nur dort erzielt werden, wo Funktionsroutinen nicht länger *unreflektiert* zum Einsatz kommen.

Schwarmintelligenz erzwingt einen grundlegenden *Paradigmenwechsel* bei Führungskräften und Geführten. Eine Abkehr vom Führungsprinzip „Ausführungsverantwortung" erfordert als Spiegelbild *Entrepreneurship* auf Seiten der MitarbeiterInnen. Der Spielraum, der Beschäftigten im Rahmen der *Ergebnisverantwortung* eingeräumt wird, muss von diesen aufgegriffen und im Sinne einer innovativen Leistungserstellung genutzt werden. Ohne diesen Mentalitätswechsel lassen sich weder *Ergebnisverantwortung* noch *Schwarmintelligenz* umsetzen. Erst mit der Hinwendung zu *Entrepreneurship* wird das Beharrungsvermögen von Organisationen endgültig gebrochen.

Die Eingangsstufe zur Schwarmintelligenz

Entrepreneurship bildet die *Eingangsstufe* zur Schwarmintelligenz, indem sie das Eigenleben von Funktionsroutinen beendet. Im ersten Abschnitt hatten wir gezeigt, dass Funktionsroutinen ursprünglich aus einem Best-Practice-Ansatz heraus entstehen, im Anschluss aber zur Einbahnstraße werden: Einst als Ideallösung geschaffen, geht mit der Zeit die Rückkoppelung zum ursprünglichem Kontext und Ergebnis verloren. Funktionsroutinen gelten fortan um ihrer selbst willen. Sie sind immun gegen Umweltänderungen geworden. Neue Kundenanforderungen führen nicht zu geänderten Regeln – eher wird der Kundenwunsch als unerfüllbar zurückgewiesen. Ein solch innerbetrieblicher Verkrustungsprozess erstickt Schwarmintelligenz im Keim.

! So starten Sie als Führungskraft *Entrepreneurship* ihrer MitarbeiterInnen: Stellen Sie das Wissen über den ursprünglichen Kontext sowie über Sinn und Zweck von Regeln und Funktionsroutinen wieder her! Durch diese Rückkoppelung können Ihre MitarbeiterInnen künftig beurteilen, ob und inwieweit ein veränderter Kontext Änderungen in der Leistungserstellung erforderlich macht.

Regeln für Regelabweichungen

Bei Führung durch Schwarmintelligenz gelten Regeln und Funktionsroutinen nicht mehr unbesehen. Wie Bild 20 zeigt, werden sie stattdessen vor ihrer Anwendung einer *Regel/Ergebnis-Kompatibilitätsprüfung* unterzogen. In dieser Kompatibilitätsprüfung drückt sich *Entrepreneurship* von MitarbeiterInnen aus.

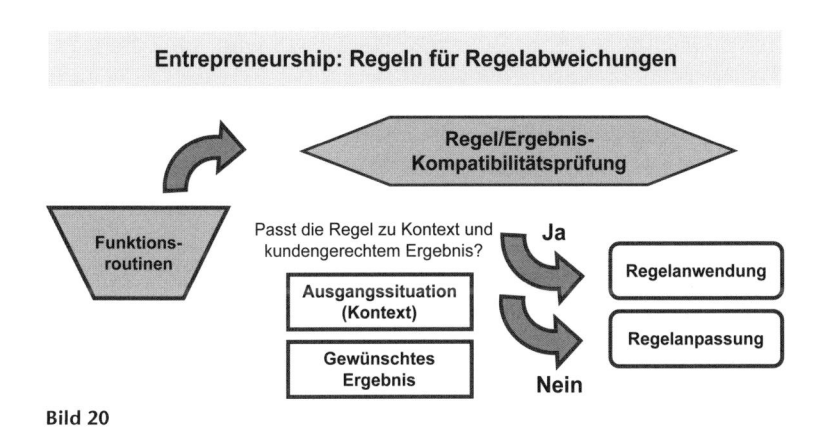

Entrepreneurship: Regeln für Regelabweichungen

Bild 20

Schon drei einfache Fragen reichen im Prinzip aus, um die Rückkopplung zu Kontext und kundengerechter Leistung wieder herzustellen:
- Passt die Regel zur vorgefundenen Situation?
- Führt die Regel zum bestmöglichen Ergebnis für den unternehmensinternen oder externen Leistungsempfänger?
- Führt die Regel zu höchstmöglicher Arbeitseffizienz?

Die konsequente Prüfung dieser Fragen stoppt jegliches Eigenleben von Funktionsroutinen radikal. Bestehende Regeln bilden eine Orientierungshilfe, aber kein Korsett mehr, das zu unpassenden Leistungen zwingt.

Wenn Sie so wollen: Die *Regel/Ergebnis-Kompatibilitätsprüfung* gibt MitarbeiterInnen *Regeln für Regelabweichungen* an die Hand. Wird eine Funktionsroutine für passend befunden, kann sie unverändert angewandt werden; falls nicht, *muss* das Vorgehen modifiziert werden. *Entrepreneurship* schafft *institutionalisierten Innovationsdruck!*

Definition Entrepreneurship

Entrepreneurship beschreibt Willen und Fähigkeit von MitarbeiterInnen, eine Kompatibilitätsprüfung zwischen Funktionsroutinen und Ergebniszielen, beispielsweise aus Servicelevel-Vereinbarungen, vorzunehmen. Solange das Ergebnis im Rahmen der Erwartungen liegt, werden alle Funktionsroutinen strikt befolgt. Droht eine Zielverfehlung, besteht *Innovationspflicht:* Alternative Wege werden gesucht, um die vorgesehenen Ergebnisse trotz aller Widrigkeiten zu erreichen.

Kompetenz zur Kompatibilitätsprüfung organisieren!

Eine *Regel/Ergebnis-Kompatibilitätsprüfung* ist nur möglich, wenn MitarbeiterInnen ihre Kunden – innerbetrieblich oder extern – und deren Bedarf vollständig kennen. MitarbeiterInnen benötigen auch ein Maß für den maximalen Aufwand, der bei Regelabweichungen vertretbar ist. Kenntnisse über Geschäftsmodell, Wertesystem und Abteilungsziele spielen als Randbedingungen bei der Kompatibilitätsprüfung ebenfalls eine Rolle. Informationen dieser Art lassen sich am einfachsten in Servicelevel-Vereinbarungen niederlegen.

Im Vergleich zu klassischer Führung sind zusätzliche Mitarbeiter-Kompetenzen gefragt. Knowledge-Management zur Sicherstellung aller zur Kompatibilitätsprüfung erforderlichen Kompetenz ist Führungsaufgabe!

4.3 Spielmacher oder Impulsgeber?

Werden Führungskräfte in Management-Workshops gebeten, ad hoc Kriterien zur Charakterisierung unterschiedlicher Führungsstile zu benennen, zeigt sich, dass diese Aufgabe gar nicht so leicht ist. Eine einfache und pragmatische erste Annäherung, um einen für Schwarmintelligenz geeigneten Führungsstil zu erkennen, besteht im Blick auf den *Arbeitsauftrag* von MitarbeiterInnen.

Arbeitsauftrag mit Ergebnisbezug

Formuliert der Arbeitsauftrag eine *Handlung* oder ein erwartetes *Ergebnis*? Wird von MitarbeiterInnen gefordert, eine Sache „*abzuarbeiten*", wie das im internen Unternehmens-Slang so treffend platt heißt, oder einen internen oder externen Kunden mit einer bestimmten Leistung zu versorgen? Der unterschiedliche Arbeitsauftrag wird in Bild 21 kurz und anschaulich beschreiben: Lautet der Arbeitsauftrag, Fälle nach Regelhandbuch zu bearbeiten, können Sie sicher sein, dass dieser Führungsstil keine Schwarmeffekte hervorbringt. Lautet der Arbeitsauftrag zum Beispiel, dafür zu sorgen, dass alle Bestellungen binnen 24 Stunden ausgeliefert werden, stehen die Chancen auf Realisierung von Delta-Plus-Effekten hingegen gut.

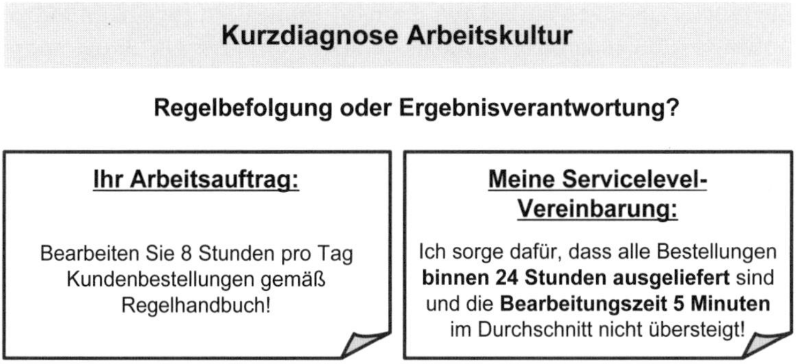

Kurzdiagnose Arbeitskultur

Regelbefolgung oder Ergebnisverantwortung?

Ihr Arbeitsauftrag:	Meine Servicelevel-Vereinbarung:
Bearbeiten Sie 8 Stunden pro Tag Kundenbestellungen gemäß Regelhandbuch!	Ich sorge dafür, dass alle Bestellungen **binnen 24 Stunden ausgeliefert** sind und die **Bearbeitungszeit 5 Minuten** im Durchschnitt nicht übersteigt!

Bild 21

Die Art des Arbeitsauftrags beeinflusst typischerweise weitere Charakteristika des Führungsstils wie:

- Autorität als Führungskraft,
- Leistungserstellung,

- Entscheidungsspielräume der MitarbeiterInnen,
- Innovation und Weiterentwicklung,
- Motivation von MitarbeiterInnen.

Vom Spielmacher zum Impulsgeber

Vom *Spielmacher* zum *Impulsgeber* – das ist der Schatten, über den klassisch orientierte Führungskräfte zur Aktivierung von Schwarmintelligenz springen müssen! Vor allem in den unteren Berichtsebenen steuern Vorgesetzte als Spielmacher höchstpersönlich möglichst viele Details. Entscheidungsmonopol der Führungskraft, Gehorsamspflicht und routinemäßige Überwachung der Arbeitsausführung kennzeichnen diese Art von Führungsbeziehung.

Führung durch Schwarmintelligenz erfordert demgegenüber den *Impulsgeber*. Der Impulsgeber denkt strategischer als sein klassischer Kollege und steckt den äußeren Rahmen für die erwarteten Leistungen seiner MitarbeiterInnen ab. Servicelevel definieren das Ergebnis, das für innerbetriebliche oder externe Kunden erreicht werden soll. Ziele und Kenngrößen werden vereinbart, rote Linien gezogen, die nicht überschritten werden dürfen.

Der Rahmen lässt MitarbeiterInnen genügend Luft zum Atmen: Die Servicelevel stehen fest, aber die besten Wege zur Umsetzung stehen zur Diskussion. Talent und Know-how aller Beschäftigten sind gefordert, um die besten Lösungen auszuloten. So wird Innovation für alle MitarbeiterInnen zur *Kernaufgabe!* Nicht Informations- und Entscheidungsmonopol der Führungskraft prägen die Führungsbeziehung, sondern die Vermittlung von Zielen und ein intensiver Dialog zur Unterstützung der Beschäftigten bei der Umsetzung. Schwarmorientierte Führungskräfte ziehen hinter den Kulissen die Strippen, damit ihre MitarbeiterInnen selbstständig arbeiten können. Das Leistungspotenzial ihrer MitarbeiterInnen wird umfassend ausgeschöpft.

Bild 22 vergleicht die Führungsmodelle klassisches Management und Führung durch Schwarmintelligenz.

Führungsautorität durch Informationsmonopol

Grundlegend für das gesamte Selbstverständnis von Führungskräften ist das erste Kriterium, die Quelle ihrer Autorität als Führungskraft. Die weiteren Charakteristika ergeben sich als Konsequenz aus dem jeweils vorherrschenden Autoritätsverständnis.

Führungsmodelle im Vergleich

Klassisches Management	Führen	Führen durch Schwarmintelligenz
Informationsvorsprung und Entscheidungsmonopol	Autorität als Führungskraft	Vermittlung von Leit- und Kundenzielen, Coaching
Detailanweisung und Regelbefolgung	Leistungserstellung	Ergebnisverantwortung für Servicelevel
Entscheidungsmonopol der Führungskraft, Gehorsam	Entscheidungsspielräume	Verantwortung auf niedrigste mögliche Berichtsebene
Monopol der Führungskraft	Innovation und Weiterentwicklung	Kernaufgabe aller Mitarbeiter
Persönlichkeit der Führungskraft, Vergütung	Motivation	Reizvolle Aufgabe, fordernde Verantwortung, Vergütung

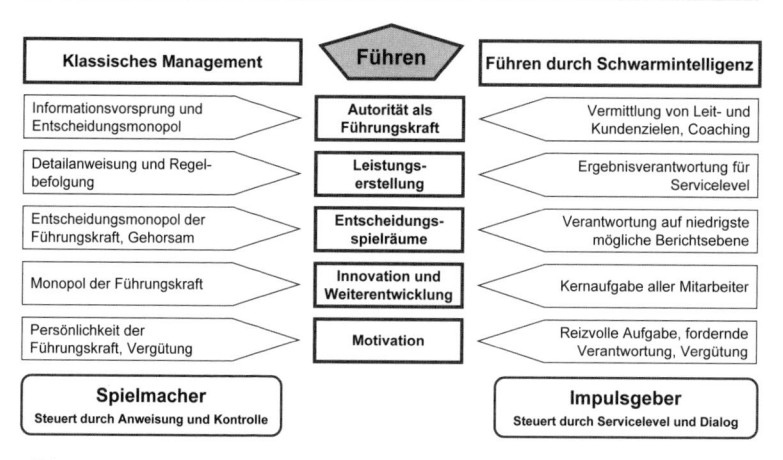

Spielmacher
Steuert durch Anweisung und Kontrolle

Impulsgeber
Steuert durch Servicelevel und Dialog

Bild 22

Generationen klassischer Manager haben ihre Autorität als Führungskraft aus zwei Guthaben-Positionen bezogen: ihrem Informationsvorsprung und einem logisch folgenden Entscheidungsmonopol. Auf Führungskräfte, die vor ihren MitarbeiterInnen mit Informationen hinter dem Berg halten müssen, um ihre Autorität zu wahren, wartet bei Aktivierung von Schwarmintelligenz eine höchst unangenehme Überraschung. Ihr Weltbild, sie seien die einzigen wirklich guten Kenner der Materie, fällt oft wie ein Kartenhaus in sich zusammen, sobald MitarbeiterInnen die Gelegenheit zu Eigeninitiative und Verfolgung innovativer Ideen eingeräumt wird. Je „leaner" das Management aufgebaut ist, je weiter die Führungskraft dem Arbeitsalltag ihrer MitarbeiterInnen entrückt ist, desto deutlicher fällt im Allgemeinen diese Lektion aus!

Klassische Manager, die per sorgsam gepflegtem Informationsmonopol führen, sind Teil der Beharrungsproblematik und selbst eines der größten Innovationshemmnisse in Unternehmen. Sie berauben ihre MitarbeiterInnen vorsätzlich wesentlicher Grundlagen, eigenständig Leistung erbringen und sich verbessern zu können.

„Wer kein Ziel vor Augen hat, für den ist jeder Weg richtig." Dieses Sprichwort charakterisiert die Lage von MitarbeiterInnen, denen grundlegende Fakten wie Kundenbedarf, Effizienzziele oder Prozessabläufe vorenthalten werden. In dieser Situation haben MitarbeiterInnen keine Chance, die Zweckmäßigkeit ihres Handelns im Unternehmenssinn einzuschätzen.

4.3 Spielmacher oder Impulsgeber?

Falls in dieser Situation trotz Verbots doch einmal Schwarmintelligenz entsteht, besteht die Gefahr von dysfunktionalen *Delta-Minus-Effekten*.

Verbesserungsvorschlag als gefühlter Angriff

Im Kapitel „*Innovations-Versager in Nadelstreifen?*" hatten wir uns gefragt, warum ein Statement wie „*Meine MitarbeiterInnen arbeiten super! Sie haben tolle Verbesserungsvorschläge gemacht und mit meiner Zustimmung sofort umgesetzt*" klassisch orientierten Managern so furchtbar schwer fällt.

Die Antwort liegt in der Art der Führungsautorität. Die klassische Führungskraft lebt vom Nimbus ihrer Allwissenheit. Sie allein kann beurteilen, ob Handlungen oder Prozesse zielführend sind. Kein Wunder, dass bereits ein einziger Verbesserungsvorschlag aus der Belegschaft diese Art von Autorität – wohlgemerkt, nur *diese* Art! – in Frage stellt. Aus Verbesserungsvorschlägen wird unversehens ein *gefühlter Angriff*. Innovative MitarbeiterInnen sägen aus Sicht klassischer Manager an ihrem Stuhl. So erklärt sich ihre harsche Reaktion auf gut gemeinte Anregungen.

Womöglich macht sich der eine oder andere klassische Manager sogar heimlich Selbstvorwürfe, weil eine gute Idee nicht von ihm selbst stammt. Doch keine Bange, Rettung naht: Nicht sein kann, was nicht sein darf! Irgendein Haken wird ja wohl an jedem Vorschlag zu finden sein, wenn man nur zielgerichtet danach sucht. Und schon hat die „allumfassende Kompetenz" eines Managers seine Firma vor einem gefährlichen Irrweg bewahrt…

> **Not here invented[26]**
> Die leichtfertige Zurückweisung von Innovationsvorschlägen ist auch auf Unternehmensebene zu beobachten. Das berühmt-berüchtigte „*not here invented*" verdankt sich haargenau dem gleichen Gedankengang: Eine Erfindung, die anderswo gemacht wurde, kann einfach nicht gut sein!
> In seinem Buch „*Ahnung von der Materie – Physik für alle*" beschreibt der renommierte deutsche Physiker Hans Graßmann einen Kniff, die Energiegewinnung durch Windräder mittels einer vergleichsweise simplen technischen Änderung um etliche Prozent effizienter zu gestalten. Ein Geniestreich, auf den sich die Industrie angesichts der weltweiten Energieknappheit mit Verve stürzt? Mitnichten! Trotz intensiver Vermarktungsbemühungen konnte Graßmann kein einziges Energieunternehmen dazu bewegen, die Erfindung aufzugreifen und ins Programm zu nehmen.

---

26 Nicht hier erfunden. Beispiel entnommen aus: Hans Graßmann, Ahnung von der Materie – Physik für alle, Dumont, 2008. Graßmann gilt als Entdecker des Top-Quarks (winziger Materiebaustein)

> Ignoranz einzelner Entscheidungsträger oder dahinter steckende Methode? Wer weiß? Bekanntlich hat das eigene Unternehmen die besten Produkte, die beste Entwicklungsabteilung und das beste Management – wahrscheinlich auch noch zu den geringsten Kosten. Diese Eier legende Wollmilchsau wäre unsterblich blamiert, wenn anderswo eine technisch überlegene Lösung – Pardon! eine *vermeintlich* technisch überlegene Lösung – existierte. Wenn alle Stricke reißen, passt die angebotene Erfindung eben nicht ins eigene Produktportfolio. Ende der Innovation. Schade!

Fach- oder Führungsautorität?

In Wahrheit verbirgt sich hinter der klassischen Auffassung von Führungsautorität eine gewisse Führungsschwäche. MitarbeiterInnen strategische Vorgaben zu machen, einen kundengerechten Servicerahmen abzustecken und geeignete Grenzpflöcke für Entrepreneurship einzuschlagen, stellt bei weitem keine banale Angelegenheit dar! Weitsicht und vorausschauende Planung sind gefordert. Das Herunterbrechen übergeordneter Unternehmensziele auf konkrete Servicelevel will erst einmal geleistet sein. Die klassische Art, sich an bewährten Regeln festzuklammern und von Einzelfall zu Einzelfall neu zu entscheiden, ist oft die leichtere, aber eben nicht die am meisten erfolgversprechende Art der Führung.

Ein Wechsel dieser Autoritätsgrundlage – weg vom Nimbus allumfassender Kompetenz hin zur Führungsautorität mit strategischer Kompetenz – bildet die Grundlage zur Aktivierung von *Entrepreneurship* und Schwarmintelligenz.

Wo Führungskräfte auf Schwarmintelligenz bauen, agieren sie als Promotoren des Fortschritts, aber nicht unbedingt als dessen Erfinder. Selbstverständlich ist es keiner Führungskraft verboten, profundes Fachwissen zu besitzen und einzubringen. Um Schwarmintelligenz im Arbeitsalltag zu nutzen, kommt es jedoch darauf an, Rahmenbedingungen zu schaffen, damit MitarbeiterInnen ihre Kompetenzen im Arbeitsalltag vielfältig zusammenschalten können. Erst auf dieser Grundlage wird das gesamte Innovationspotenzial eines Unternehmens vollständig genutzt.

Proaktiv Impulse setzen

Bei dieser Unternehmensausrichtung geht Führen durch Schwarmintelligenz weit über klassisches Management hinaus. Klassisches Management arbeitet tendenziell innerhalb gegebener Parameter. Es reagiert auf wahrgenommene Abweichungen vom Soll. Es löst Probleme bei der Umsetzung vorhandener Zielsetzungen und sorgt für die Beseitigung von Hindernissen im Arbeitsablauf. Bestehendes wird fortgeschrieben, variiert, aber wird nicht grundsätzlich in Frage gestellt, solange alles gut läuft. Der Innovationsdruck ist begrenzt.

Führen durch Schwarmintelligenz basiert auf Führungsautorität im strengen Wortsinn. Führen durch Schwarmintelligenz ist *proaktiv*, klassisches Management *reaktiv*. Führen durch Schwarmintelligenz setzt ständig Impulse zur Neugestaltung. Nicht nur Management-Initiativen zählen; stattdessen werden alle verfügbaren Kräfte im Unternehmen aktiviert, um Wettbewerbsvorteile zu gewinnen. Führen durch Schwarmintelligenz schafft neue Paradigmen, das klassische Management arbeitet innerhalb der gegebenen Paradigmen. Führen durch Schwarmintelligenz bricht verkrustete Strukturen auf und ändert die Grundlagen. Das klassische Management erneuert bestehende Strukturen.

Klassisches Management erfordert weniger Weitblick, ist einfacher zu erlernen und leichter umzusetzen. Aber nur Führen durch Schwarmintelligenz setzt wirklich alle Hebel in Bewegung, um ein Unternehmen fit für die Zukunft zu machen!

Neuartige Führungsbeziehung

Bei Aktivierung von Schwarmintelligenz ändert sich die Führungsbeziehung von Grund auf. Führen durch Schwarmintelligenz erfordert schwerpunktmäßig, MitarbeiterInnen die erwarteten Ergebnisse zu verdeutlichen und ihre Aktivitäten in die richtigen Bahnen zu lenken. Dieser Wechsel der Autoritätsgrundlage zieht eine Reihe von Konsequenzen nach sich:

- MitarbeiterInnen benötigen erweiterte Handlungs-, Entscheidungs- und Innovationsspielräume; die gesamte Aufgabenverteilung zwischen Führungskraft und MitarbeiterInnen ändert sich.
- Kompetenzanforderungen an MitarbeiterInnen steigen, Coaching und Knowledge-Management werden in verstärktem Umfang erforderlich.
- Managementtechniken zur Zieldefinition und zur Übertragung von Ergebnisverantwortung werden benötigt. Die Erarbeitung geeigneter Servicelevel und Steuergrößen lösen die Detailanweisungen des klassischen Managements ab.

4.4 Das Subsidiaritätsprinzip

Wie kann eine Führungskraft MitarbeiterInnen Handlungsfreiheit einräumen, ohne ihre grundsätzliche Gestaltungshoheit aufzugeben? Eine solche innovationsfördernde Zuweisung von Handlungsspielraum erlaubt das *Subsidiaritätsprinzip*.

Entscheidungen auf unterster Ebene treffen

Das *Subsidiaritätsprinzip* fordert, *alle Entscheidungen auf der niedrigsten möglichen Entscheidungsebene zu treffen*. Dieses Prinzip bewährt sich sowohl in privatwirtschaftlichen Organisationen als auch in staatlichem Umfeld. Entscheidungen auf unterer Ebene entstehen oft im kleinen Kreis. Der Abstimmungsbedarf ist überschaubar, die Wege sind kurz. Entscheidungen können rasch getroffen und umgesetzt werden. Bürokratie und Verwaltungsaufwand bleiben minimal.

Aufgabenverteilung Führungskraft – Mitarbeiter

Bild 23 zeigt eine typische Aufgabenverteilung zwischen Führungskraft und MitarbeiterInnen nach dem Subsidiaritätsprinzip. Die Anwendung des *Subsidiaritätsprinzips* auf Betriebsebene verlangt, dass Führungskräfte nur solche Entscheidungen treffen, die auf Mitarbeiterebene nicht mehr sinnvoll zu fällen sind. Grundsatzentscheidungen wie Ergebnisziele zu definieren, die grundsätzliche Organisationsstruktur festzulegen und

Subsidiaritätsprinzip

Verlagern der Verantwortung auf die niedrigste mögliche Berichtsebene

Schritt für Schritt auf Mitarbeiter übertragen:	Bleibt in Verantwortung der Führungskraft:
Verantwortung für	**Verantwortung für**
v Standardaufgaben v Häufig vorkommende Ausnahmen v Kunden-Leistungspakete v Erreichen der Effizienzziele v Qualitätskontrolle v Verwendung eigener Arbeitszeit v Innovative Wege zur Leistungsverbesserung	v Erarbeiten und Vermitteln von Ergebniszielen v Innovations- und Informationssteuerung v Knowledge-Managem., Kompetenzentwicklung v Coachen von Mitarbeiter-Entscheidungen v Grundlegende Organisation und Prozesse v Troubleshooting, außerordentliche Vorfälle v Beurteilung von Zielerreichung und Leistung v Budgets und Stellenbesetzung
Von Ausführungsverantwortung zu Entrepreneurship	**Vom Spielmacher zum Impulsgeber**

Bild 23

Aufgaben wie Kompetenzentwicklung, Budgeterstellung und Stellenbesetzungen wären hier zu nennen, aber auch alle Entscheidungen, deren Auswirkungen über den unmittelbaren Arbeitsbereich oder die üblichen Kontakte von MitarbeiterInnen hinausreichen. Derart übergreifende Aufgaben können auf Mitarbeiter-Ebene oft nicht zur Gänze überblickt und auch nicht sinnvoll abgestimmt werden. Die besten Wege zur Umsetzung erwarteter Leistungen herauszufinden, wird hingegen *Kernaufgabe* aller MitarbeiterInnen.

! Stellen Sie als Führungskraft eine Liste aller Aufgaben zusammen, die Sie typischerweise im Tagesablauf bewältigen. Überlegen Sie zur Umsetzung des Subsidiaritätsprinzips für jede einzelne Aufgabe, ob diese ausschließlich von Ihnen und von niemand sonst erledigt werden kann. Falls ja, lässt sich eine/r Ihrer MitarbeiterInnen für diese Aufgabe qualifizieren? Nur wo dies nicht der Fall ist, verbleibt die Aufgabe bei Ihnen. Alle anderen Aufgaben können Sie getrost Ihren MitarbeiterInnen übertragen!

Softskills

Eine Erweiterung ihres Handlungsspielraums setzt bei MitarbeiterInnen zugleich erweiterte fachliche sowie soziale Kompetenzen voraus. Auch *Softskills* zur Verbesserung von Kommunikationsverhalten und Verhaltensabstimmung im Schwarm sind gefragt. Beispiele erweiterter fachlicher und sozialer Kompetenzen, die MitarbeiterInnen zur Umsetzung des Subsidiaritätsprinzips beherrschen sollten, sind in Bild 24 aufgelistet.

Erweiterte fachliche und soziale Mitarbeiter-Kompetenzen bei Anwendung des Subsidiaritätsprinzips

Fachliche Kompetenzen	Soziale Kompetenzen
v Kundenbedarf wahrnehmen v Entscheidungen an Leitzielen und Werten ausrichten v Auf Kosten und Effizienz achten v Eigenständiges Eingreifen bei Zielabweichungen oder Fehlern v Prioritätenmanagement v Arbeitseinsatz an Kundennachfrage anpassen	v Zuhören können v Offenheit für Feedback v Meinungsverschiedenheiten auf sachlicher Ebene austragen v Verhandeln v Maßnahmen zur Fehlerprävention ergreifen statt nach Schuldigen suchen

Bild 24

Führungskräfte sollten diese Mitarbeiter-Kompetenzen nicht ungeprüft als vorhanden voraussetzen. *Knowledge-Management* zur Kompetenzentwicklung kann mit Hilfe des 4-Stufen-Kompetenz-Modells umgesetzt werden. Handlungsspielräume für MitarbeiterInnen lassen sich anhand dieses Modells in Abhängigkeit von der erreichten Kompetenzstufe freigeben.

4.5 Motivation zur Eigeninitiative?

Der vielleicht gewichtigste Einwand, den Skeptiker gegen Schwarmintelligenz im Unternehmen erheben könnten, betrifft *Ergebnisverantwortung* und *Entrepreneurship* von MitarbeiterInnen. Lassen sich Beschäftigte überhaupt dazu *motivieren,* selbstständig nach Innovationen zu suchen, um Kundenergebnis und Arbeitseffizienz nachhaltig zu verbessern? Und falls ja, was genau motiviert sie eigentlich dazu?

Arbeitsscheu und unwillig?

Die Frage hat Gewicht: Bei Ameisen, Fischen und Vögeln hatten wir gesehen, dass Motivatoren wie Hunger, Furcht oder Ermüdung das erwünschte Schwarmverhalten anregen. Denn Delta-Plus-Effekte kommen der Gruppe oder Art als solcher zugute, aber nicht immer direkt dem einzelnen Schwarmmitglied.

Ginge es nach dem Menschenbild der *„Theorie X"* des amerikanischen Sozialwissenschaftlers und MIT-Professors Douglas McGregor[27] (die meisten Menschen vermeiden es, Verantwortung zu übernehmen, und können nur durch strikte Führung gezwungen werden, einen produktiven Beitrag zu leisten), wäre Schwarmintelligenz im Unternehmen unmöglich. Nur wenn Menschen nach Anerkennung und Selbstverwirklichung streben, wie von ihm in der kontrastierenden *„Theorie Y"* dargelegt, können MitarbeiterInnen zu Entrepreneurship motiviert werden.

Motivations- und Hygienefaktoren

Sozialwissenschaftliche Untersuchungen haben eine Reihe wirksamer Motivationsfaktoren aufgedeckt, die jedoch unterschiedliche Wirkungen entfalten. Das Pyramidenmodell von Abraham H. Maslow[28] spiegelt diese

---

[27] Douglas McGregor, The Human Side of Enterprise, New York, 1960.
[28] Abraham H. Maslow, Motivation und Persönlichkeit, Olten/Freiburg, 1977.

Auffassung wider. Am Fuß der Pyramide finden wir die Befriedigung elementarer Grund- und Sicherheitsbedürfnisse (Nahrung, materielle Sicherheit). Auch soziale Bedürfnisse wie die Zugehörigkeit zu einer Gruppe fallen in diese Kategorie.

Faktoren aus dem unteren Teil der Pyramide entfalten nur mäßige Motivationswirkung. Allerdings kann eine deutliche *Demotivation* die Folge sein, wenn diese Bedürfnisse nicht befriedigt werden. Diese Erkenntnis korrespondiert im Ergebnis mit den Ansichten Herzbergs[29], der in seiner *Zwei-Faktoren-Theorie* von *Hygienefaktoren* spricht.

Die wirklich starken Motivationsfaktoren heißen Status, Anerkennung und Selbstverwirklichung. Es zeigt sich, dass *intrinsische* Faktoren wie Selbstverwirklichung am stärksten motivieren. Intrinsisch meint, dass das Ergebnis des Handelns selbst als seine Belohnung fungiert – so weit die Arbeitsorganisation diesen Antrieb zulässt. Geld wirkt hingegen als *extrinsischer* Motivationsfaktor und rangiert in seiner Auswirkung merklich unterhalb aller intrinsischen Faktoren.

> **Motivations- und Hygienefaktoren (nach Maslow/Herzberg)**
> Die Sozialwissenschaft unterscheidet zwischen Hygienefaktoren und Motivationsfaktoren. Hygienefaktoren erzeugen keine Motivation, führen bei Fehlen aber zu Demotivation. Wirklich motiviert sind Mitarbeiter, die sich respektiert fühlen, deren Leistung anerkannt ist und die sich im Idealfall mit ihrer Arbeit identifizieren.

Bild 25 zeigt die Maslowsche Bedürfnishierarchie, von den elementaren Grundbedürfnissen bis zur Spitze, der Selbstverwirklichung, und die korrespondierenden Faktoren nach Herzberg.

Mit anderen Worten: Menschen sind am besten motiviert, wenn sie mit voller Überzeugung hinter einer Sache stehen. Diese Erkenntnis macht u. a. plausibel, warum sich in politischen Parteien oder karitativen Organisationen ein besonders ausgeprägtes freiwilliges, idealistisches, meist nicht einmal bezahltes Engagement findet. Eine Motivationsstärke in dieser Höhe lässt sich mit keinem anderen Mittel erreichen, weder mit Anweisungen, noch mit Druck, auch nicht mit Geld.

---

[29] Frederick Herzberg, Bernard Mausner, Barbara Bloch Snyderman, The Motivation to Work, New York, 1959.

Motivations- und Hygienefaktoren

Bedürfnishierarchie: Selbstverwirklichung / Anerkennung, Status, Respekt / Soziale Bedürfnisse, Gruppe, Freundschaft / Sicherheit und Schutz vor physischen/emotionalen Gefahren / Grundbedürfnisse, Hunger, Durst, Unterkunft

Motivationsfaktoren fördern Leistung

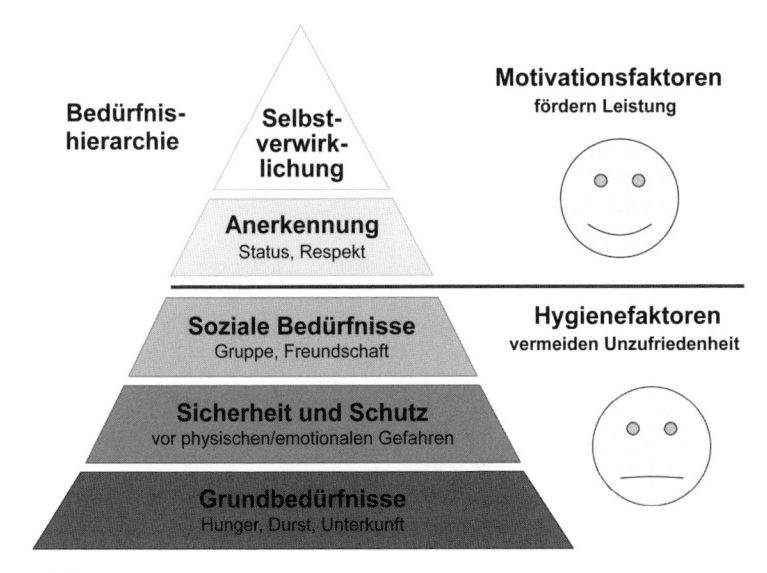

Hygienefaktoren vermeiden Unzufriedenheit

Bild 25

3-Faktoren-Modell der Motivation

Eine empirische Bestätigung der unterschiedlichen Motivationsarten finden wir in einer unerwarteten Ecke: der modernen Marktforschung. Was motiviert Käufer zum Kauf des einen Produkts und warum verschmähen sie das andere? Erstaunliches Ergebnis: Marktforscher haben in empirischen Studien nicht nur zwei, sondern sogar drei unterschiedliche Arten von Motivationsfaktoren nachgewiesen:

- *Basisfaktoren* erzeugen keine positive Motivation, führen bei Fehlen aber zu starker Demotivation. Ihre Erfüllung stellt de facto die Markteintrittsschwelle dar. Sie entsprechen den Herzberg'schen Hygienefaktoren.
- *Proportionalfaktoren* (in der Marktforschung Leistungsfaktoren genannt) steigern die Motivation proportional zu ihrer Erfüllung. Ihr Vorhandensein wird mehr oder weniger erwartet, die Anbieter gelten als austauschbar. Alle Nachahmerstrategien *(Me-too-Ansätze)* zielen auf *Proportionalfaktoren*.
- Erst *Begeisterungsfaktoren* machen den Unterschied! Sie werden nicht unbedingt erwartet. Ihr Fehlen führt nicht zu Demotivation, ihre Erfüllung bewirkt aber einen weit überproportionalen

Motivationsschub. Begeisterungsfaktoren beruhen auf einem Alleinstellungsmerkmal, mit dem sich ein Anbieter fühlbar von seinen Wettbewerbern differenzieren kann. Nur Begeisterungsfaktoren erzeugen eine wirklich starke Kaufmotivation.[30]

Eine zweite Erkenntnis ist, dass für alle Motivationsfaktoren eine Fühlbarkeitsschwelle existiert: Marginale Änderungen bei der Erfüllung der Erwartungen bleiben unterhalb der Fühlbarkeitsschwelle und damit ohne motivierende Wirkung. Motivation steigt oder fällt nicht als kontinuierliche Kurve, sondern diskontinuierlich in kleinen Schritten.

3-Faktoren-Modell der Motivation

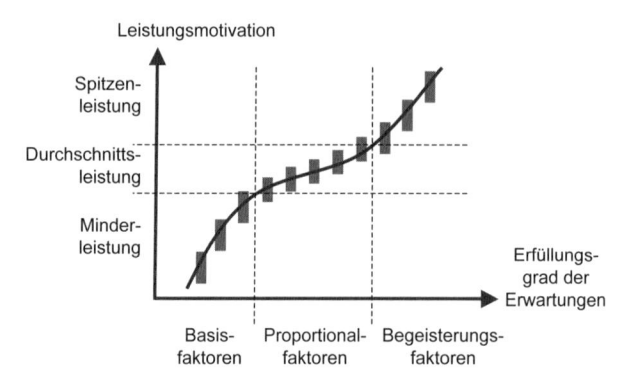

Bild 26

Übertragen wir dieses *3-Faktoren-Modell* (Bild 26) sinngemäß auf die Mitarbeitermotivation, können wir folgende Annahmen treffen:

Werden *Basisfaktoren* wie Grundentgelt oder physische Arbeitsumgebung nicht in ausreichendem Maß erfüllt, ergibt sich aufgrund starker Demotivation eine potenzielle Minderleistung. Die Erfüllung von *Proportionalfaktoren* führt lediglich zu einer Durchschnittsleistung. Erst dort, wo Unternehmen mit *Begeisterungsfaktoren* zu motivieren verstehen, sind Spitzenleistungen wahrscheinlich.

---

30 Hinterhuber, Handlbauer, Matzler, Kundenzufriedenheit durch Kernkompetenzen, München und Wien, S. 18 ff.

Schwarmintelligenz schafft Leistungsmotivation!

Was sind Begeisterungsfaktoren? Leider fehlen entsprechende empirische Untersuchungen, aber unter Rückgriff auf Maslow können wir einige Plausibilitätsbetrachtungen anstellen. Hierzu muss festgehalten werden, dass die Einstufung einzelner Faktoren als Basis-, Proportional- oder Begeisterungsfaktor nicht statisch zu verstehen ist. Vielmehr variiert die Einstufung je nach Population und kulturellem Hintergrund. Die hier angenommene Einstufung zielt auf Unternehmen aus dem westlichen Kulturkreis. Als Kandidaten für Begeisterungseigenschaften kommen vor allem intrinsische Faktoren wie eine spannende, sinnvolle *Arbeitsaufgabe*, ein entsprechender *Verantwortungsrahmen* und der damit einhergehende *soziale Status* in Frage.

Im Lichte dieser Überlegungen lautet die Frage nicht länger: Lassen sich MitarbeiterInnen zu größerer Eigenverantwortung motivieren? Die Umkehrung ist richtig: Wahre Leistungsmotivation entsteht erst durch Eigenverantwortung! Wo Mitarbeiter sich entfalten können, Neues erproben dürfen, aus eigener Kraft sichtbare Leistungserfolge erzielen können und ein hohes Maß an Anerkennung erfahren, entsteht die höchste Leistungsmotivation. Entrepreneurship bildet die Brutstätte von Spitzenleistungen! Schwarmintelligenz kommt den Bedürfnissen der MitarbeiterInnen entgegen und steigert sogar die *Attraktivität des Unternehmens als Arbeitgeber*.

Vertrauen in die Machbarkeit

Die Sozialwissenschaftler Porter und Lawler[31] sehen Motivation im Sinne einer Anstrengung, die dann zunimmt, wenn die wahrgenommene Belohnung als adäquat empfunden und zugleich die *Eintrittswahrscheinlichkeit der Belohnung* als hoch angesehen wird. Aus diesem Ansatz ergibt sich eine entscheidende Randbedingung für den Aufbau leistungsfördernder Motivation: das Vertrauen in die Machbarkeit.

Motivation setzt die Überzeugung aller MitarbeiterInnen voraus, die an sie gestellten Anforderungen auch erfüllen zu können. Es darf sich kein Gefühl der Überforderung einstellen – andernfalls wäre die Porter/Lawler'sche Randbedingung „hohe Eintrittswahrscheinlichkeit des Erfolgs" verletzt.

Soweit Beschäftigte die Befürchtung hegen, die in sie gesetzten Erwartungen nicht erfüllen zu können, schlägt Motivation rasch in ihr Gegen-

---

31 Porter, L. W., Lawler, E. E., Managerial Attitudes and Performance, Homewood Ill., 1968.

teil um. Was als Anreiz gedacht war, endet in Frust und Leistungshemmung. Statt sich anzustrengen, geben MitarbeiterInnen auf, weil sie nicht an die Lösbarkeit der Aufgabe glauben.

Typische Fehler, die es im Rahmen der Führung durch Schwarmintelligenz unbedingt zu vermeiden gilt, sind *Überforderung* von MitarbeiterInnen, *fehlende Umsetzungsinstrumente* und *willkürlich angesetzte oder zu hoch gesteckte Ergebnisziele*.

! Gehen Sie als Führungskraft bei der Einführung von Entrepreneurship und Schwarmintelligenz äußerst behutsam vor. Holen Sie Ihre MitarbeiterInnen auf dem Kenntnisstand ab, auf dem sie sich befinden! Stellen Sie klar, dass der Transformationsprozess sich an den erreichten Kompetenzen Ihrer MitarbeiterInnen orientiert. Niemand wird überfordert!

Erfreulicherweise bleibt diese Gefahr im Wesentlichen auf die Übergangsphase zu *Entrepreneurship* beschränkt. Ist Führung durch Schwarmintelligenz erst einmal eingespielt, gilt: Je mehr Verantwortung MitarbeiterInnen erfolgreich übernehmen, desto höher steigt ihre Leistungsmotivation.

Verantwortung motiviert!

Sachbearbeiter Müller sollte entlassen werden. Obwohl nur mit einfachen Aufgaben betraut, zeigte er unterdurchschnittliche Leistungen und nur wenig Engagement. Der Personalleiter entschloss sich jedoch zu einem letzten Versuch und versetzte Müller in eine andere Abteilung, in der er mit anspruchsvolleren Aufgaben betraut wurde. Ab diesem Tag war Müller wie ausgewechselt. Sein Engagement stieg sprunghaft an, und er erledigt selbst schwierige Aufgaben mit Bravur. Unterforderung und fehlende Anerkennung in der alten Position hatten zu dem Leistungseinbruch geführt.

4.6 Servicelevel-Vereinbarungen

> **Mangelnde Kommunikation der Ergebnisziele**
> Frau Schulze, lebensfrohe Mitarbeiterin aus dem Vertriebsinnendienst, fiel aus allen Wolken. Ihr Chef hatte ihr gerade eröffnet, dass er mit ihren Leistungen schon lange unzufrieden wäre; die Zeit für einen Schlussstrich sei nun gekommen. Entrüstet gab Frau Schulze – nach Einschätzung des eilends hinzugezogenen Personalleiters durchaus glaubwürdig – zu Protokoll, sie sei bis vor 10 Minuten davon ausgegangen, ihre Aufgaben perfekt erledigt zu haben. Niemals vorher sei Kritik an ihrer Arbeitsweise geübt worden.

Verblüffend an dieser Auseinandersetzung ist nicht nur die offensichtliche Sprachlosigkeit zwischen den Betroffenen. Unverkennbar herrschten auch völlig unterschiedliche Auffassungen über die gewünschten Arbeitsergebnisse. Der Vorfall unterstreicht die Bedeutung, welche klar definierten Ergebniszielen zukommt. Spitzenleistungen und Delta-Plus-Effekte sind nur zu erwarten, wenn MitarbeiterInnen zutreffende Vorstellungen über das erwartete Leistungsspektrum besitzen. Servicelevel-Vereinbarungen bilden das ideale Instrument, Ergebniserwartungen sattelfest zu definieren.

Verhaltenskodex durch Ergebnisdefinition

Als Vehikel der *indirekten Zieltranskription* bilden Servicelevel-Vereinbarungen den für Schwarmeffekte erforderlichen Verhaltenskodex im Unternehmen. MitarbeiterInnen werden klare Ergebniserwartungen (WAS) vermittelt, ohne die Freiheiten beim WIE unangemessen zu beschneiden.

Ursprünglich zum Outsourcing von Dienstleistungen entwickelt, werden Servicelevel-Vereinbarungen im Rahmen der Führung durch Schwarmintelligenz erstmals innerbetrieblich nutzbar gemacht. Servicelevel-Vereinbarungen sind definiert als ganzheitlich beschriebene und kennzahlengestützte Leistungskataloge, die auch die maximal zur Verfügung stehenden Ressourcen angeben. Erarbeitet werden die Leistungskataloge von MitarbeiterInnen gemeinsam mit Führungskräften sowie innerbetrieblichen, ggf. auch externen Kunden.

Servicelevel-Vereinbarungen geben das von MitarbeiterInnen erwartete Ergebnis vollständig wider. Der bereits zitierte Arbeitsauftrag *„Ich stelle sicher, dass alle Bestellungen binnen 24 Stunden ausgeliefert sind und die durchschnittliche Bearbeitungszeit pro Auftrag 5 Minuten nicht überschreitet"*, stellt die Kurzform einer Servicelevel-Vereinbarung vor.

Die Vereinbarung von Ergebnissen statt Ausführungsregeln bildet den sichtbaren Ausdruck einer Führungskultur, die MitarbeiterInnen alle Freiheiten lässt, die Leistungen auf bestmögliche Art umzusetzen. Nicht der Weg, das Ergebnis zählt!

> **Definition Servicelevel-Vereinbarung**
> Unter einer Servicelevel-Vereinbarung wird ein ganzheitlich erfasster, auf Kennzahlen gestützter und mit innerbetrieblichen bzw. externen Kunden abgestimmter Leistungskatalog verstanden. Der Leistungskatalog spezifiziert das erwartete Ergebnis (das WAS) einschließlich aller Rahmenparameter (zum Beispiel Effizienzkriterien), nicht jedoch Funktionsroutinen zur Generierung der Leistung (das WIE).

Inhalt von Servicelevel-Vereinbarungen

Die wichtigste Position in Servicelevel-Vereinbarungen sind *Leistungspakete* für interne bzw. externe Kunden. Diese Leistungsbeschreibung besitzt in etwa den Charakter eines internen Beschaffungsauftrags. Als grobe Richtlinie kann gelten, dass die Beschreibung so präzise sein sollte wie bei der Auftragsvergabe an einen externen Dienstleister.

> Servicelevel-Vereinbarungen definieren alle Anforderungen für ein perfektes Arbeitsergebnis. Es darf außerhalb der Servicelevel-Vereinbarung keine verborgene Agenda mit unausgesprochenen Leistungszielen geben!

Im Unterschied zu vielen traditionellen Zielvereinbarungen beschreiben die *Kunden-Leistungspakete* der Servicelevel-Vereinbarungen nicht ausgesuchte Arbeitsschwerpunkte der nächsten Zielvereinbarungsperiode, sondern das *gesamte Ergebnis,* das interne bzw. externe Kunden erwarten dürfen. Zu dieser Ergebnisbeschreibung gehört auch die Angabe aller wesentlichen Rahmen- und Randbedingungen der Leistungserstellung. Solche Rahmenparameter umfassen beispielsweise Hinweise auf die maximal einsetzbaren Ressourcen, was in Form von Effizienzkennzahlen geschehen kann. Einzuhaltende Qualitätsstandards sollten ebenso festgeschrieben sein wie Art und Umfang an Informationen, die zwischen Lieferanten und Leistungsempfängern ausgetauscht werden.

Sind im Zuge der Leistungserstellung Zielkonflikte oder besondere Risiken absehbar, können in Servicelevel-Vereinbarungen Lösungsansätze und Maßnahmen zur Risikominimierung vereinbart werden. Aus dem 4-Stufen-Kompetenz-Modell abgeleitete Entscheidungsbefugnisse und die Festlegung abzustimmender Maßnahmen umreißen den individuel-

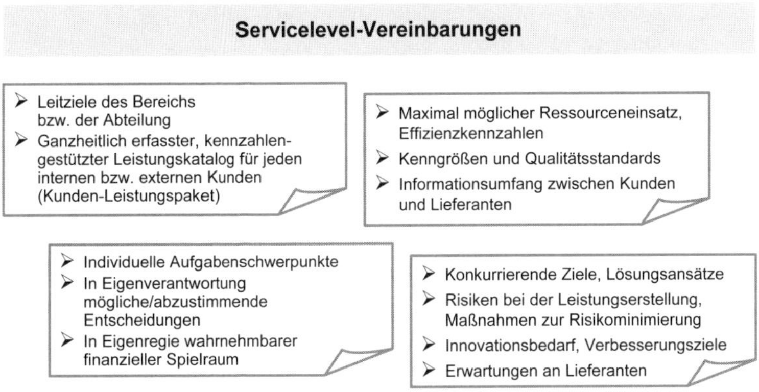

Servicelevel-Vereinbarungen

- Leitziele des Bereichs bzw. der Abteilung
- Ganzheitlich erfasster, kennzahlengestützter Leistungskatalog für jeden internen bzw. externen Kunden (Kunden-Leistungspaket)

- Maximal möglicher Ressourceneinsatz, Effizienzkennzahlen
- Kenngrößen und Qualitätsstandards
- Informationsumfang zwischen Kunden und Lieferanten

- Individuelle Aufgabenschwerpunkte
- In Eigenverantwortung mögliche/abzustimmende Entscheidungen
- In Eigenregie wahrnehmbarer finanzieller Spielraum

- Konkurrierende Ziele, Lösungsansätze
- Risiken bei der Leistungserstellung, Maßnahmen zur Risikominimierung
- Innovationsbedarf, Verbesserungsziele
- Erwartungen an Lieferanten

Bild 27

len Entscheidungs- und Innovationsspielraum. Unabhängig von frei aufkommender Schwarmintelligenz lässt sich in Servicelevel-Vereinbarungen gezielt *Innovationsbedarf* ansprechen, um zum Beispiel bereits bekannte Probleme in den Griff zu bekommen. Innovationsziele können von MitarbeiterInnen, aber auch von Kunden oder Vorgesetzten angeregt werden.

Vereinbarte *Kunden-Leistungspakete* erfordern meist eine intensive Zusammenarbeit mehrerer Schwarmmitglieder. Trotz *gemeinsamer Ergebnisverantwortung* bleiben *Funktionsunterschiede* zwischen Schwarmmitgliedern erhalten. Servicelevel-Vereinbarungen können in diesem Zusammenhang genutzt werden, um die individuellen Arbeitsschwerpunkte der einzelnen MitarbeiterInnen niederzulegen.

Analog zu den Kundenzielen lassen sich in Servicelevel-Vereinbarungen Erwartungen und Verbesserungswünsche an Lieferanten formulieren. Diese Angaben fließen in den Prozess der *Angebots-Nachfrage-Synchronisation* ein, welcher im folgenden Kapitel näher betrachtet wird.

Bild 27 zeigt eine Zusammenfassung der wichtigsten Inhalte verschiedener Servicelevel-Vereinbarungen.

Innovationsanreize und Innovationsfelder

Vereinbarte Servicelevel werden im Idealfall nicht nur eingehalten, sondern übertroffen. Über fordernde *Leistungskennzahlen* kann Innovationsdruck ausgeübt werden. *Stolz* der MitarbeiterInnen auf Ihre Innovationskraft bleibt aber wichtigstes Vehikel für Innovationsanreize. Eine gebührende *Anerkennung* von Spitzenleistungen, auch in Form eines *erfolgsabhängigen Entgelts,* kann diesen Stolz verstärken.

Die freigesetzte Schwarmintelligenz richtet sich vor allem auf folgende Innovationsfelder:

- Produktdesign und -ausstattung werden besser oder technische Neuerungen realisiert;
- Produkte und Leistungen werden Kundenwünschen angepasst und gegebenenfalls kundengerechter differenziert;
- Kommunikation und Service für innerbetriebliche bzw. externe Kunden werden verbessert;
- die Qualität von Produkten und Leistungen steigt, Qualitätsmängel werden umgehend ausgemerzt;
- Reaktions- und Durchlaufzeiten verkürzen sich;
- Prozesse werden optimiert, Leistungen werden kostengünstiger erbracht;
- der Einsatz von Produktionsmitteln wird optimiert, Verschwendung wird vermieden, Wartungsintervalle werden dem tatsächlichen Verschleiß angepasst.

Alle genannten Innovationsfelder tragen dazu bei, die Leistung zu verbessern und Kosten zu senken. Vernünftig gesetzte Servicelevel münden automatisch in Delta-Plus-Effekten für Unternehmen und MitarbeiterInnen. Eine Win-win-Situation entsteht. Die *Wettbewerbsfähigkeit* des Unternehmens steigt, zusätzliche Gewinne lassen sich einfahren, Arbeitsplätze werden gesichert.

4.7 Zielmanagement im Härtetest

Die Erstellung von Servicelevel-Vereinbarungen erfordert allergrößte Sensitivität und *viel Fingerspitzengefühl* der Vorgesetzten. Insbesondere MitarbeiterInnen, die bis dato nicht an Ergebniszielen gemessen wurden, entwickeln zu Beginn oft die allergrößten Vorbehalte. *Verunsicherung* und die Befürchtung, die gesetzten Anforderungen nicht erfüllen zu können, stecken als treibende Kraft hinter dieser Zurückhaltung. Wenn Führungskräfte beim Aufstellen von Ergebniszielen den Holzhammer schwingen, werden die zarten Pflänzchen *Entrepreneurship* und *Schwarmintelligenz* schnell zertrampelt, bevor sie überhaupt richtig gedeihen konnten. Im letzten Kapitel des Buches werden unter dem Schlagwort *Veränderungsmanagement* Maßnahmen diskutiert, durch die eine Verunsicherung beim Start der Führung durch Schwarmintelligenz gering gehalten werden kann. In jedem Fall sollten Bedenken Betroffener ernst genommen und möglichst rational geklärt werden.

Vorbehalte gegen Ergebnisziele

Bei Einführung von Servicelevel-Vereinbarungen übernehmen viele MitarbeiterInnen zum ersten Mal in ihrem Berufsleben die *Verantwortung für ein wirtschaftliches Ergebnis*. Ein gewisses Maß an Selbstzweifel und Unbehagen ist selbst bei Leistungsträgern keine außergewöhnliche Folge.

Häufige Konsequenz: MitarbeiterInnen entwickeln Vorbehalte gegen die Ziele. Servicelevel werden mit Misstrauen beäugt und Zielgrößen ex Cathedra als unrealistisch gebrandmarkt. Gesucht ist deshalb ein Weg, glasklar definierte Servicelevel zu vereinbaren, ohne die Motivation im Schwarm zu stören.

Harte Führung durch Top-down-Ansatz

Etliche Führungskräfte schwören auf den *Top-down-Ansatz*. Ziele entstehen durch detaillierte, meist knallharte Vorgaben der Geschäftsführung. Seminare mit dem Titel *„Harte Führung"* werden veranstaltet, um diesen Ansatz in Unternehmen fachgerecht durchzusetzen.

Der Vorteil des Top-down-Ansatzes liegt auf der Hand: Die Unternehmensperspektive steht mit Sicherheit im Blickpunkt. Leider sind direkte Zielvorgaben der Geschäftsführung für MitarbeiterInnen nicht besonders motivierend. Sie bilden deshalb keineswegs einen idealen Ausgangspunkt für Schwarmintelligenz und Spitzenleistungen.

Harte Anordnungen „von oben" gelten vielen MitarbeiterInnen als Ausdruck von Misstrauen und *mangelnder Anerkennung* ihres Know-hows. Auch der Glaube an die Machbarkeit der Ziele wird durch strenge Vorgaben der Geschäftsführung in Frage gestellt. Viele derartige Ziele werden von MitarbeiterInnen als *unrealistisches Wunschdenken* wahrgenommen.

Es gibt noch einen zweiten Aspekt, den Führungskräfte bei Zielvorgaben beachten sollten. Wenn MitarbeiterInnen Servicelevel kurz und bündig vorgeschrieben werden, wird deren Sachverstand nicht optimal genutzt. Niemand kennt Arbeitsplätze, Prozesse und Reaktionen von internen oder externen Kunden besser als die Beschäftigten vor Ort! Anders formuliert: *Schwarmintelligenz* startet bereits bei *Erstellung* der Servicelevel, ein Vorteil, der durch einen strengen Top-down-Ansatz im Keim erstickt wird.

Last but not least: *Interne Kunden* kommen während des Top-down-Prozesses überhaupt nicht zu Wort! Harte Zielvorgaben durch die Geschäftsführung sind aus all diesen Gründen keineswegs so effektiv, wie man auf den ersten Blick meinen könnte.

Bottom-up: Zielfindung ohne Strategie

Das Umkehrprinzip, die Erarbeitung von Zielen an der Basis (Bottom-up), bietet allerdings auch keine befriedigende Lösung. Wo MitarbeiterInnen ihre eigenen Ziele erarbeiten, entsteht sicherlich *Motivation*. Auch das *Know-how* der Beschäftigten fließt in angemessener Weise in die Zielsetzungen ein. Es fehlt jedoch an der *strategischen Ausrichtung* der Ziele. Die Unternehmensleitung kann ihrer Führungsaufgabe nicht gerecht werden.

Beschäftigte besitzen oft diffuse Vorstellungen über Geschäftsmodell und die wirtschaftliche Lage des Unternehmens. Von MitarbeiterInnen erarbeitete Ziele entstehen aus dem engen Blickwinkel der eigenen Aufgabe. Der Blick für das „große Ganze", für Wettbewerbsanforderungen,

Klassisches Zielmanagement

Top-down – Zielvorgaben durch Unternehmensführung

+ Unternehmensperspektive im Blickfeld
+ Betonung notwendiger Weiterentwicklung

− Wenig motivierend
− Sachverstand und Kreativität der Organisation oft unzureichend genutzt
− Anforderungen interner Kunden nicht berücksichtigt

Bottom-up – Zielfindung durch Mitarbeiter/innen

+ Motivierend
+ Sachverstand und Kreativität der Organisation genutzt

− Ressortperspektive dominiert Unternehmensperspektive, Gefahr falscher Prioritäten
− Oft Fortschreibung des Bestehenden
− Anforderungen interner Kunden nicht berücksichtigt

Bild 28

eine erforderliche Neuausrichtung oder konkreten Innovationsbedarf fehlt. Auch beim Bottom-up-Ansatz sind Anforderungen interner Kunden unzureichend berücksichtigt. Die Gefahr falscher Prioritäten und negativer Schwarmeffekte ist evident.

Bild 28 beleuchtet die Vor- und Nachteile klassischen Zielmanagements nach dem Top-down- beziehungsweise dem Bottom-up-Ansatz. Wie gesehen, sind jedoch beide Ansätze für sich allein nicht geeignet, positive Schwarmeffekte zu erzeugen.

Rückkoppelungsphasen

Ein erfolgreicher Einsatz von Servicelevel-Vereinbarungen erfordert deshalb einen *neuen Gestaltungsprozess*, der Top-down- und Bottom-up-Elemente in geeigneter Weise miteinander kombiniert. Die Lösung liegt in *Rückkoppelungsphasen,* die in den Zielfindungsprozess eingebaut werden. Nichts spricht dagegen, dass vom Management Leit- und Bereichsziele formuliert werden. Wesentlich ist, dass diese Ziele einen ausführlichen firmeninternen Diskussionsprozess *einleiten* und ihn nicht beenden.

Durch *einen Zielfindungsprozess mit Rückkoppelungsphasen* können Führungskräfte nicht nur sicherstellen, dass MitarbeiterInnen bei allen Aufgaben die Unternehmensleitziele im Auge behalten. Rückkoppelungsphasen geben sowohl Beschäftigten als auch internen Kunden Gelegenheit, ihre Erwartungen einzubringen, an Zukunftsprojekten teilzuhaben und innovative Wege anzustoßen. Dieses Vorgehen stärkt zugleich signifikant das Vertrauen aller Beteiligten in die Machbarkeit der vereinbarten Servicelevel.

> **!** *Rückkoppelungsphasen* geben MitarbeiterInnen Gelegenheit, ihr Unternehmen aktiv mitzugestalten. Ihr Know-how ist gefragt, ihr Beitrag zur Umsetzung strategischer Ziele wird anerkannt. MitarbeiterInnen müssen *mit dem Herzen dabei* sein, wenn sich Leistungsmotivation entwickeln soll, nicht nur mit dem Verstand!

Entsprechend offen sollten die Leitziele des Managements formuliert sein. Auch wenn die Leitziele selbst für MitarbeiterInnen im Allgemeinen nicht zur Diskussion stehen, bleibt deren Umsetzung in nicht unerheblichem Maße den Betroffenen überlassen. Das Grundsatzmotto der Führung durch Schwarmintelligenz, über *Ergebnisziele* zu führen, aber die Ausführungswege nicht vorzuschreiben, gilt auch auf Ebene der Leitziele!

4.7 Zielmanagement im Härtetest

Prozessablauf Servicelevel-Vereinbarung

Der natürliche Ausgangspunkt aller Servicelevel-Vereinbarungen ist zunächst der Status quo. Doch nur in völlig unbeweglichen Märkten könnte ein bestehendes Leistungsangebot unbesorgt in die nächste Zielperiode fortgeschrieben werden. Der Status quo wird deshalb im Erstentwurf geänderten Erfordernissen angepasst. Abteilungsintern fließen zwei Innovationsquellen ein:

- Leitziele der Unternehmensführung, die gewöhnlich via Vorgesetzte an alle MitarbeiterInnen im Schwarm weitergegeben werden.

- Vorschläge von Seiten der MitarbeiterInnen: Erfahrungen aus der Vorperiode, für die im Zuge der Schwarmintelligenz eine Lösung entwickelt wurde, können im Erstentwurf problemlos berücksichtigt werden.

Der nächste Prozessschritt besteht in einer *Angebots-Nachfrage-Synchronisation*. Der Erstentwurf wird auf seine Kundenorientierung geprüft. Verbesserungsvorschläge interner und externer Kunden und bisher nicht bekannte Bedarfsänderungen können eingearbeitet werden. Nach Abschluss der *Angebots-Nachfrage-Synchronisation* liegen Servicelevel-Vereinbarungen als unterschriftsreife *Arbeitsfassung* vor.

Als letzten Prozessschritt sollte die Geschäftsführung Gelegenheit haben, die Arbeitsfassung zu prüfen und zu genehmigen bzw. eine Überarbeitung anzustoßen. Im Allgemeinen wird es ausreichen, dass die Geschäftsführung die Servicelevel-Vereinbarungen der Führungskräfte ge-

Bild 29

nehmigt. Es liegt anschließend in der Verantwortung der Führungskraft selbst, für konsistente Servicelevel-Vereinbarungen innerhalb ihres Zuständigkeitsbereichs zu sorgen. Bild 29 zeigt den idealtypischen Prozessablauf für das Erarbeiten von Servicelevel-Vereinbarungen.

Vorteile vereint

Der beschriebene Prozessablauf vereinigt alle Vorteile des Top-down- und Bottom-up-Ansatzes und vermeidet ihre Nachteile. Es entsteht ein Zielfindungsprozess, der allen strategischen Anforderungen gerecht wird. MitarbeiterInnen haben die Möglichkeit, ihre Erfahrungen und ihr Know-how einzubringen. Alle Anforderungen interner – und darüber hinaus indirekt externer – Kunden sind angemessen berücksichtigt.

Die Motivation aller MitarbeiterInnen bleibt gewahrt, Schwarmintelligenz kann sich in der nächsten Zielperiode frei entfalten.

4.8 Leistungskennzahlen effektiv einsetzen

„Kunden erhalten in 95 % aller Fälle ihre Bestellungen binnen 24 Stunden geliefert", „Die Abteilung gewährleistet eine unterjährige Systemverfügbarkeit von mindestens 98 %", „Der Zeitaufwand pro Output-Einheit soll unter 3 Minuten fallen", „Alle Buchungen sind mit Ausnahme der Spitzenzeit vier Wochen vor Weihnachten grundsätzlich à jour", „Der Ausschuss darf 0,25 % der Output-Einheiten nicht überschreiten", „Die Kundenzufriedenheit soll 80 Punkte im Kundenzufriedenheitsindex nicht unterschreiten", „Die Maschinen-Ausfallzeit sinkt gegenüber der Vorperiode um 2 %" – so wie in diesen Beispielen definieren sich Servicelevel häufig über Leistungskennzahlen.

Achtung, Kulturschock!

Je nachdem, wie „hart" diese Kenngrößen gesetzt werden, steigt oder fällt der Innovationsdruck im Schwarm. Manche Führungskräfte ziehen aus diesem Umstand den Schluss, ihre Erwartungen möglichst hoch zu stecken, um den Innovationsdruck voll auszureizen. Kein Wunder, dass die Festlegung von Kenngrößen in den Augen vieler MitarbeiterInnen den sensibelsten Bereich im Zielfindungsprozess darstellt. Deshalb kommt es bei der Festlegung von Kennzahlen besonders darauf an, eine Verunsicherung der Beschäftigten zu vermeiden.

> **Ein Betriebsrat:**
>
> „Effizienzkennzahlen sind profitorientiertes Wunschdenken! Die Ziele nehmen sich in Businessplänen für Investoren wunderbar aus, sind aber total unrealistisch und werden auf dem Rücken der Beschäftigten ausgetragen."

Verlieren die Beschäftigten durch überzogenen Druck den Glauben an die Machbarkeit ihrer Ziele, wird Schwarmintelligenz blockiert. MitarbeiterInnen geben mangels Erfolgswahrscheinlichkeit ihre Innovationsbemühungen auf. Der durch Kenngrößen erzielbare Innovationsdruck ist insoweit begrenzt. Mit geeigneten Verfahren und etwas Geschick können Führungskräfte dennoch Kennzahlen so gekonnt festlegen, dass ein optimaler Leistungsanreiz entsteht!

! Berücksichtigen Sie als Führungskraft, dass die Leistung von MitarbeiterInnen traditionell eher anhand von „weichen Größen" wie Fleiß oder wahrgenommenem Engagement beurteilt wurde. MitarbeiterInnen sind viele Management-Kennzahlen völlig unbekannt, zumindest aber suspekt. Dies gilt ganz besonders für die Einführung von Effizienzkennzahlen. Behandeln Sie dieses Thema so behutsam wie irgend möglich!

Leistungsmotivation statt Kulturschock

Wie sollten Kennzahlen beschaffen sein, damit die Chance auf Realisierung möglichst hoch ist? Wann entwickeln Zielgrößen optimalen Innovationsdruck?

> **Vertrauen in die Machbarkeit als sich selbst erfüllende Prophezeihung**
>
> Die Sozialwissenschaft hat verblüffende Erkenntnisse über erfolgreiche Aufgabenbewältigung gewonnen. Was halten Sie von diesem Versuch? Zwei vergleichbaren Gruppen weiblicher Probanden wurden dieselben Aufgaben gestellt. Der ersten Gruppe wurde vom Versuchsleiter weisgemacht, die Aufgaben seien von weiblichen Probanden praktisch nicht zu lösen. Der zweiten Gruppe wurde hingegen versichert, weibliche Probanden könnten diese Aufgaben besonders leicht bewältigen. Welche Gruppe, glauben Sie, schnitt im Test besser ab?
>
> Die Probandengruppe, die an die Lösbarkeit der Aufgaben glaubte, erzielte signifikant bessere Testergebnisse.

Fazit: Grundvertrauen in die Machbarkeit einer Aufgabe bildet eine Art sich selbst erfüllende Prophezeihung: Je größer das Vertrauen, desto höher liegt die Erfolgswahrscheinlichkeit!

Das Vertrauen von MitarbeiterInnen in die Machbarkeit vereinbarter Servicelevel darf auf keinen Fall erschüttert werden! Der klassische Ansatz zur Entwicklung von Zielgrößen lautet „SMART". Das Akronym „SMART" steht für die folgenden Prinzipien: *Specific* (klar und leicht verständlich), *Measurable* (durch Kennzahlen operationalisiert), *Accepted* (akzeptiert), *Realistic* (realistisch), *Timely* (mit Zeitlimits).

Auch zur Definition von Serviceleveln ist gegen „SMART" nichts einzuwenden. Hinzufügen sollte man allerdings die goldene Regel aller Zielvereinbarungen: *Die Betroffenen müssen in die Zielfindung eingebunden werden.* Empfehlenswert ist ferner, zu jedem Ziel den *Kontext* festzuhalten, in dem es entstanden ist. Die Angabe des Kontexts ermöglicht allen Beteiligten, die Notbremse zu ziehen, falls geänderte Voraussetzungen ein Ziel obsolet machen. Was gerne vergessen wird: Der aktuelle Status aller Zielgrößen muss für alle Beteiligten in Echtzeit abrufbar sein! Wenn MitarbeiterInnen nicht erkennen können, wo sie bei der Zielumsetzung stehen, können sie ihr Verhalten nicht adäquat ausrichten.

Zielwertverfahren für passende Zielgrößen

Eine smarte Zielfindung erschöpft sich keinesfalls in „SMART"! Die heikelste Aufgabe, passende Werte zu einzelnen Leistungskennzahlen zu finden, ist mit obigen Prinzipien noch lange nicht gelöst. Sollte der Verfügbarkeitsgrad einer Anlage 97,5 % oder 98,5 % betragen? Ist ein Kundenzufriedenheitsindex von 80 überhaupt akzeptabel, oder sollte der Wert nicht mindestens 90 betragen? Kann die Maschinen-Ausfallzeit überhaupt um 2 % gegenüber der Vorperiode sinken? Welcher Wert ist realistisch, an welcher Grenze beginnt reines Wunschdenken?

Durch drei unterschiedliche *Zielwertverfahren* können Führungskräfte für geeignete Zielgrößen sorgen und einer potenziell leistungshemmenden Verunsicherung entgegenwirken:

- *Ziel-Mittel-Prinzip,*
- *Mittel-Ziel-Projektion,*
- *Status-quo-Ansatz.*

Das Ziel-Mittel-Prinzip

Das *Ziel-Mittel-Prinzip* verhindert Kenngrößen, die reinem Wunschdenken entsprechen. Nach diesem Prinzip sind Zielgrößen, die über den Status quo hinausgehen, nur dann zulässig, wenn zugleich Mittel und Wege vereinbart werden, mit denen sich die geforderte Leistungssteigerung aller Voraussicht nach erzielen lässt. Ausgangspunkt ist beim Ziel-Mittel-Prinzip immer ein bestimmtes Ziel, das erreicht werden muss, zum Beispiel alle Bestellungen binnen 24 Stunden auszuliefern. Das Ziel selbst steht nicht zur Disposition; Kundenanforderungen bzw. Wettbewerbssituation lassen oft keine Wahl.

Das *Ziel-Mittel-Prinzip* ist nur gewahrt, wenn Führungskräfte und MitarbeiterInnen *vor* der Zielvereinbarung eine Lösung gefunden haben, mit der dieses Ziel realistischerweise umsetzbar wird. Die Einigung auf einen Lösungsweg unterscheidet die seriöse Zielvereinbarung von bloßem Wunschdenken! Die gemeinsame Suche nach Lösungsmöglichkeiten fördert gleichzeitig das Vertrauen von MitarbeiterInnen in die Machbarkeit und wirkt motivationssteigernd.

Die Mittel-Ziel-Projektion

Die *Mittel-Ziel-Projektion* verfolgt den umgekehrten Ansatz: Nicht das Ziel, sondern die Mittel bilden den Ausgangspunkt. Der Effekt neuer Verfahren wird kalkuliert, aus dieser Kalkulation wird die neue Zielgröße abgeleitet.

> **Die neue Vertriebssoftware**
>
> Der Vertrieb der XY-AG wurde mit einer neuen, leistungsstarken Software ausgestattet, die Bearbeitungsvorgänge teilautomatisiert. Aus dem Umfang der entfallenden Arbeitsschritte wurde kalkuliert, dass die durchschnittliche Arbeitszeit pro Auftrag um 10% sinkt. Die Zielgröße für den Aufwand pro Output-Einheit wurde entsprechend angepasst.

Sowohl für das *Ziel-Mittel-Prinzip* als auch für die *Mittel-Ziel-Projektion* gilt eine Randbedingung: Alle anvisierten Maßnahmen zur Zielerreichung müssen von MitarbeiterInnen im Rahmen ihrer eigenen Kompetenzen und Handlungsspielräume umsetzbar sein. Ansonsten ist das Ziel für MitarbeiterInnen nicht realisierbar.

Status-quo-Ansatz

Ziel-Mittel-Prinzip und *Mittel-Ziel-Projektion* erfordern vorausberechnete Innovationen mit kalkulierbaren Effekten. Wo dies nicht der Fall ist und sich Schwarmintelligenz spontan und mit unvorhersehbaren Ergebnissen frei entwickeln soll, eignet sich der *Status-quo-Ansatz*. Dieser ist selbst dann anwendbar, wenn weder Ziel noch Mittel im Vorhinein feststehen.

Beim *Status-quo-Ansatz* wird der aktuell erreichte Wert einer Kenngröße festgestellt. In der Servicelevel-Vereinbarung wird als Ziel festgelegt, den aktuellen Wert nach Möglichkeit zu *übertreffen* – eine weitere Spezifikation erfolgt nicht. Vorbehalte gegen Leistungs- und Effizienzziele können beim *Status-quo-Ansatz* kaum aufkommen – schließlich ist der Ausgangswert in der Vergangenheit bereits erreicht worden!

Eine Übersicht über motivierende Zielwertverfahren und Kennzahlen finden Sie in Bild 30.

Der Erfolg versprechende Weg zu kennzahlengestützten Serviceleveln

Betroffene in Zielfindung einbeziehen
↓
Ziel-Mittel-Prinzip, Mittel-Ziel-Projektion, Status-quo-Ansatz
↓
Zielsynchronisation im Unternehmen durchführen
↓
Motivation: Glaube an Machbarkeit + Erfolgsabhängiges Entgelt

Arten von Kennzahlen
- **Produktivität:** Output/Input
- **Qualität:** Ausschuss/Gesamtmenge
- **Liefertermin:** Termingerechte Lieferungen/Gesamtzahl
- **Verfügbarkeitsgrad:** % der Gesamtzeit
- **Indirekte Kennzahlen:** z. B. Kundenzufriedenheit

Gestaltung von Zielwerten
- **Absolute Werte:** IT-Verfügbarkeit mindestens 99 %
- **Verbesserung im Periodenvergleich:** Verbesserung um x %
- **Zielkombination:** z. B. Lieferung in 95 % aller Fälle binnen 24 Stunden

Bild 30

Erfolgsabhängiges Entgelt als Wettbewerb um sozialen Status

Das Momentum zum Erreichen, vor allem aber zum Übertreffen vereinbarter Servicelevel lässt sich durch *erfolgsabhängiges Entgelt*[32] aufrechterhalten und beschleunigen. Fehlende Motivation kann *erfolgsabhängiges Entgelt* zwar nicht ersetzen. Wird der zu Grunde liegende Verhaltenskodex von MitarbeiterInnen jedoch bejaht, wirkt *erfolgsabhängiges Entgelt* als Verstärker der Leistungsintensität. Richtig *zelebriert*, erzeugt die Honorierung *Prestige* für Schwärme, die mit besonders gelungenen Resultaten überzeugen. Ein Wettlauf um den sozialen Status findet statt. Der Motivationsschub durch Prestigegewinn kann spürbar größer sein als die Freude über den rein materiellen Zugewinn.

Aufgrund ihrer kennzahlengestützten Ergebnisziele eignen sich Servicelevel-Vereinbarungen wunderbar als *Grundlage erfolgsabhängigen Entgelts*. Beim *Ziel-Mittel-Prinzip* oder der *Mittel-Ziel-Projektion* kann der jeweilige Zielerreichungsgrad festgestellt und in zuvor festgelegtem Umfang vergütet werden. Beim *Status-quo-Ansatz* ist lediglich der Startpunkt definiert, es gibt keinen natürlichen 100-Prozent-Zielpunkt. Für ein *erfolgsabhängiges Entgelt* sind deshalb modifizierte Entlohnungsmodelle erforderlich.

Alternative Modelle werden auch benötigt, wenn sich Kenngrößen nicht weiter verbessern lassen. Eine Systemverfügbarkeit von 99,9% ist beispielsweise kaum zu übertreffen, da für Wartungsarbeiten ein kurzfristiger Stillstand unvermeidlich ist. In diesen Fällen kann *erfolgsabhängiges Entgelt* in Form einer *Halteprämie* vergeben werden, um einmal erreichte Spitzenleistungen dauerhaft zu konservieren.

4.9 Leitfragen und Antworten zum Kapitel

Welche grundlegende Herausforderung müssen Unternehmen bei Aktivierung von Schwarmintelligenz bewältigen?

- Schwarmintelligenz beruht, so lehrt es die Bionik, auf *indirekter Zieltranskription* mit *Freiheitsgraden*. Mitarbeitergruppen müssen die Möglichkeit bekommen, sich in gewissem Umfang selbst zu steuern, wenn Delta-Plus-Effekte realisiert werden sollen. Die Einbindung solch teilautonomer Gebilde in eine hierarchisch gesteuerte Unternehmensorganisation stellt die eigentliche

---

[32] Erfolgsabhängiges Entgelt wird auch als leistungsbezogene oder variable Vergütung oder als Leistungsprämie bezeichnet. Da neben der Leistungsbereitschaft auch Glücks- oder Pech-Elemente bei der Zielerreichung eine Rolle spielen können, zieht der Autor den Terminus *erfolgsabhängiges Entgelt* vor.

Herausforderung zur Aktivierung von Schwarmintelligenz dar. Die Einbindung erfordert einen Wandel der Arbeitskultur. Für diesen Wandel wurde ein *Komplettpaket an Führungsinstrumenten* zusammengestellt bzw. völlig neu entwickelt.

- Ausgefeilte Führungsinstrumente setzen die grundlegenden Anforderungen von Schwarmintelligenz, die *indirekte Zieltranskription* mit *Freiheitsgraden*, den Aufbau von Innovationsdruck zur *Umweltadaption* sowie *Kompetenzsicherung* und *Selbststeuerung* im Schwarm zielgerichtet um. Führungskräfte erhalten Techniken an die Hand, einen *Verhaltenskodex* zu formulieren, der die Generierung von Delta-Plus-Effekten in sich trägt. MitarbeiterInnen werden nicht nur erweiterte Handlungsspielräume gewährt; sie erhalten zugleich alle Tools, um den geforderten Verhaltenskodex für sie handhabbar machen.

Welche Rolle spielt *Entrepreneurship* im Hinblick auf Schwarmintelligenz?

- *Entrepreneurship* bildet die *Einstiegsstufe* zur Schwarmintelligenz. Solange Beschäftigte stur eingeschliffenen Funktionsroutinen folgen, kann sich Schwarmintelligenz nicht entfalten. *Entrepreneurship* betont demgegenüber die *Ergebnisorientierung* und manifestiert sich in einer *Regel/Ergebnis-Kompatibilitätsprüfung*. Führen vorhandene Funktionsroutinen zum passenden Ergebnis, werden sie ohne Abstriche beibehalten. Haben sich allerdings wirtschaftlicher Kontext oder Kundenbedarf geändert, kreiert *Entrepreneurship* die Pflicht, die eigene Arbeitsleistung zweckdienlich anzupassen.

Inwiefern erzwingt Schwarmintelligenz einen veränderten Begriff der Führungsautorität?

- Bei klassischem Management beruht die Autorität der Führungskraft auf einem Informations- und Entscheidungsmonopol. Die klassische Führungskraft steuert und überwacht als vermeintlich omnipotenter Spielmacher jedes Detail. Gut gemeinte Verbesserungsvorschläge gelten ihr als Angriff auf die eigene Führungsautorität.

- Bei Führen durch Schwarmintelligenz ist die Führungskraft nicht länger Spielmacher, sondern Impulsgeber und Regisseur. Nicht *Regelkonformität,* sondern das *Kundenergebnis* – konkret: Einhalten, besser Übertreffen vereinbarter Servicelevel – bilden den Verhaltenskodex für MitarbeiterInnen. Führung wird auch auf unterer Berichtsebene strategischer. Ziele in Form von Serviceleveln, die Definition von Rahmenbedingungen und das Ziehen roter Linien, die nicht überschritten werden dürfen, stehen bei Führung durch Schwarmintelligenz im Vordergrund. Impulsgeber versetzen ihre MitarbeiterInnen in die Lage, die Alltagsprobleme weitestgehend selbstständig zu bewältigen. Sie agieren proaktiv und bereiten ihre Organisation mit Weitblick auf künftige Anforderungen vor.

Lassen sich Beschäftigte überhaupt zu Ergebnisverantwortung und Schwarmintelligenz motivieren?

- Anerkennung und Selbstverwirklichung stellen *Begeisterungsfaktoren*, also sehr starke Motivationsfaktoren dar. Durch Übertragung von *Ergebnisverantwortung* für Servicelevel auf MitarbeiterInnen werden diese *Begeisterungsfaktoren* direkt angesprochen. MitarbeiterInnen erhalten das Gefühl, an einer bedeutenden Sache mitzuwirken. Durch diesen Motivationsfaktor ist Führung durch Schwarmintelligenz in der Lage, das Leistungspotenzial einer Belegschaft vollständig zu aktivieren.

- Allerdings müssen die Randbedingungen stimmen. Beschäftigte sollten Vertrauen fassen, die gesteckten Ziele tatsächlich erreichen zu können. Überzogene und unrealistische Zielsetzungen führen nicht zu Spitzenleistungen, sondern zu Frust und Leistungshemmung! Weitere Voraussetzungen: erweiterte *Handlungsspielräume* für die Beschäftigten und Führungsinstrumente zur Umsetzung von *Ergebnisverantwortung* in die Praxis.

Was genau sind Servicelevel-Vereinbarungen und wozu dienen sie?

- Unter einer Servicelevel-Vereinbarung wird ein ganzheitlich erfasster, auf Kennzahlen gestützter und mit innerbetrieblichen bzw. externen Kunden abgestimmter Leistungskatalog verstanden. Dieser Leistungskatalog spezifiziert das erwartete Ergebnis (das WAS) einschließlich aller Rahmenparameter (zum Beispiel Effizienzkriterien), nicht jedoch Funktionsroutinen zur Generierung der Leistung (das WIE).

- Richtig gesetzte Servicelevel bilden einen *Verhaltenskodex* für MitarbeiterInnen, der den Keim für Delta-Plus-Effekte in sich trägt. Servicelevel-Vereinbarungen setzen die für Schwarmintelligenz erforderliche *indirekte Zieltranskription* perfekt um: *Ergebnisziele* sind mit *Freiheitsgraden* gekoppelt.

Nach welchem Verfahren können Sie als Führungskraft Ihren MitarbeiterInnen adäquate Handlungsspielräume für die Übernahme von Ergebnisverantwortung einräumen?

- Richten Sie sich nach dem *Subsidiaritätsprinzip!* Das *Subsidiaritätsprinzip* fordert, dass alle Entscheidungen auf der unterstmöglichen Entscheidungsebene getroffen werden. Alle Vorgänge im Tagesgeschäft sowie vorhersehbare, wiederkehrende Ausnahmen werden von MitarbeiterInnen selbstständig entschieden.
- Als Vorgesetzter sind Sie Richtliniengeber und strategischer Vordenker. Das *Subsidiaritätsprinzip* entlastet Führungskräfte von Alltagsaufgaben. Es harmoniert hervorragend mit großen Führungsspannen beim Lean Management.

Wie sieht ein gelungener Prozessablauf zur Erstellung von Servicelevel-Vereinbarungen aus? Welche Anforderungen bestehen?

- Ein optimaler Prozessablauf zur Erstellung von Servicelevel-Vereinbarungen enthält sowohl *Top-down-* als auch *Bottom-up-*Elemente. Top-down-Elemente gewährleisten die Berücksichtigung strategischer Vorgaben des Managements. Bottom-up-Elemente bieten MitarbeiterInnen die Chance, aktiv an der Gestaltung zukünftiger Leistungsparameter mitzuwirken. Interne, wenn möglich auch externe Kunden sollten in den Prozess einbezogen werden, um ein optimales Leistungsportfolio sicherzustellen.
- Der idealtypische Prozessablauf zur Erstellung von Servicelevel-Vereinbarungen beginnt mit einem *Erstentwurf.* Dieser orientiert sich am bisherigen Leistungsportfolio, bezieht aber auch Leitziele der Geschäftsführung und Innovationsvorschläge seitens der MitarbeiterInnen ein. Im nächsten Schritt werden alle geplanten Leistungen mit dem Bedarf interner Kunden abgeglichen *(Angebots-Nachfrage-Synchronisation).* Aus dieser Arbeitsfassung entsteht, nach Billigung durch die Geschäftsführung, die endgültige Servicelevel-Vereinbarung.

Servicelevel-Vereinbarungen basieren auf Leistungskennzahlen. Was sollte bei der Verwendung von Leistungskennzahlen beachtet werden? Mit welcher Technik lassen sich realistische Zielgrößen festlegen?

- Bei Führung durch Schwarmintelligenz werden viele MitarbeiterInnen zum ersten Mal mit Ergebnisverantwortung konfrontiert. Eine behutsame Einführung, die MitarbeiterInnen nicht an der Machbarkeit der an sie gestellten Anforderungen zweifeln lässt, verhindert einen leistungshemmenden Kulturschock.
- Alle Leistungskennzahlen in Servicelevel-Vereinbarungen müssen für MitarbeiterInnen klar verständlich sein. Der aktuelle Status sollte in Echtzeit zur Verfügung stehen. Eine Zielwertbestimmung nach dem *Ziel-Mittel-Prinzip* oder der *Mittel-Ziel-Projektion*

sowie der *Status-quo-Ansatz* garantieren realistische Kenngrößen und verhindern – auch in den Augen der MitarbeiterInnen! – unrealistisches Wunschdenken.
- Der Innovationsdruck verläuft in erfolgversprechenden Bahnen. MitarbeiterInnen werden nicht überfordert, sondern angeregt, Schwarmintelligenz freizusetzen. Durch geschickten Einsatz *erfolgsabhängigen Entgelts* kann ihre Innovationsbereitschaft verstärkt werden.

5 Umweltadaption durch Kundenorientierung

5.1 „Kunden überraschen" als Transmittor

„Andere kommen pünktlich, wir waren schon da!" Diese Werbeaufschrift eines Transportunternehmers erfasst intuitiv, was kluge Forscher durch akribische Untersuchungen herausgefunden haben: Wirkliche Kundenorientierung heißt, Kunden positiv zu *überraschen!*

Transmittoren des Innovationsdrucks

Kundenorientierung trägt per se ein innovatives Element in sich. Sie verlangt ständige Weiterentwicklung gegebener Standards. Über welche Transmittoren gelangen Markt- und Kundenanforderungen ins Unternehmen? Im Prinzip stehen zwei Informationsquellen zur Verfügung: die Kunden selbst oder Vorgaben der Unternehmensleitung.

Grundlegende, strategisch geplante Umwälzungen bleiben auch bei Führung durch Schwarmintelligenz die Domäne der Unternehmensleitung. Sind neue Kundensegmente angepeilt, andere Angebotsschwerpunkte oder der Einsatz neuer Techniken erforderlich? Strategiewechsel beeinflussen den *Verhaltenskodex* für den Schwarm unmittelbar, indem sich Organisation und Ergebnisziele ändern. Dagegen kann, wie in Bild 31 gezeigt, die kurzfristige, alltägliche Anpassung an neue Kunden- und Umweltanforderungen im Rahmen von Schwarmintelligenz direkt, rasch und unbürokratisch umgesetzt werden. Viele spontane Schwarm-Innovationen heben das Unternehmen auf eine qualitativ höhere Performancestufe. Der meist langwierige Instanzenweg durch das „Nadelöhr" Unternehmensleitung kann in vielen Fällen entfallen.

Transmission äußeren Innovationsdrucks

Interne oder externe Kunden		Geschäftsmodell, Leitziele
Hat sich das Kundenproblem geändert? Haben Kunden neue Erwartungen geäußert?	Innovationsdruck ⇩ Schwarm	Erfordern Marktänderungen oder Strategiewechsel neue Verhaltensweisen? Wie differenzieren wir uns vom Wettbewerb?

Organisation und Prozesse, Technik

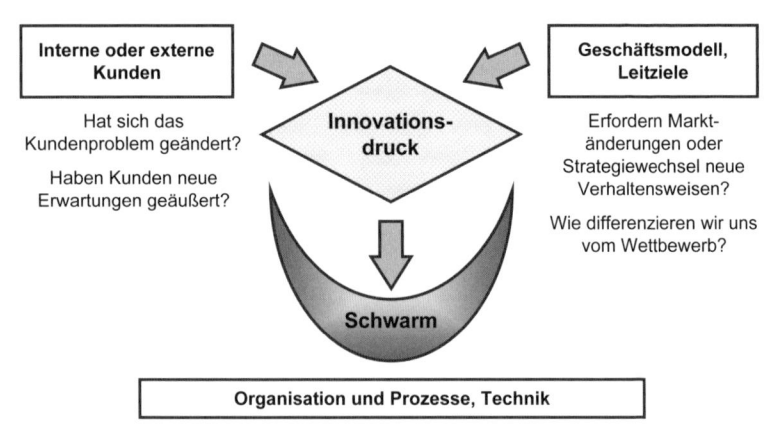

Bild 31

Schwarmintelligenz erzeugt *kontinuierlichen Innovationsdruck* im Arbeitsalltag: Produkte werden kundengerechter, Prozesse effizienter, Reaktionszeiten verkürzen sich, die Arbeitsqualität steigt; das Unternehmen wird *wettbewerbsfähiger*, *Arbeitsplätze* werden gesichert.

Interne Kundenorientierung als perfekter Transmittor

Voraussetzung für das Anwerfen des Innovationsmotors Schwarmintelligenz ist das Erfassen der Wettbewerbsanforderungen. Welcher *Transmittor* meldet den Innovationsbedarf direkt an den Schwarm? Was bei Ameisen und Fischen eine vergleichsweise einfache Angelegenheit darstellt – ein leer gefressener Futterplatz oder der Angriff eines Fressfeindes lassen sich kaum ignorieren –, muss im Unternehmen durchorganisiert sein. Direkt am Puls des Marktes hängen nur wenige MitarbeiterInnen. Das Gros der Belegschaft arbeitet als Glied der unternehmensinternen Dienstleistungskette eher marktfern. Benötigt wird deshalb ein Transmittor, der Wettbewerbsanforderungen in einer Art *Resonanzwelle* bis in alle Winkel des Unternehmens hineinträgt.

Innerbetriebliche Kundenorientierung bildet solch einen idealen Transmittor. Neue Anforderungen externer Kunden werden über innerbetriebliche Anbieter und Nachfrager in einzelne Leistungspakete aufgegliedert und an jeden Wertschöpfungspunkt im gesamten Unternehmen durchgeroutet. Innerbetriebliche Kundenorientierung fokussiert Schwarmintelligenz automatisch auf marktgerechte Innovationen. Wird jeder innerbetriebliche Kunde bestens bedient, wird automatisch der externe Kunde bestens bedient!

Resonanzwelle „24-Stunden-Liefergarantie"

Die gute alte Zeit endete irgendwann gegen Ende des letzten Jahrhunderts. Wurde bis dahin vom Kunden bestellt und vom Anbieter geliefert, sobald er die Zeit fand, tickten die Märkte plötzlich schneller. Kurze Lieferfristen wurden zum gewichtigen Wettbewerbsfaktor. Standardartikel binnen 24 Stunden zu liefern, gehörte ab sofort zum guten Ton.

In der „Behäbig GmbH" fühlte zuerst der Vertrieb gestiegenen Innovationsdruck. Doch um sich für den 24-Stunden-Lieferservice unternehmensintern aufzustellen, war der Vertrieb auf etliche interne Dienstleister angewiesen. Diese Dienstleister hingen ihrerseits von weiteren Dienstleistern ab – die Lawine wurde immer größer und löste eine umfangreiche innerbetriebliche Resonanzwelle aus.

Als erstes wurde der Vertriebsinnendienst so reorganisiert, dass eingehende Aufträge in Echtzeit an die Logistik weitergeleitet werden konnten. Als interner Dienstleister für den Vertrieb passte der Logistikbereich seine Prozesse an, so dass alle bis 14 Uhr eingehenden Bestellungen noch am selben Tag gepackt und versendet werden konnten. Die Prozessanpassung war nur durch ein neues IT-System möglich. Gleichzeitig entwickelte das Controlling ein System zum Monitoring der zwischen Bestelleingang und Auslieferung vergangenen Zeit.

Um den kurzfristigen Versand überhaupt bewältigen zu können, war die Logistik auf eine fundierte Schätzung erwarteter Versandmengen angewiesen – in diesem Punkt wurde die Logistik ihrerseits *Kunde* des Vertriebs. Auch die Personalabteilung war als Dienstleister gefordert. Veränderte Arbeitszeitmodelle wurden benötigt, um Stoßzeiten besser abzufedern und Leerlauf in versandschwachen Zeiten vermeiden zu können. Der Einkauf wurde beauftragt, die Vertragsbeziehungen zu externen Logistikpartnern so anzupassen, dass gegen Abend gepackte Ware noch abgeholt und Empfängern am Folgetag pünktlich zugestellt wurde. Last but not least waren auch Marketing und Werbung involviert: Zur 24-Stunden-Liefergarantie wurde eine erfolgreiche Webekampagne gestartet.

Innerbetriebliche Kunden – die unbekannten Wesen...

Als Thema für Hochglanzbroschüren ist Kundenorientierung seit Jahren „in". Callcenter überschlagen sich fast vor aufgesetzter Freude, wenn ein Kunde anruft. Schaut man freilich ein wenig hinter die Kulissen, bläst der Wind deutlich rauer. Das freundliche Gesalbadere am Telefon übertüncht oft Inkompetenz, manchmal auch schlicht Ignoranz von Kundeninteressen.

Besonders innerbetrieblich bleibt die viel beschworene „Servicewüste Deutschland" weiterhin sichtbar. Interne Kunden sind in vielen Unternehmen völlig unbekannte Wesen. Eher sind sie unter Namen wie Kollegen, Konkurrenten, Widersacher oder unter Bezeichnungen bekannt, die aus nachvollziehbaren Gründen nur hinter ihrem Rücken genannt werden.

Fatal! Innerbetriebliche Kunden sind im selben Umfang auf maßgeschneiderte Leistungen und erstklassigen Service angewiesen wie jeder andere Kunde auch. Unglücklicherweise haben sie einen entscheidenden Nachteil gegenüber ihren externen Pendants: Sie können weder zur Konkurrenz wechseln noch in den Käuferstreik treten, wenn Leistung und Service nicht stimmen!

...und die bekannten Folgen

Unpassende, wenig bedarfsgerechte Leistungen, Verwaltungsmentalität, fehlendes Engagement, Ressort- und Funktionsegozentrik, Taktieren, Reibungsverluste, Schnittstellenprobleme, schleppende Entscheidungsfindung, Kommunikationsbarrieren – Phänomene wie diese sind Ausdruck mangelnder interner Kundenorientierung! Viele an sich sinnvolle Neuerungen bleiben im innerbetrieblichen Abstimmungsmarathon auf der Strecke. Divergierende Interessen unterschiedlicher Bereiche arten schnell zum Konflikt aus. Umfangreiche Zielsysteme wie diejenigen im Unternehmen sind so gut wie nie völlig widerspruchsfrei. Konkurrierende Interessen im Unternehmen sind deshalb Fakt. Interne Kundenorientierung bewirkt den Unterschied, ob konkurrierende Interessen effektiv und im Sinne des Gesamtunternehmens gelöst werden oder zum internen Kleinkrieg ausarten. Verfahren, mit denen konkurrierende Interessen elegant gelöst werden können, werden im Abschnitt zur Selbststeuerung im Schwarm besprochen.

Kleinkrieg in der Produktionshalle

Kapriolen in der Fertigung: In einer größeren Produktionsstätte entzündete sich zwischen zwei Abteilungen ein regelrechter Kleinkrieg an der Frage, wo die fertigen Vorprodukte von der einen Abteilung an die nachfolgende zu übergeben seien. Während die „Lieferantenseite" darauf beharrte, es genüge, die Wagen mit den Vorprodukten aus dem eigenen Arbeitsbereich hinauszuschieben, verlangte die „Kundenseite", sie direkt an ihre Arbeitsplätze geliefert zu bekommen. Mit dem Hinweis, sie seien Montage- und keine Transportarbeiter, weigerten sich die „Lieferanten", diesem Wunsch nachzukommen. Auf dem Höhepunkt der Auseinandersetzung wurden die Wagen von den „Lieferanten" so durcheinander gestellt, dass die „Kunden" Probleme hatten, die jeweils benötigten Vorprodukte aufzufinden.

Interne Kundenorientierung als Transmittor

Nur eine funktionierende interne Kundenorientierung erfüllt die Aufgabe des *Transmittors*. Ohne interne Kundenorientierung bleiben die meisten Bereiche im Unternehmen vom Markt abgeschottet und schmoren mehr oder minder im eigenen Saft. Umweltveränderungen und neue Anforderungen dringen nicht durch. Eine falsche Zufriedenheit mit bestehenden Lösungen und Verfahren entsteht, der Anreiz zur Ausbildung von Schwarmintelligenz bleibt gering.

Sorgen Sie als Führungskraft für die Etablierung einer konsequenten internen Kundenorientierung! Ohne interne Kundenorientierung wird der Innovationsdruck aus Markt und Wettbewerb im Unternehmen nicht zügig weitergegeben. Ein wesentlicher Impuls für die Entwicklung von Schwarmintelligenz geht ohne interne Kundenorientierung verloren!

Kundenorientierung: Begeistern durch Innovation!

Was beinhaltet Kundenorientierung? Welche Faktoren führen tatsächlich zu mehr Kundenzufriedenheit? Wir greifen zur Klärung nochmals auf das *3-Faktoren-Modell der Motivation* mit *Basis-, Proportional- und Begeisterungsfaktoren* zurück (Bild 32), das wir bei Betrachtung der Mitarbeitermotivation bereits kennen gelernt hatten.

Kundenzufriedenheit resultiert aus einem Vergleichprozess: Kunden bilden sich eine Meinung über das Leistungsspektrum eines Produkts oder einer Dienstleistung. Das wahrgenommene Leistungsspektrum wird mit den eigenen Erwartungen verglichen.

Erfüllen sich die Erwartungen nicht, entsteht Unzufriedenheit. Die *Basiseigenschaften* sind nicht erfüllt. Eine Erfüllung der Erwartungen führt allerdings keinesfalls zu besonderer Zufriedenheit, eher zu einem neutralen Gefühl *(Proportionalfaktoren)*. Die Leistungen verschiedener Anbieter werden als austauschbar wahrgenommen.

Erst wenn das Leistungsspektrum die Erwartungen signifikant übertrifft, entsteht wirkliche Kundenzufriedenheit. Das Leistungsspektrum enthält

Kundenorientierung heißt Begeistern!

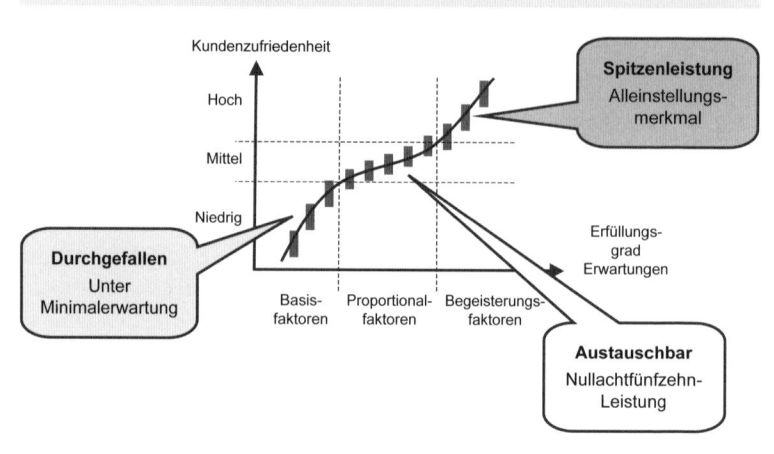

[Diagramm: Kundenzufriedenheit (Hoch/Mittel/Niedrig) vs. Erfüllungsgrad Erwartungen, mit Basisfaktoren, Proportionalfaktoren, Begeisterungsfaktoren; Kennzeichnungen: Durchgefallen / Unter Minimalerwartung, Austauschbar / Nullachtfünfzehn-Leistung, Spitzenleistung / Alleinstellungsmerkmal]

Bild 32

in diesem Fall eine *Begeisterungseigenschaft*, das heißt ein *Alleinstellungsmerkmal*, mit dem Mitbewerber nicht aufwarten können. Der Kunde freut sich, dass er mehr bekommt, als er eigentlich erwartet hat.

> Kundenorientierung heißt fühlbar begeistern! Begeisterung basiert auf Innovation: Der Kunde erhält eine Leistung, die er so nicht kennt und nicht erwartet hat. Erfolgreiche Kundenorientierung hält ein Überraschungsmoment in Form eines Alleinstellungsmerkmals für den Kunden bereit.

Begeisterungseigenschaften identifizieren

Die innovative Power, die Kundenorientierung in sich trägt, liegt im Zugzwang, ständig neue Alleinstellungsmerkmale zu schaffen. Doch was begeistert interne und externe Kunden wirklich? Häufig verlassen sich Anbieter bei der Erforschung des Kundenbedarfs ausschließlich auf die Angaben ihrer Kunden.

Eine solche Abfrage der Erwartungshaltung ist nicht verkehrt, führt aber auch nicht zur Identifizierung von Begeisterungseigenschaften. Wenn wirkliche Spitzenleistung Kundenerwartungen *übertrifft*, können Begeisterungseigenschaften nicht als Kundenerwartung abgefragt werden.

> **Erfolgsstory Walkman**
> Bei Markteinführung war der Walkman eine Sensation. Kein Käufer der ersten Stunde hätte es je für möglich gehalten, dass ein derart winziges Abspielgerät technisch überhaupt zu realisieren sei. Schon zum Verkaufsstart standen begeisterte Kunden in den Läden Schlange. Warum genau? Der Walkman löste perfekt ihr Problem, Musik jederzeit, überall und unabhängig von einer externen Stromquelle hören zu können.

Kehren wir einen Moment zum Beispiel der Haarnetz-Hersteller aus dem ersten Abschnitt des Buchs zurück. Diese Hersteller hatten sich voll auf die Frage „*Was erwarten meine Kunden?*" fokussiert und immer dünnere Haarnetze entwickelt – der direkte Weg in die Insolvenz, sobald das Haarspray erfunden war. Um Begeisterungseigenschaften zu erkennen, muss der „*eigentliche*" Kundenbedarf ermittelt werden. Die richtige Frage lautet: „*Welches Problem möchten Kunden mit meinem Produkt oder meiner Dienstleistung lösen?*"

> ❗ Kundenorientierung muss den „*eigentlichen*" Kundenbedarf ermitteln. Die entscheidende Frage lautet nicht: „*Was erwarten meine Kunden?*", sondern: „*Welches Problem möchten Kunden mit meinem Produkt oder meiner Dienstleistung lösen?*"

Kontinuierlicher Innovationsdruck durch Kundenorientierung

Begeisterungseigenschaften bilden keine statische Größe. Was heute noch als *Begeisterungseigenschaft* bejubelt wird, gilt morgen schon als eine *Basisanforderung*. Je schnelllebiger die Märkte, je rasanter der technische Fortschritt, desto kürzer die Halbwertszeit. Perfekte Kundenorientierung generiert eine ständige Unzufriedenheit mit dem Status quo. Konsequente Kundenorientierung erfordert *kontinuierliche Innovation!*

Durch konsequente innerbetriebliche Kundenorientierung wird *kontinuierliche Innovation im Arbeitsalltag* zur *Kernaufgabe* aller MitarbeiterInnen – eine Herkulesaufgabe, die am effektivsten durch Schwarmintelligenz zu lösen ist, wie Bild 33 verdeutlicht.

Die Suche nach Alleinstellungsmerkmalen erfordert ausgeprägte schöpferische Fähigkeiten! Nur wenn es gelingt, sich gedanklich von bestehenden Ansätzen zu lösen und das eigene Gesichtsfeld zu erweitern, lassen sich Begeisterungseigenschaften kreieren. Schwarmintelligenz löst diese Aufgabe ideal, denn sie verarbeitet die unterschiedlichsten Gesichts-

Innerer Innovationsdruck durch Kundenorientierung

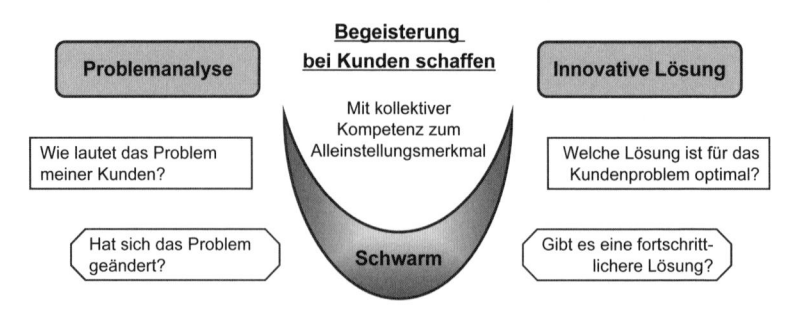

Problemanalyse	Begeisterung bei Kunden schaffen	Innovative Lösung
Wie lautet das Problem meiner Kunden?	Mit kollektiver Kompetenz zum Alleinstellungsmerkmal	Welche Lösung ist für das Kundenproblem optimal?
Hat sich das Problem geändert?	Schwarm	Gibt es eine fortschrittlichere Lösung?

Bild 33

punkte und Perspektiven. Der Einbezug vieler Köpfe generiert Ideen, die Einzelpersonen im Allgemeinen nicht zuwege bringen.

Definition Kundenorientierung

Kundenorientierung heißt „*Begeistern durch Innovation*"! Höchste Kundenzufriedenheit erfordert ein *Übertreffen* der Kundenerwartungen. Die Schaffung solcher *Begeisterungseigenschaften* beinhaltet, das Kundenproblem (Kundenbedarf) aktiv und objektiv zu ermitteln und innovative Lösungen mit Alleinstellungsmerkmal zu kreieren. *Schwarmintelligenz* erweitert das Gesichtsfeld Einzelner und bildet das effektivste Mittel, Kunden mit kreativen Angeboten zu überraschen.

Kundenorientierung, *Innovation* und *Schwarmintelligenz* sind hauteng miteinander verzahnt!

5.2 Die Angebots-Nachfrage-Synchronisation

Innerbetriebliche Kundenorientierung als Resonanzwelle für Innovationsdruck ist an drei Voraussetzungen geknüpft:
- Innerbetriebliche Leistungsempfänger werden mental als Kunden akzeptiert;
- die Anforderungen der Kunden werden richtig erfasst und regelmäßig aktualisiert;

- Schwierigkeiten bei der Umsetzung von Kundenerwartungen werden möglichst kundenfreundlich gelöst.

Funktionales Denken versus Kundenorientierung

Der reinen Logik nach fällt der Gedanke nicht schwer, dass eine innerbetriebliche Dienstleistungskette aus internen Lieferanten und innerbetrieblichen Kunden besteht. Die Logik garantiert jedoch noch lange nicht, dass interne Kunden mental auch als solche betrachtet und behandelt werden.

Dieser missliche Umstand ist eng mit funktionalem Denken verknüpft. Wenn MitarbeiterInnen zu Hütern fachlichen Regelwerks werden, gilt jeder neue Kundenwunsch als Regelverstoß. Neue Anforderungen greifen vermeintlich den Status des „Dienstleisters" an. Banal gesagt: Der Kunde stört!

Kunden-Lieferanten-Diagramm

Als ersten Schritt auf dem Weg zu mehr innerbetrieblicher Kundenorientierung empfiehlt sich das Erstellen von *Kunden-Lieferanten-Diagrammen*. Erstellen Sie ein Chart, auf dem Sie alle Leistungsempfänger des Bereichs als Kunden eintragen. Geben Sie zu jedem Kunden an, welches Problem Sie für ihn lösen und welches Ergebnis Ihr Kunde erwarten kann.

> Die einführende Frage *„Wer sind meine Kunden?"* darf nicht als technische Fragestellung missverstanden werden.
> Tatsächlich fordert die Fragestellung zu einer *Mentalitätsänderung* auf.

Die Frage nach dem Problem, das Kunden gelöst haben möchten, legt die Grundlage für Spitzenleistungen. Testen Sie ihr momentanes Leistungsportfolio: Sind Ihre Kunden mit den angebotenen Leistungen zufrieden? Haben Sie etwas in petto, das Ihre Kunden angenehm überrascht?

Den Einstieg in die innerbetriebliche Kundenorientierung verdeutlicht Bild 34.

Angebots-Nachfrage-Synchronisation: Wettbewerbsdruck durch Rollentausch

Wie bereits erwähnt, haben innerbetriebliche Kunden gegenüber ihren externen Pendants ein unübersehbares Manko: Sie können ihren Lieferanten nicht wechseln. Extern sorgt der Wettbewerbsdruck für innovative Leistungen. Innerbetrieblich herrscht hingegen eine Art *Angebots-*

Der Einstieg in die innerbetriebliche Kundenorientierung

Wer sind meine Kunden?

Welches Problem möchten meine Kunden lösen?

Welche Leistungen lösen das Problem am besten?

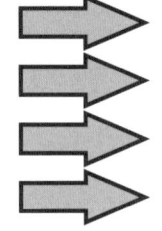

→ Mentalitätswechsel: aus Kundenperspektive denken

→ Kundengerechtes Angebot kommt vor funktionalem Denken

→ Innerbetriebliche Resonanzwelle stimuliert Innovationen

→ Innovationsdruck aktiviert Schwarmintelligenz

Bild 34

monopol. In der Begriffswelt der Wirtschaftslehre: Unternehmensintern besteht ein *Verkäufermarkt*.

Servicelevel-Vereinbarungen in Verbindung mit einer *Angebots-Nachfrage-Synchronisation* können den fehlenden Marktmechanismus innerbetrieblich wettmachen. Servicelevel-Vereinbarungen stellen einen für alle Beteiligten verbindlichen Leistungskatalog dar, der in der Regel sogar präziser gefasst ist als marketingorientierte externe Produktbeschreibungen. Im Erstentwurf geben Servicelevel-Vereinbarungen lediglich die Vorstellungen der Anbieter wieder.

Wer garantiert also, dass die innerbetrieblichen Anbieter den Bedarf ihrer Kunden tatsächlich treffen? Selbst kundenorientierte MitarbeiterInnen liegen in ihren Annahmen nicht immer richtig. Was liegt also näher als ein Austausch gegenseitiger Vorstellungen und Ansprüche zwischen innerbetrieblichen Anbietern und ihren Kunden? Dieser Abgleich beschreibt die Idee hinter der *Angebots-Nachfrage-Synchronisation*.

Die *Angebots-Nachfrage-Synchronisation* gibt kundenorientierten Managern ein Führungsinstrument an die Hand, das alle MitarbeiterInnen zwingt, die eigene Perspektive zu verlassen und sich in die Lage ihrer Kunden zu versetzen. Mit diesem gedanklichen Rollentausch stellt die *Angebots-Nachfrage-Synchronisation* – wie in Bild 35 gezeigt – sicher, dass das innerbetriebliche Angebot tatsächlich die Interessen seiner Nachfrager trifft und deren Probleme bestmöglich löst.

Kundenorientierung durch Angebots-Nachfrage-Synchronisation

Angebot	Nachfrage	Synchronisation

Art, Umfang, Ausstattung
Produktdifferenzierung, Anpassung an Kunden
Qualität
Lieferzeit
Information und Beratung

Lieferanten-Sicht / Kunden-Sicht

Deckungsgleich? ▶ Servicelevel-Vereinbarung

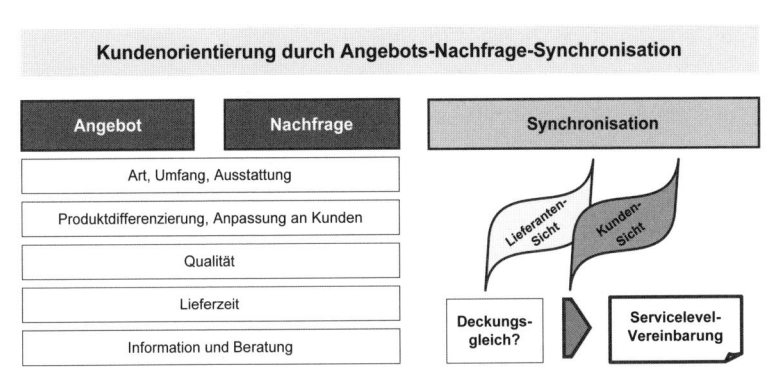

Bild 35

Effektives Arbeiten durch Konzentration auf das Wesentliche

Als Führungskraft wird heute von Ihnen verlangt, mit einem Minimum an Personal auszukommen. Spitzenleistungen mit minimalem Aufwand – dieser Balanceakt kann nur gelingen, wenn MitarbeiterInnen die Spreu vom Weizen trennen und sich auf das Wesentliche konzentrieren.

Die Herausforderung: Was eigentlich ist *„das Wesentliche"*? Wenn MitarbeiterInnen kundenorientiert denken, können sie leichter erkennen, worauf es primär ankommt und was im Zweifel hintangestellt werden kann. Servicelevel in Kombination mit der *Angebots-Nachfrage-Synchronisation* lassen MitarbeiterInnen die richtigen Prioritäten einfacher finden. Das innerbetriebliche Leistungsangebot lässt sich sachdienlicher gestalten, betriebliche Prozessketten werden leichter auf Effektivität getrimmt.

Ablauf der Angebots-Nachfrage-Synchronisation

Die *Angebots-Nachfrage-Synchronisation* ist fester Bestandteil des Prozesses zur Verabschiedung der Servicelevel-Vereinbarungen. Die Keimzelle jeder *Angebots-Nachfrage-Synchronisation* liegt im Erstentwurf der Servicelevel-Vereinbarungen. Jeder Anbieter beschreibt die geplanten Leistungen. Jeder Nachfrager formuliert in seiner eigenen Servicelevel-Vereinbarung gleichzeitig die Erwartungen an seine Anbieter. Dieses Vorgehen macht es einfach, beide Entwürfe nebeneinander zu legen und die Angebote mit den Erwartungen zu vergleichen. Sinnvollerweise lässt sich diese Aufgabe spezialisierten *Synchronisationsteams* übertragen, auf die wir an späterer Stelle noch zu sprechen kommen. Die *Angebots-Nachfrage-Synchronisation* lässt sich analog auf externe Kunden anwenden, soweit diese sich zu einer entsprechenden Zusammenarbeit bereit finden.

Wünsche an die Fachleute

Objektiv gesehen bedeutet das Einholen von Wünschen und Ansichten der internen Kunden in keiner Weise, Kompetenz und Fachkenntnis der Anbieterseite in Frage zu stellen. Die *Angebots-Nachfrage-Synchronisation* stellt lediglich eine smarte Methode interner „Marktforschung" dar. Die „Oberhoheit" über das Angebot bleibt beim Anbieter. Jeder Anbieter steht dafür ein, dass die von ihm favorisierten Verfahren und Lösungen funktionieren und bestehende Budgetrahmen nicht überschreiten.

Kunden sollten im Zuge der *Angebots-Nachfrage-Synchronisation* das Problem benennen, nicht seine erwartete Lösung. Es bleibt primär Aufgabe der Spezialisten von der Angebotsseite, die besten Mittel und Wege zur Umsetzung des Gewünschten zu finden.

> Geben Sie als Kunde Anregungen, steuern Sie durch Fragen in die richtige Richtung, aber vermeiden Sie den Eindruck, durch vorgefertigte Lösungen die Fachkompetenz Ihrer KollegInnen von der Angebotsseite anzuzweifeln. Durch angemessene Kommunikation entlasten Sie die *Angebots-Nachfrage-Synchronisation* von unnötigen Reibereien.

Fehlschlagen der Angebots-Nachfrage-Synchronisation

Die *Angebots-Nachfrage-Synchronisation* bietet innerbetrieblichen Nachfragern eine optimale Gelegenheit, Innovationsanstöße zu geben. Anbieter werden ermuntert, nach besseren Wegen und Verfahren zu suchen. Sie können am lebenden Objekt testen, ob ihre Innovationsvorschläge bei den Kunden ankommen und diese positiv überraschen oder nicht.

Nicht immer funktioniert eine *Angebots-Nachfrage-Synchronisation* reibungslos. Innerbetriebliche Dienstleister unterliegen eigenen Zielen, Sachzwängen und Budgetrestriktionen. Möglicherweise stehen einer direkten Umsetzung des Kundenwunschs interne Richtlinien oder sogar gesetzliche Vorschriften im Wege. Kein soziales System ist in sich völlig widerspruchsfrei. Realistischerweise kann nicht erwartet werden, dass sich die Interessen von Anbietern und Nachfragern stets hundertprozentig zur Deckung bringen lassen. Konsequenz: Die *Angebots-Nachfrage-Synchronisation* kann im ersten Anlauf fehlschlagen.

Schwierige Angebots-Nachfrage-Synchronisation

Abteilungsleiter A möchte Mitarbeiter X entlassen, da seine Arbeitsleistung ungenügend sei. Handfeste Belege für die behauptete Schlechtleistung oder gar Abmahnungen liegen jedoch nicht vor. Als Personalchef fürchten Sie, einen sich anbahnenden Prozess vor dem Arbeitsgericht zu verlieren.

Die Mitarbeiter der Design-Abteilung möchten gerne über die Lage ihrer Arbeitszeit frei entscheiden. Die Designer argumentieren, festgeschriebene Arbeitszeiten seien nicht mit kreativem Arbeiten vereinbar. Sie hätten gerne die Möglichkeiten, morgens später anzufangen, abends länger zu bleiben und auch am Wochenende Zutritt zum Büro zu haben, falls sich zu diesen Zeiten ein Kreativitätsschub einstelle. Das Vorhaben widerspricht der Betriebsvereinbarung über Arbeitszeiten.

Der Betriebsrat verlangt eine Modernisierung der Kantine, da die Einrichtung im Laufe der Jahre „heruntergewirtschaftet" sei. Als Geschäftsführer wissen Sie, dass diese Beschreibung zutrifft. Sie haben jedoch kein Budget, aus dem der Umbau finanziert werden könnte.

Die Produktionsplanung hat eine glänzende Idee, wie die Planung künftig einfacher und zuverlässiger abzuwickeln wäre. Als EDV-Leiter müssen Sie allerdings feststellen, dass die Umsetzung mit der vorhandenen IT-Architektur nicht realisierbar ist.

Primat des Kunden

Viele interne Kunden bekommen in solchen Situationen ein vorschnelles und abschließendes *„Geht nicht!"* zu hören. Gelebte Kundenorientierung manifestiert sich hingegen in dem Versuch, auf den ersten Blick unerfüllbare Kundenwünsche trotz aller Widrigkeiten möglich zu machen.

Tatsächlich sind in einer solchen Situation Kreativität, Einfallsreichtum, Blickerweiterung – in anderen Worten: Schwarmintelligenz – gefragt! Existieren alternative Lösungen? Welche Randbedingungen können beeinflusst werden? Sind Ausnahmen oder Sonderregelungen möglich? Falls nein: Welche alternative Gestaltungsmöglichkeit gibt es, die dem Kundenwunsch wirtschaftlich so nah wie möglich kommt?

Die letzte Fragestellung ist besonders effektvoll und fordert innovatives Denken geradezu ein. Sie zwingt Sie und Ihre MitarbeiterInnen, gängige Denkstrukturen und Problemlösemechanismen komplett zu verlassen und sich Ihrem Ziel auf völlig neuen Wegen zu nähern.

Ohne interne Kundenorientierung wird die Suche nach alternativen Lösungen häufig nicht intensiv geführt und bei der erstbesten Gelegenheit unter einem Vorwand abgebrochen. Es triumphiert das Primat der Bürokratie. Gilt hingegen das *Primat des Kunden* (Bild 36), werden alle Hebel

Primat des Kunden

	Klassische Führung	Schwarmintelligenz
Funktionales Regelwerk — Fachliche Anforderungen / Technische Abläufe/Systeme / Gesetze und Vorschriften / Kapazität des Dienstleisters / Kostenbudgets	Funktionales Regelwerk dominiert Leistung für Kunden — **Primat der Bürokratie** (Funktions-Regelwerk → Leistung für Kunden)	Regelwerk wird bestmöglich an Kundenbedarf angepasst — **Primat des Kunden** (Kunden-Leitziele → Leistung für Kunden → Funktions-Regelwerk)

Bild 36

in Bewegung gesetzt. Schwarmintelligenz wird aktiviert, um trotz aller Schwierigkeiten eine wirtschaftlich tragfähige Lösung zu finden.

Das wirtschaftliche Optimum suchen

Ernst genommene Kundenorientierung zeigt sich in schwierigen Situationen nicht zuletzt am Ausmaß des guten Willens! Vielleicht kann der Personalleiter den leistungsschwachen Mitarbeiter versetzen und mit passenderen Aufgaben betrauen? Schon manch kritisch beurteilter Mitarbeiter ist in einem neuen Einsatzbereich regelrecht aufgeblüht.

Der Wunsch der Designer nach hochflexiblen Arbeitszeiten ist möglicherweise der generelle Startschuss in Richtung Vertrauensarbeitszeit[33] im Unternehmen.

Wenn Sie den wünschenswerten Kantinenumbau finanziell nicht stemmen können, lässt sich vielleicht ein kleineres Budget finden, um die wichtigsten Mängel zu beseitigen. Oft lassen sich mit 20 Prozent der Kosten 80 Prozent der Probleme lösen.

Ähnliche Überlegungen gelten im Falle der unzureichenden IT-Ausstattung. Vielleicht kann aus den Einsparungen in der Produktionsplanung das Budget zur Anschaffung der benötigten Hard- und Software finanziert werden.

---

33 Vertrauensarbeitszeit: Umfang und Lage der täglichen Arbeitszeit (aber nicht der Umfang der insgesamt geschuldeten Arbeitszeit!) wird weitestgehend in das Ermessen der MitarbeiterInnen gestellt. Auf Zeiterfassung wird verzichtet.

> Ohne innerbetriebliche Kundenorientierung wird alles unterlassen, was unterlassen werden kann. Bei Führung durch Schwarmintelligenz wird alles unternommen, was für den Kunden unternommen werden kann. Darin liegt der prinzipielle Unterschied – und dieser Unterschied scheidet Nullachtfünfzehn-Leistungen von Spitzenergebnissen!

5.3 Kundenorientierung ohne Grenzen?

Was innerbetrieblicher Kundenorientierung Schranken setzt, sind Kosten-Nutzen-Abwägungen. Kundenverantwortung ist nicht mit ausuferndem Service gleichzusetzen. Aus Kostengründen können Unternehmen nicht jede denkbare Leistung bieten. Der für Kunden maximal zulässige Aufwand setzt auch innovativen Lösungen Grenzen.

Ersatzmechanismus für das Preis-Leistungs-Verhältnis

Bei externen Kunden leuchtet unmittelbar ein: Kunden möchten nicht nur ihr Problem gelöst wissen, auch das zu Grunde liegende Preis-Leistungs-Verhältnis muss stimmen! Kein Kunde kauft überteuerte Angebote.

Extern regelt der Markt die Frage der Angemessenheit des *Preis-Leistungs-Verhältnisses*. Innerbetrieblich finden keine Verkäufe statt. Wir benötigen einen Markt-Ersatzmechanismus, der innerbetrieblich *Grenzen für den maximalen Aufwand* setzt. MitarbeiterInnen müssen klar erkennen können, ob innovative Ideen vom Aufwand vertretbar sind oder nicht. Andernfalls wird Schwarmintelligenz zum unkalkulierbaren Vabanquespiel!

Zur Förderung von Schwarmintelligenz ist eminent wichtig, die Grenzziehung so vorzunehmen, dass der im Zuge der indirekten Zieltranskription geschaffene Anreiz zur Eigeninitiative nicht gleich wieder abgewürgt wird. Tätigkeitskataloge und Einzelfallanweisungen durch Vorgesetzte kommen deshalb nicht einmal ansatzweise in Frage. Ideal geeignet sind dagegen *Effizienzziele* im Rahmen von Servicelevel-Vereinbarungen!

Effizienzziele als Obergrenze der Handlungsfreiheit

Schwarmintelligenz erfordert, Handlungsspielräume für MitarbeiterInnen so auszulegen, dass sie jederzeit kundengerechte Leistungen erlau-

Begrenzungsrahmen bei erweiterter Handlungsfreiheit

Schwarm-Intelligenz

Erweiterte Handlungsfreiheit
- Innovationsspielräume nach dem Subsidiaritätsprinzip
- Indirekte Zieltranskription durch Servicelevel-Vereinbarungen
- Innovationsdruck durch interne/ externe Kundenorientierung

Obergrenze der Handlungsfreiheit (Maximalkosten): Effizienzziele

Begrenzungsrahmen der Handlungsfreiheit

Untergrenze der Handlungsfreiheit (Minimalstandard): Kundenziele

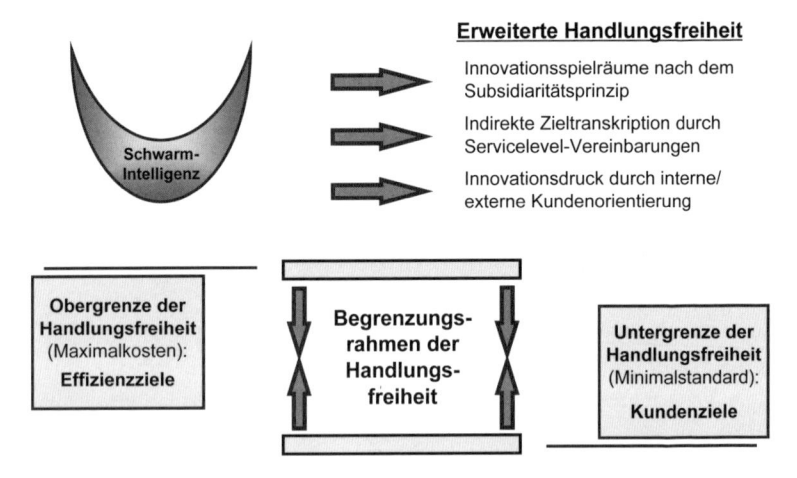

Bild 37

ben. Die vereinbarten Servicelevel beschreiben die Mindestanforderungen an eine kundengerechte Leistung und bilden, wie in Bild 37 dargestellt, die *Untergrenze der Handlungsfreiheit*. Kleiner als dieser Minimalstandard darf die Handlungsfreiheit bei Führung durch Schwarmintelligenz nicht ausfallen!

Effizienzziele bilden demgegenüber die *Obergrenze der Handlungsfreiheit* aus Bild 37. Wo MitarbeiterInnen *Effizienzverantwortung* für Kosten und Budgets übernehmen, kann Handlungsfreiheit nicht ausufern. *Effizienzverantwortung* verhindert zuverlässig, dass MitarbeiterInnen Leistungen für Kunden erbringen, die diese möglicherweise schätzen, aber nicht finanzieren können, oder die nicht über die unternehmensinterne Finanzplanung gedeckt sind.

Aufwandsbremse und Produktivitätssteigerung

Effizienzziele dienen nicht nur als Aufwandsbremse. Sie schaffen zugleich einen starken Anreiz, Kosten zu senken und die Arbeitsproduktivität intelligent zu steigern. Bild 38 zeigt, dass *Innovationsdruck* durch Servicelevel-Vereinbarungen nicht nur in Bezug auf kundengerechte Ergebnisse, sondern auch im Hinblick auf eine Verbesserung des *Preis-Leistungs-Verhältnisses* besteht.

Motto: Intelligenter Arbeiten

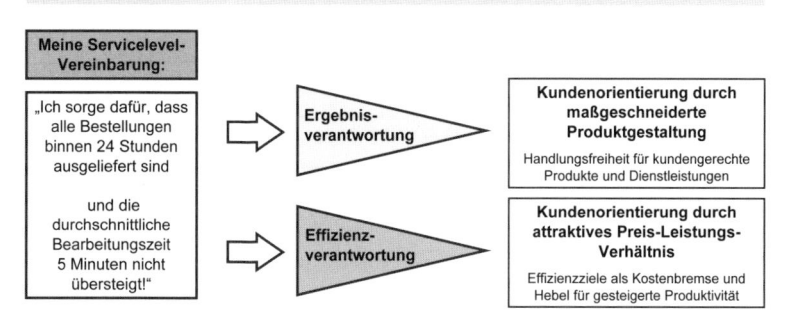

Meine Servicelevel-Vereinbarung:		
„Ich sorge dafür, dass alle Bestellungen binnen 24 Stunden ausgeliefert sind	⇨ Ergebnisverantwortung	Kundenorientierung durch maßgeschneiderte Produktgestaltung Handlungsfreiheit für kundengerechte Produkte und Dienstleistungen
und die durchschnittliche Bearbeitungszeit 5 Minuten nicht übersteigt!"	⇨ Effizienzverantwortung	Kundenorientierung durch attraktives Preis-Leistungs-Verhältnis Effizienzziele als Kostenbremse und Hebel für gesteigerte Produktivität

Bild 38

Innovationsdruck zur Produktivitätssteigerung meint nicht einfach Arbeitsverdichtung. Deren Effekt ist durch die menschliche Physis begrenzt und in modernen Unternehmen vielfach ausgereizt. Arbeitsinnovation steht heute eher unter dem Motto *„Intelligenter Arbeiten"*.

Bessere Arbeitsorganisation und Prozesse, der effektivere Einsatz von Hilfsmitteln, das Streichen überflüssiger Verwaltungsaktivitäten sowie eine produktivere Verwendung der eigenen Arbeitszeit – aus diesem Holz sind die Hebel geschnitzt, mit denen Schwarmintelligenz eine Steigerung der Arbeitsproduktivität bewirkt. In letzter Konsequenz macht Schwarmintelligenz nicht nur Produkte, sondern auch Preise wettbewerbsfähiger.

Im Unterschied zur klassischen Führung wird Produktivitätssteigerung bei Führung durch Schwarmintelligenz zur *Kernaufgabe* aller Beschäftigten. Effizienzziele sorgen dafür, dass *Kunden-Leistungspakete* stets mit dem geringsten am Standort möglichen Aufwand produziert werden.

> **Definition Effizienzverantwortung**
>
> *Effizienzverantwortung* heißt *„Intelligenter Arbeiten"!* Die Suche nach innovativen Wegen zur Produktivitätssteigerung wird *Kernaufgabe* aller MitarbeiterInnen. Effizienzziele begrenzen den für kundengerechte Leistungen zulässigen Aufwand und garantieren ein wettbewerbsfähiges Preis-Leistungs-Verhältnis.

Anreize zur Effizienzverbesserung

Effizienzziele sind integraler Bestandteil *jeder* Servicelevel-Vereinbarung. Sie besitzen dort den gleichen Stellenwert wie *Kunden-Leistungspakete*.

5.3 Kundenorientierung ohne Grenzen?

Führung durch Schwarmintelligenz fordert von MitarbeiterInnen weniger, übergeordnete Prozesse neu zu gestalten oder Produktionsverfahren komplett auf den Kopf zu stellen. Dies bleibt Aufgabe der zuständigen Führungskräfte. Im Alltag schlummert jedoch ein riesiges Potenzial an Verbesserungsmöglichkeiten, das von MitarbeiterInnen realisiert werden kann. Die Checkliste Arbeitseffizienz (Bild 39) zeigt Beispiele.

Eine Grundvoraussetzung für Effizienzsteigerungen liegt darin, dass Probleme offen angesprochen werden können. In klassischen Arbeitskulturen ist dies häufig nicht der Fall. Allzu oft leugnen Vorgesetzte, dass überhaupt Probleme bestehen – kurioserweise scheint die Meinung vorzuherrschen, wer als Führungskraft die Existenz von Problemen zugibt, sei selbst Bestandteil des Problems. Selbst die Verwendung des Wortes „Problem" gilt oftmals schon als Tabu.

Checkliste Arbeitseffizienz

Selbstorganisation am Arbeitsplatz	➢ Sich selbst besser organisieren: Zeitmanagement ➢ Arbeitsmittel sinnvoller arrangieren ➢ Vorgänge nur einmal anfassen und komplett erledigen
Standardisierung	➢ Durch Standardisierung Ergebnisse beschleunigen ➢ Durch Standardisierung Qualität steigern und Fehlerquote verringern
Alles aus einer Hand	➢ Durchführung, Entscheidung und Qualitätskontrolle so weit wie möglich aus einer Hand, keine Einarbeitung mehrerer Personen in denselben Sachverhalt ➢ Wartezeiten auf Entscheidung und Qualitätskontrolle Dritter nach Möglichkeit vermeiden
Innerbetriebliche Vernetzung	➢ Medienbrüche vermeiden (z. B. manuelle, später elektronische Erfassung) ➢ Doppelarbeiten vermeiden; dieselbe Arbeit darf nicht an anderer Stelle im Unternehmen nochmals gemacht werden, z. B. aus Unkenntnis oder zur „Herrschaft über Daten"
Produktion und Maschinenwartung	➢ Wartungsintervalle nutzen und Verschleiß anpassen ➢ Stillstandszeiten reduzieren, Durchlaufzeiten verkürzen ➢ Mit vorbeugendem Arbeitsschutz Unfälle und Störungen verhüten
Qualitätsmanagement	➢ Ursachen von Schlechtleistung, Ausschuss und Nacharbeiten ermitteln ➢ Ursachen, nicht nur Symptome vermeiden
Arbeitszeit-Effizienz	➢ Arbeitszeit der Nachfrage anpassen ➢ Arbeitszeit/Outputeinheit als Richtgröße beachten

Bild 39

Genau das Gegenteil ist richtig! Wer sich anbahnende Probleme rechtzeitig erkennt und Gegensteuerungsmaßnahmen einleitet, minimiert Störungen. Ausschuss und Fehlleistungen werden vermieden, teure Nacharbeiten entfallen.

| ! | Nur Schwarmmitglieder, die sich permanent die Frage stellen, warum ein Vorgang nicht schneller, einfacher oder mit weniger Fehlern und Fertigungstoleranzen machbar ist, bringen ihr Unternehmen wirklich voran. Effizienzziele verlangen das *kontinuierliche Infragestellen* der bestehenden Arbeitsorganisation. Gesucht sind „*positive Querdenker*"! |

5.4 Durch Leitziele zum Delta-Plus-Effekt

Wollte man MitarbeiterInnen Schwarmregeln im Sinne von Ausrichtung, Kohäsion und Separation wie bei Fischen und Vögeln an die Hand geben, lauteten die Regeln:

- Betrachte deine Leistungsempfänger als (interne) Kunden.
- Überrasche deine Kunden mit einem unerwartet guten Ergebnis.
- Erledige deine Aufgaben mit einem Minimum an Aufwand.

Innovationsdruck durch Unternehmensleitziele

Tatsächlich ist ein derart beschriebener Verhaltenskodex ohne Ergänzungen und Präzisierungen für Schwarmmitglieder nicht umsetzbar. Servicelevel-Vereinbarungen sorgen für die nötige Klarheit. Es ist Aufgabe der Führungskräfte, sicherzustellen, dass die Servicelevel *Geschäftsmodell* und *Unternehmensleitziele* widerspiegeln und dadurch die gewünschten Delta-Plus-Effekte in sich tragen.

Alle Servicelevel-Vereinbarungen müssen aufwärtskompatibel mit Geschäftsmodell und Leitzielen sein. Solch strategische Vorgaben legen beispielsweise fest, welche Marktsegmente das Unternehmen bearbeitet, welche Produkte oder Dienstleistungen prinzipiell vertrieben werden und über welche Merkmale sich das Unternehmen von Wettbewerbern abhebt. Über die Servicelevel-Vereinbarungen nimmt die Unternehmensführung nicht nur Einfluss auf die *Umsetzung strategischer Vorgaben*; sie besitzt darüber hinaus ein probates Mittel, strategische Zieländerungen als *Innovationsdruck* in die Organisation einzuspeisen.

Zielpyramiden als Garant für Delta-Plus-Effekte

Wie lässt sich gewährleisten, dass Servicelevel strategische Vorgaben sattelfest in einen für MitarbeiterInnen verständlichen Verhaltenskodex übersetzen? Ein geeigneter Prozess bricht Geschäftsmodell und Leitziele wie in einer *Zielpyramide* in immer kleinere Verästelungen herunter, bis konkret umsetzbare Ergebniserwartungen entstehen. Eine *Zielpyramide* wie in Bild 40 garantiert, dass alle Ziele im Unternehmen so weit wie möglich zueinander konsistent und kompatibel sind. Natürlich kann jede Unternehmenseinheit eigene Zielsetzungen und Aktionspunkte hinzufügen, solange diese den übergeordneten Zielen nicht widersprechen. Diese Freiheit macht letztlich Schwarmintelligenz möglich.

Geschäftsmodell und von der Geschäftsführung beschlossene Leitziele bilden die Spitze der *Zielpyramide*. Die Pyramidenstruktur des Zielfindungsprozesses stellt sicher, dass auf allen Unternehmensebenen darüber nachgedacht wird, wie die Leitziele am effektivsten umzusetzen sind. Soweit die Leitziele die vom Unternehmen gewünschten Delta-Plus-Effekte reflektieren, ist bei konsequenter Umsetzung der Zielpyramide bis in die Servicelevel-Vereinbarungen die Realisierung dieser Delta-Plus-Effekte durch Schwarmintelligenz mehr oder minder garantiert.

Zielpyramide: Zielkompatibilität im Unternehmen

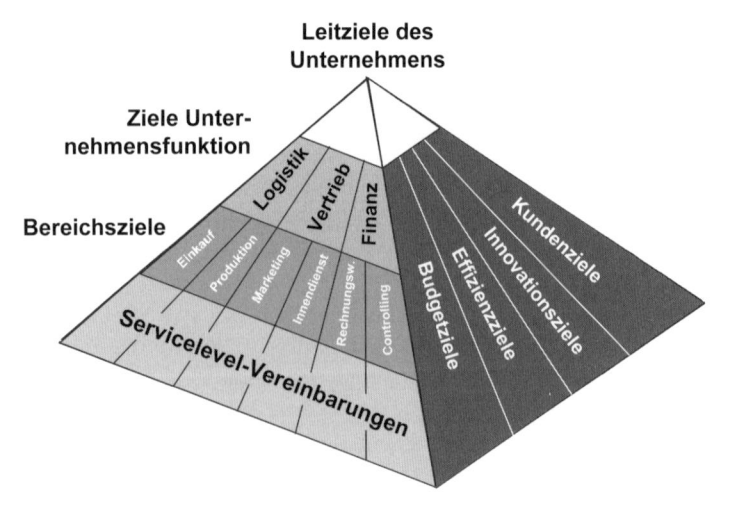

Bild 40

Die Erarbeitung einer erfolgversprechenden Unternehmensstrategie im Führungskreis ist eine Sache, ihre verständliche Kommunikation an MitarbeiterInnen eine zweite. Wenn Unternehmenslenker Strategiepapiere erstellen, ist deren Inhalt für Beschäftigte häufig schwer verdauliche Kost. Dass Schwarmmitglieder die Implikationen von Geschäftsmodell und Leitzielen verstehen, ist andererseits essenziell, wenn sie ihren Handlungsspielraum im Sinne der Unternehmensziele nutzen sollen. Ein *10-Zeilen-Geschäftsmodell, erfolgswirksame Schlüsselfaktoren, Gap-Analyse* und *Kausalkettenbildung* sind klassische, auch von Managementberatungen in verschiedenen Varianten eingesetzte Techniken, die bei der Vermittlung oder Entwicklung von Strategien Verwendung finden. Mit ihrer Hilfe können Führungskräfte ein vorhandenes Geschäftsmodell für MitarbeiterInnen verständlich aufzubereiten und eingängig vermitteln, worauf es wirklich ankommt.

Kernsätze zur Unternehmensstrategie

Das *Geschäftsmodell* bildet den grundsätzlichen und in aller Regel langfristigen Orientierungsrahmen für alle MitarbeiterInnen. Verfassen Sie als Führungskraft ein kurzes (!) Statement, das MitarbeiterInnen eine prägnante Vorstellung vermittelt, wofür ihr Unternehmen steht. Ein solches *10-Zeilen-Geschäftsmodell* sollte erklären,

- welches Marktsegment das Unternehmen besetzt,
- welches Leistungsspektrum externe Kunden erwarten dürfen,
- wie sich das Unternehmen von Wettbewerbern differenziert.

Das 10-Zeilen-Geschäftsmodell

Todschick aussehen und trotzdem preiswert einkaufen – nach diesem Motto kleiden wir Deutschland und die Welt!

Mit kundenorientierten Designern aus der zweiten Reihe entsteht eine Kollektion, die topmodisch auftritt, ohne abgehoben zu wirken, und sich deshalb einem breiten Publikum erschließt. Auch Funktionalität und Qualität kommen nicht zu kurz. Unsere Innenstadt-nahen Verkaufscenter sind einladend gestaltet, ohne durch teure Extravaganz abzuschrecken.

Mitdenkendes Personal, hocheffiziente innere Abläufe, ein überschaubares Sortiment und ein weltweit aktiver Einkauf halten unsere Kosten im Zaum. Unser Preis-Leistungs-Verhältnis ist im Wettbewerb unübertroffen.

Erfolgswirksame Schlüsselfaktoren

Durch die Definition von *erfolgswirksamen Schlüsselfaktoren* lassen sich die Implikationen des *Geschäftsmodells* verfeinern. *Erfolgswirksame Schlüsselfaktoren* sind alle Fähigkeiten, die ein Unternehmen als Ganzes zur optimalen Umsetzung seines Geschäftsmodells benötigt. Schlüsselfaktoren beziehen sich auf Markttrends, Kundensegmente, Produktangebote, Verkaufsargumente und Strategien gegenüber Wettbewerbern. *Erfolgswirksame Schlüsselfaktoren* eignen sich besonders, um im Rahmen einer *Gap-Analyse* Stärken und Schwächen des Unternehmens und damit grundlegenden Innovationsbedarf darzulegen.

Gap-Analyse: Grafische Darstellung von Schlüsselfaktoren

In einer grafischen Darstellung entsprechend Bild 41 wird das Konzept besonders leicht verständlich. Tragen Sie die relevanten Schlüsselfaktoren in ein Koordinatensystem ein mit den beiden Achsen:

- Leistung im Vergleich zu marktüblichen Standards;
- Bedeutung des Schlüsselfaktors für den Geschäftserfolg.

Ordnen Sie auf der Achse *„Bedeutung für den Geschäftserfolg"* die Schlüsselfaktoren ihrer Wichtigkeit nach. Kein Unternehmen beherrscht alle Faktoren gleich gut. Man könnte sagen, die Kunst der Unternehmensführung besteht darin, begrenzt zur Verfügung stehende Ressourcen Schlüsselfaktoren in Relation zu ihrer Bedeutung zuzuweisen. Bei den entscheidenden Schlüsselfaktoren sollte ein Unternehmen die marktüblichen Standards fühlbar übertreffen, um seine Kunden zu überraschen. Bei weniger wichtigen Faktoren reicht es im Zweifel aus, nicht negativ aufzufallen.

Ob die Bedeutung eines Schlüsselfaktors mit seiner Umsetzung in Einklang steht, wird in Bild 41 durch die gezogene *45-Grad-Ziellinie* symbolisiert. Die Leistung bei Faktoren mit herausragender Bedeutung sollte deutlich über die marktüblichen Standards hinausragen. Selbstverständlich ist auch bei weniger bedeutsamen Schlüsselfaktoren ein gewisser Mindeststandard erforderlich, weshalb die 45-Grad-Linie nicht durch den Nullpunkt verläuft, sondern nach rechts versetzt gezeichnet ist. Die Beurteilung, wieweit ein Schlüsselfaktor in der Umsetzung seiner relativen Bedeutung entspricht, resultiert im einfachsten Fall aus der Einschätzung der Geschäftsführung. Eine Befragung von Kunden oder Marktforschungsanalysen können das Bild ergänzen.

In der Realität weichen Schlüsselfaktoren regelmäßig von der 45-Grad-Ziellinie ab. Stärken und Schwächen der Leistungserstellung im Unternehmen symbolisiert die *Gap-Analyse*. Selbst ein Erreichen der Ziellinie

Erfolgswirksame Schlüsselfaktoren: Gap-Analyse

```
Bedeutung für Geschäftserfolg

Heraus-
ragend      | Maßgeschneidertes Produktsortiment |
            | Beratung und Service |
Sehr        | Technischer Support |
wichtig     | Attraktiver Preis |
            | Modisches Design |
Wichtig     | Modulbauweise |          Beispiel eines
            | Schnelle Lieferung |    Herstellers
Gering                                technischer
                                      Konsumgüter

         Mäßig    Gut    Sehr gut    Herausragend
         Leistung im Vergleich zu marktüblichen
                         Standards
```

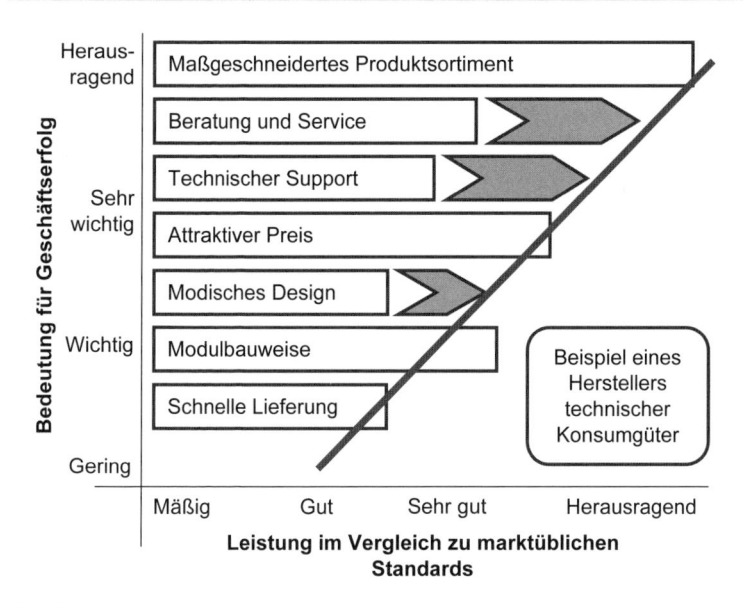

Bild 41

ist nicht von garantierter Dauer – Märkte sind dynamisch und konfrontieren Unternehmen immer wieder mit neuen Anforderungen. Jede Abweichung von der 45-Grad-Ziellinie definiert Innovationsbedarf. Bleibt ein Faktor hinter der 45-Grad-Ideallinie zurück (Pfeile), entspricht die Leistung nicht der Bedeutung des Faktors. Verbesserung tut Not! Gerät ein Schlüsselfaktor über die 45-Grad-Ideallinie hinaus, wird (wahrscheinlich) der Ressourceneinsatz für diesen Faktor übertrieben. Teilweise Re-Allokation dieser Faktorressourcen auf einen „Not leidenden" Schlüsselfaktor kann das Gesamtergebnis im Unternehmen verbessern.

Kausalkettenbildung

Um aus übergeordneten Leitzielen konkrete Projekte und Servicelevel abzuleiten, hilft die *Kausalkettenbildung*. Suchen Sie zu jedem Leitziel oder Schlüsselfaktor die wichtigsten Einflussfaktoren. Fahren Sie fort, indem Sie zu jedem Einflussfaktor wiederum dessen Einflussfaktoren suchen. Die *Kausalkettenbildung* führt so stets eine Ebene tiefer, bis konkrete Ergebnisziele für Servicelevel-Vereinbarungen erreicht sind. Das *Zielpyramidenmodell* wird durch die *Kausalkettenbildung* praktisch umgesetzt.

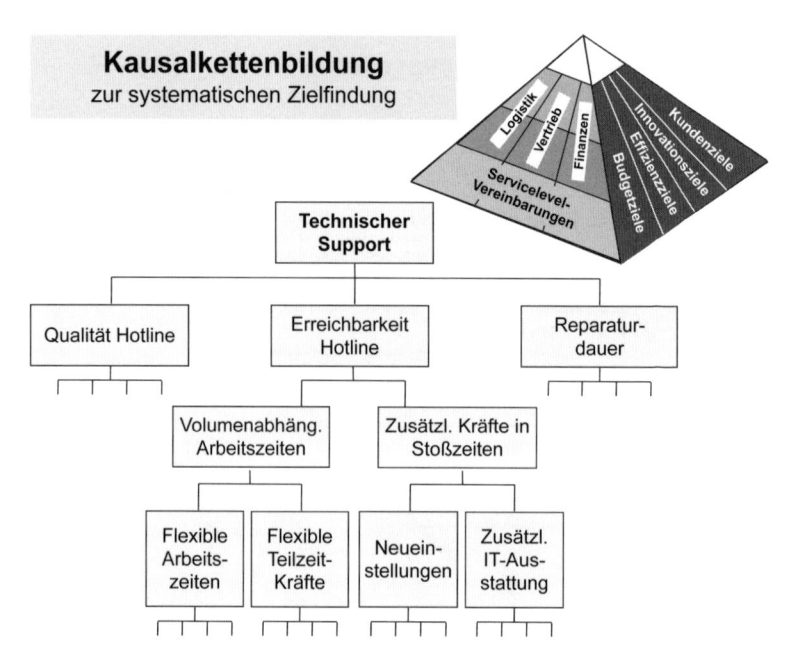

Bild 42

Bild 42 beschreibt ausschnittsweise die Suche nach Einflussfaktoren für die, etwa mittels *Gap-Analyse*, ermittelte Schwachstelle „Technischer Support". Die Suche nach Einflussfaktoren im Rahmen der *Kausalkettenbildung* bildet ein ideales Betätigungsfeld für Schwarmintelligenz. Blickerweiterung durch vernetzte Kompetenz rückt auch unkonventionelle Lösungen ins Blickfeld, die einzelnen Fachleuten oder sehr homogen zusammengesetzten Spezialistengruppen nicht in den Sinn gekommen wären.

Kausalkettenbildung mittels Zielkarten

Zur praktischen Durchführung der *Kausalkettenbildung* eignen sich *Zielkarten*. Zielkarten ermöglichen das Herunterbrechen von Zielen in Teilziele (zum Beispiel im Format: Leitziele > Projektziele > Servicelevel). Sie operationalisieren die Ziele und geben Verantwortliche, erforderliche Budgets sowie einen Zeitplan zur Implementierung an.

Neben dem Verantwortlichen sollte eine Zielkarte benötigte Kooperationspartner benennen. Dadurch finden die Ziele Eingang in den Zielkatalog dieser Kooperationspartner und steigen in deren Priorität. Eine

Unternehmens-Zielkarte

	Leitziele Projektziele Servicelevel	Kontext	Ziel-operationalisierung	Milestones, Termine	Verantwortlich	Kooperation
1	Technischen Support verbessern	Berechtigte Kundenkritik an Qualität und Zeitdauer beim technischen Support	Verbesserungen in den Bereichen Erreichbarkeit und Qualität der Hotline; geringere Störanfälligkeit der Produkte	31. Dezember	Leiter Vertrieb	Leiter Hotline, Leiter Produktion
1.1	Erreichbarkeit Hotline steigern	Beschwerden über Wartezeiten bis zu 30 Minuten	Maximale Wartezeit 5 Minuten in 99% aller Fälle	Start: 1. Juni	Leiter Hotline	Leiter Personal, Leiter EDV
1.2	Qualität Hotline steigern	20% aller Anrufer kann nicht ausreichend geholfen werden	Maximal 5% aller Anrufer kann nicht ausreichend geholfen werden	Start: 1. Juni	Leiter Hotline	Leiter Personal
1.3	Störanfälligkeit Produkte senken	3% aller Produkte weisen während der Garantiezeit Mängel auf	Maximal 1% aller Produkte weisen während der Garantiezeit Mängel auf	31. Dezember	Leiter Produktion	Leiter Einkauf, Leiter Entwicklung

Bild 43

reibungslose Zusammenarbeit aller Beteiligten wird erleichtert und gefördert.

> Halten Sie zu jedem Projektziel den Entstehungskontext fest, wie in Bild 43 gezeigt! So können Sie rechtzeitig die Reißleine ziehen, falls ein veränderter Kontext eine Zielanpassung erforderlich macht.

5.5 Leitfragen und Antworten zum Kapitel

Wieso bildet innerbetriebliche Kundenorientierung einen idealen Transmittor zur Umsetzung des Innovationsdrucks aus volatilen Märkten?
- Echte Kundenzufriedenheit entsteht durch *Begeisterungseigenschaften! Begeisterungseigenschaften* übertreffen die Erwartungen der Kunden: Sie setzen sich durch ein *Alleinstellungsmerkmal* von Angeboten der Wettbewerber ab. Kundenorientierung verlangt deshalb Innovation zur Kreation von Alleinstellungsmerkmalen – mit Nullachtfünfzehn-Leistungen können Kunden nicht überrascht werden!

- Für solch innovative Angebote sind die marktnahen Bereiche im Unternehmen auf Unterstützung durch die unternehmensinterne Dienstleistungskette angewiesen. Innerbetriebliche Kundenorientierung bildet den Schlüssel zur Umsetzung äußeren Innovationsdrucks. Werden alle internen Kunden bestens bedient, werden auch externe Kunden bestens bedient.

Wieso ist Schwarmintelligenz zur Schaffung von Begeisterungseigenschaften so überaus hilfreich?

- Es genügt nicht, Kunden nach ihren Wünschen zu fragen – *Begeisterungseigenschaften* sind durch ein Übertreffen der Kundenerwartungen charakterisiert. Erst wenn der Fokus auf die Problemstellung gelegt wird, die Kunden gelöst haben möchten, lassen sich *Begeisterungseigenschaften* kreieren. *Begeisterungseigenschaften* verlangen innovative Ansätze und Abkehr von gängigen Lösungen. Die Gesichtsfelderweiterung im Schwarm erleichtert das Auffinden von Begeisterungseigenschaften erheblich. Vernetzte Kompetenz ermöglicht kreative Lösungen, die einzelnen Spezialisten oder sehr homogenen Teams nicht zugänglich sind.

Wie lässt sich ein Mentalitätswechsel zu interner Kundenorientierung in klassisch geführten Unternehmen starten? Welche Führungsinstrumente können Sie einsetzen?

- Wo funktionales Denken vorherrscht, werden Funktionsroutinen und Prozesse unreflektiert angewandt, auch wenn sich Entstehungskontext und Kundenwünsche längst geändert haben. MitarbeiterInnen begreifen sich als Hüter der Regeln, nicht als Diener ihrer Kunden. Ein Mentalitätswechsel ist deshalb unumgänglich.
- Mit einem *Kunden-Lieferanten-Diagramm* wird der Mentalitätswandel eingeleitet. Innerbetriebliche Kunden werden als solche benannt, ihre Erwartungen stichwortartig aufgelistet. Eine *Angebots-Nachfrage-Synchronisation* ersetzt innerbetrieblich Markt und Wettbewerb. So wird der erforderliche Innovationsdruck erzeugt, um auch innerbetriebliche Kunden durch Begeisterungseigenschaften zu überraschen. Servicelevel-Vereinbarungen bereiten den Bedarf innerbetrieblicher Kunden in Form von Leistungs- und Effizienzzielen für alle MitarbeiterInnen auf.

Wie läuft die *Angebots-Nachfrage-Synchronisation* ab? Wie können Hindernisse überwunden werden?

- Innerbetriebliche Nachfrager formulieren ihre Erwartungen an die Anbieter. Anbieter listen ihrerseits im Erstentwurf der

Servicelevel-Vereinbarungen alle geplanten Leistungen auf. Durch Vergleich beider Positionen lässt sich das Angebot bedarfsgerecht ausrichten.

- Scheitert die *Angebots-Nachfrage-Synchronisation* im ersten Anlauf an unterschiedlichen Positionen, gilt das *Primat des Kunden*. Das Primat des Kunden bedeutet nicht automatisch, dass die Erwartungen der Nachfrager ohne Wenn und Aber erfüllt werden – manchmal stehen den Wünschen *objektive Hindernisse* wie gesetzliche Vorschriften oder Ressourcenrestriktionen entgegen. Innerbetriebliche Kundenorientierung manifestiert sich in diesen Fällen als intensive Suche nach einer Alternativlösung, die dem vom Kunden angestrebten Ergebnis wirtschaftlich so nahe wie möglich kommt. Bei dieser Suche ist Talentvernetzung durch Schwarmintelligenz erneut äußerst hilfreich.

- Bei klassischer Führung wird in Konfliktfällen mit innerbetrieblichen Leistungsempfängern oft alles unterlassen, was unterlassen werden kann. Bei Führung durch Schwarmintelligenz wird im Interesse des internen Kunden alles unternommen, was irgendwie im Bereich des Möglichen liegt.

Inwiefern schließt *Kundenorientierung Effizienzverantwortung* ein? Welche Funktionen übernehmen *Effizienzziele* im Einzelnen?

- Kunden erwarten neben begeisternden Produkten ein attraktives Preis-Leistungs-Verhältnis. *Ergebnisverantwortung* für Kunden-Leistungspakete definiert die *minimale* Handlungsfreiheit für MitarbeiterInnen: Kundengerechte Ergebnisse werden selbst unter widrigen Umständen erwartet.

- *Effizienzziele* legen demgegenüber die *Obergrenze* der Handlungsfreiheit fest: Kundenleistungen, die nur unter Verletzung von Effizienzzielen erbracht werden könnten, liegen nicht mehr im Ermessen der Beschäftigten. *Effizienzverantwortung* wirkt als effektive Kostenbremse.

- Neben ihrer Funktion als Kostenbremse dienen Effizienzziele der Erhöhung der Arbeitsproduktivität. Unter dem Stichwort „*Intelligenter Arbeiten*" zwingen richtig gesetzte Effizienzziele MitarbeiterInnen, ihre Arbeit optimal zu organisieren, Hilfsmittel effektiv einzusetzen, überflüssige Verwaltungsaktivitäten zu streichen und die eigene Arbeitszeit möglichst produktiv zu verwenden. Die Suche nach innovativen Wegen zur Produktivitätssteigerung wird *Kernaufgabe* aller MitarbeiterInnen.

Wie können Führungskräfte Unternehmensziele und strategischen Innovationsdruck sattelfest in einen für MitarbeiterInnen verständlichen *Ver-*

haltenskodex einbringen, so dass automatisch Delta-Plus-Effekte generiert werden?

- *Geschäftsmodell und Unternehmensleitziele* bestimmen nicht nur Wettbewerbsstrategie und Produktportfolio. Sie setzen zugleich den Rahmen für die Servicelevel-Vereinbarungen. Ein *10-Zeilen-Geschäftsmodell* hilft MitarbeiterInnen, die grundsätzliche Unternehmensausrichtung zu begreifen. Durch eine *Gap-Analyse* können *Erfolgswirksame Schlüsselfaktoren* identifiziert und Defizite bei ihrer Umsetzung aufgedeckt werden. Die Gap-Analyse zeigt den strategischen Innovationsbedarf im Unternehmen in allgemein verständlicher Form.

- Alle wesentlichen Unternehmensziele können durch *Kausalkettenbildung* bis auf die Ebene von *Ergebniszielen für* Servicelevel-Vereinbarungen heruntergebrochen werden. *Zielkarten* helfen bei der praktischen Umsetzung. Bei konsequentem Einsatz der Kausalkettenbildung entsteht eine konsistente *Zielpyramide* im Unternehmen. Eine solche Zielpyramide gewährleistet, dass alle Servicelevel die gewünschten Delta-Plus-Effekte automatisch in sich tragen.

6 Fehlerprävention durch das 4-Stufen-Kompetenz-Modell

6.1 Funktionalität durch Regulative

Wo Schwarmintelligenz *schöpferische Unruhe* hervorruft, kann nicht alles beim Alten bleiben. Wer Neues erprobt, weicht von Altbewährtem ab. Ohne Infragestellen bestehender Funktionsroutinen und eingespielter Regeln entsteht keine Innovation. *Erweiterte Handlungsspielräume* für MitarbeiterInnen, die groß genug für Versuch und Irrtum sind, bilden das Lebenselixier für Schwarmintelligenz und Delta-Plus-Effekte.

Entrepreneurship nicht abwürgen

Innovationsspielräume bergen neben ihren Vorzügen auch Risiken. Wenn MitarbeiterInnen Anforderungen interner Kunden falsch interpretieren oder die Konsequenzen ihres Handelns nicht richtig abschätzen können, schaukeln sich leicht *Delta-Minus-Effekte* auf. Wir sind zurück bei der Gretchenfrage der Schwarmintelligenz: Wie können Führungskräfte eine *Dysfunktionalitätssperre* errichten? Wie können sie sicherstellen, dass ihre MitarbeiterInnen Innovationsspielräume im Sinne des Unternehmens nutzen? Wie lassen sich Fehlentscheidungen und Fehlinnovationen vermeiden?

Die klassische Antwort auf Fehlerrisiken besteht in *feinmaschiger Kontrolle*, die jede Zielabweichung frühzeitig aufdeckt. Doch rigide Kontrolle verträgt sich schlecht mit Schwarmintelligenz, da sie die erforderlichen Freiheitsgrade beschneidet. Wo Führungskräfte allen Abweichungen vom bisherigen Regelwerk akribisch nachspüren und von MitarbeiterInnen Rechtfertigung für jede Kleinständerung verlangen, kann *Entrepreneurship* nicht entstehen! Der Einsatz von Schwarmintelligenz erfordert deshalb eine alternative Funktionalitätssicherung.

> Wenn Sie per Schwarmintelligenz führen wollen, verabschieden Sie sich komplett vom Konzept umfassender Kontrolle! Es gibt kein wirkungsvolleres Rezept, das zarte Pflänzchen aufkommender Mitarbeiter-*Entrepreneurship* wieder abzuwürgen, als rigiden Rechtfertigungsdruck für alles Neue.

Hinzu kommt, dass strikte Kontrolle aller Abweichungen MitarbeiterInnen aus der Verantwortung für das Erreichen vereinbarter Servicelevel de facto wieder entlässt. Wie sollen MitarbeiterInnen Leistungslevel verbessern, wenn sie von bisherigen Standards nicht abweichen dürfen? Das Beharren auf reiner Ausführungsverantwortung für MitarbeiterInnen und die Vereinbarung leistungsstarker Servicelevel schließen einander definitiv aus!

Alternative Schutzschirme

Natürlich können Führungskräfte Risikofaktoren nicht einfach ignorieren. Aber Führung durch Schwarmintelligenz erfordert einen alternativen Schutzschirm. Gesucht ist ein intelligentes Verfahren, das eine wirksame Dysfunktionalitätssperre errichtet, ohne den Innovations- und Handlungsspielraum für MitarbeiterInnen unangemessen zu beschneiden.

Als Alternative zu rigider Kontrolle kann Führung durch Schwarmintelligenz auf eine *Kompatibilitätsprüfung durch Regulative* setzen, wie Bild 44

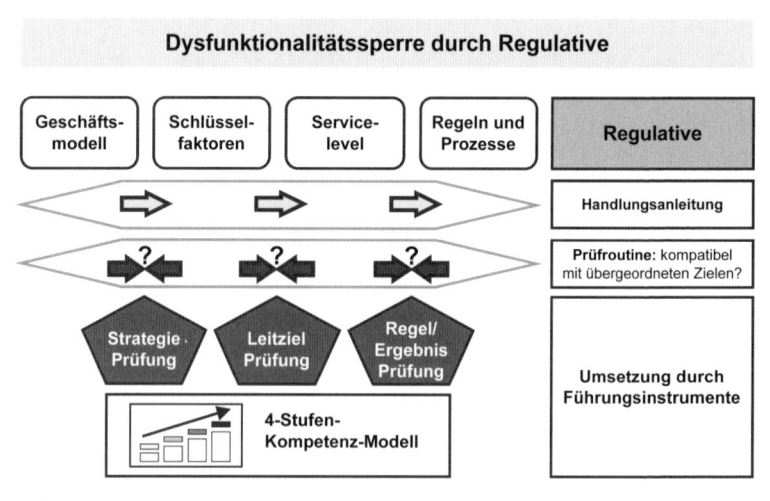

Bild 44

zeigt. Tatsächlich haben wir bereits eine Reihe von Regulativen wie *Geschäftsmodell*, *Leitziele* und vor allem Servicelevel-Vereinbarungen kennen gelernt, mit denen Unternehmen die Handlungsfreiheit von Beschäftigten steuern und in die richtigen Bahnen lenken. Die Regulative sind Bestandteile der indirekten Zieltranskription und bilden einen wasserdichten Verhaltenskodex zur Erzeugung von Delta-Plus-Effekten.

Servicelevel als Regulativ

Regeln und Prozesse bilden selbst bei Führung durch Schwarmintelligenz eine feste Orientierungsgröße. Dies ist keine unvernünftige Taktik: Wie gezeigt, sind Regeln und Prozesse evolutionär aus Verhaltensweisen entstanden, die sich in der Vergangenheit bestens bewährt haben. Erst schnelllebige Märkte erfordern Eingriffe.

Der Verhaltenskodex bei Führung durch Schwarmintelligenz sieht vor, Regeln und Prozesse strikt einzuhalten, solange sie Kunden- und Effizienzzielen entsprechen. Insofern bilden vereinbarte Servicelevel das erste Regulativ für Funktionsroutinen und Prozesse: MitarbeiterInnen können – genauer gesagt sind sie im Rahmen von *Entrepreneurship* sogar dazu verpflichtet – prüfen, ob Regeln und Prozesse mit den Zielen ihrer Servicelevel-Vereinbarungen kompatibel sind. Die *Regel/Ergebnis-Kompatibilitätsprüfung* steuert die Handlungsfreiheit: Zielführende Regelabweichungen werden zugelassen, nicht zielführende Abweichungen bleiben auch bei Führung durch Schwarmintelligenz tabu.

Servicelevel-Vereinbarungen bilden also ein erstes wirkungsvolles Instrument zur Risikokontrolle. Wurden Servicelevel durch *Kausalkettenbildung* aus den Leitlinien des Unternehmens korrekt abgeleitet, so sind Verhaltensweisen, welche den Werten oder der Geschäftspolitik – also Strategie und Leitzielen – des Unternehmens widersprechen, praktisch ausgeschlossen. Selbst große Führungsspannen (Lean Management) führen nicht zu einer Erhöhung des Fehlerrisikos.

Regulative höherer Ordnung

In Fällen, in denen sich aus Servicelevel-Vereinbarungen keine geeigneten Handlungsmuster ableiten lassen, können MitarbeiterInnen auf Regulative höherer Ordnung wie *erfolgswirksame Schlüsselfaktoren* oder das *Geschäftsmodell* selbst zurückgreifen. Auch wenn Regulative höherer Ordnung vergleichsweise abstrakte Werte beschreiben, liefern sie doch Anhaltspunkte für ein geeignetes Vorgehen, wenn konkrete Verhaltensrichtlinien fehlen.

Innovationen, die inkompatibel zu übergeordneten Regulativen sind, sind auch bei Führung durch Schwarmintelligenz nicht zulässig. Innovationen bleiben so in einem sinnvollen Rahmen. Einerseits ist Funktionalität gewährleistet, andererseits werden Geschäfts- und Kundenziele höher gewichtet als bürokratische Regeln und Prozesse.

Die entscheidende Voraussetzung für das Funktionieren dieses Sicherheitskonzepts liegt in einer ausreichenden Kompetenz aller MitarbeiterInnen, eine Kompatibilitätsprüfung mit den Regulativen zuverlässig vornehmen zu können.

6.2 Das 4-Stufen-Kompetenz-Modell

Das vom Autor entwickelte *4-Stufen-Kompetenz-Modell* knüpft Freiheitsgrade von Schwarmmitgliedern an die alles entscheidende Bedingung: MitarbeiterInnen können dann und nur dann von bestehenden Regelungen und Funktionsroutinen abweichen, wenn sie in der Lage sind, selbstständig die Kompatibilität ihres Handelns mit den einschlägigen Regulativen zu prüfen. Durch diese Abhängigkeit wird die Dysfunktionalitätssperre vervollständigt.

Kompetenz zur Kompatibilitätsprüfung

Mit dem *4-Stufen-Kompetenz-Modell* wird das *Subsidiaritätsprinzip* zur Definition des Handlungsfreiraums von MitarbeiterInnen präzisiert. Entscheidungen, so besagt das Subsidiaritätsprinzip, werden auf der niedrigsten möglichen Betriebsebene getroffen. Die unterste Betriebsebene „Schwarm" ist immer dann möglich, wenn die Kompetenz der Schwarmmitglieder zur Kompatibilitätsprüfung mit Regulativen ausreicht.

Umgekehrt gilt: Entsprechen die Kompetenzen von MitarbeiterInnen (noch) nicht diesen Anforderungen, dürfen Führungskräfte ihnen ein selbstständiges Abweichen von bestehenden Regeln auf keinen Fall gestatten! Bei fehlender Kompetenz reduziert sich die Mitarbeiter-Handlungsfreiheit auf die klassische, pure Ausführungsverantwortung.

> **!** Setzen Sie als Führungskraft die Kompetenz Ihrer MitarbeiterInnen zur Kompatibilitätsprüfung auf keinen Fall stillschweigend voraus! Wenn MitarbeiterInnen aus klassischen Arbeitskulturen kommen, muss die Fähigkeit, Kunden- und Effizienzerfordernisse richtig zu beurteilen, erst entwickelt werden.

Schritt für Schritt zur Leistungskompetenz

„Zu viele Vorschriften lassen das Gehirn verkümmern", hat einmal ein kluger Kopf gesagt. MitarbeiterInnen, die bisher eine strikt geregelte Arbeitsumgebung gewöhnt waren, müssen sich erst darin zurechtfinden, selbstständig zu arbeiten und eigene Entscheidungen zu treffen. Diese Umstellung geht nicht von heute auf morgen, sondern nur Schritt für Schritt.

Im Zuge dieses Prozesses können MitarbeiterInnen mit ähnlichen Funktionen zumindest vorübergehend unterschiedlich große Handlungsspielräume besitzen, die unterschiedliche Kompetenzstufen widerspiegeln. Der für MitarbeiterInnen nach dem *Subsidiaritätsprinzip* maximal denkbare Handlungsspielraum sollte erst eingeräumt werden, wenn alle erforderlichen Leistungskompetenzen erworben wurden. Dieses Vorgehen ermöglicht einehocheffiziente Fehlerprävention und begrenzt das Risiko unbeabsichtigter *Delta-Minus-Effekte* erheblich.

Das 4-Stufen-Kompetenz-Modell

Zur Steuerung von Handlungsfreiräumen und Entwicklungsprozessen steht Führungskräften und MitarbeiterInnen das *4-Stufen-Kompetenz-Modell* zur Verfügung. MitarbeiterInnen werden einer von 4 möglichen Kompetenzstufen zugeordnet.

> **!** Das *4-Stufen-Kompetenz-Modell* gewährleistet, dass Handlungsspielraum und Kompetenz zur Kompatibilitätsprüfung durch MitarbeiterInnen stets in Einklang zueinander stehen. Das Fehlerrisiko ist minimiert, eine wirkungsvolle Dysfunktionalitätssperre ist errichtet. Für MitarbeiterInnen der unteren Kompetenzstufen besteht zugleich die klare Ansage, ihr Leistungsvermögen weiterzuentwickeln.

Die 4 Kompetenzstufen lauten: *„Regeln anwenden", „Leistungsstörungen erkennen", „Lösungen vorschlagen"* und *„Entscheidungen eigenständig treffen".* Mit Erklimmen jeder zusätzlichen Stufe steigt der Handlungsspielraum von MitarbeiterInnen (Bild 45).

Die Kompetenzstufen sind additiv zu verstehen: Die in einer Stufe erforderliche Kompetenz schließt alle Anforderungen der niedrigeren Stufen automatisch ein. MitarbeiterInnen in der dritten Kompetenzstufe müssen also das Know-how der ersten beiden Kompetenzstufen perfekt beherrschen.

4-Stufen-Kompetenz-Modell

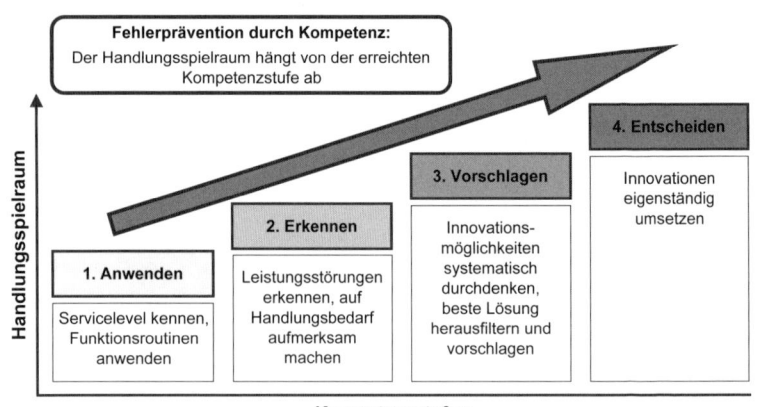

Fehlerprävention durch Kompetenz: Der Handlungsspielraum hängt von der erreichten Kompetenzstufe ab

Handlungsspielraum ↑

- **1. Anwenden** – Servicelevel kennen, Funktionsroutinen anwenden
- **2. Erkennen** – Leistungsstörungen erkennen, auf Handlungsbedarf aufmerksam machen
- **3. Vorschlagen** – Innovationsmöglichkeiten systematisch durchdenken, beste Lösung herausfiltern und vorschlagen
- **4. Entscheiden** – Innovationen eigenständig umsetzen

Kompetenzstufen

Bild 45

Stufe 1: Regeln anwenden

Die erste Stufe umfasst grundsätzliche Kenntnisse über Unternehmen, Kunden und Arbeitsumfeld sowie die sachgerechte Anwendung bestehender Regeln. MitarbeiterInnen in der ersten Stufe kennen die Abläufe ihres Arbeitsbereichs und sind mit den Serviceleveln, für die sie mitverantwortlich sind, vertraut. Sie können Prozesse und Verfahrensregeln ihres Arbeitsplatzes anwenden. Auch die Kenntnis von Geschäftsmodell und Leitzielen des Unternehmens gehört – zumindest in Grundzügen – zum Kompetenzumfang der ersten Stufe.

Der Handlungsspielraum in der ersten Stufe umfasst die Ausführung vordefinierter Arbeitsschritte und die Anwendung bestehender Regeln. Das selbstständige Abweichen von diesen Regeln ist unzulässig. Kompetenz und Handlungsspielraum von MitarbeiterInnen der ersten Stufe entsprechen – mit Ausnahme der Kenntnis der Servicelevel-Vereinbarungen – weitgehend den Erwartungen, die in der klassischen Arbeitskultur an Beschäftigte gestellt werden. Schwarmintelligenz kann sich nicht entfalten.

Stufe 2: Leistungsstörungen erkennen

Die Nutzung von Schwarmintelligenz gelingt nur, wenn sich MitarbeiterInnen bis in die höheren Kompetenzstufen weiterentwickeln. Die zweite Kompetenzstufe stößt die Tür zu *Entrepreneurship* auf und verlangt von MitarbeiterInnen, dass sie Leistungsstörungen erkennen. Immer wenn Leistungen von vereinbarten Serviceleveln abweichen oder dem Bedarf interner oder externer Kunden nicht voll entsprechen, sind die Beschäftigten der zweiten Kompetenzstufe gehalten, kompetentere KollegInnen oder Vorgesetzte zu alarmieren. Dasselbe gilt, wenn ineffiziente Arbeitsweisen entdeckt werden oder sonstige Fehlleistungen drohen.

Der Handlungsspielraum in der zweiten Kompetenzstufe ist noch relativ gering. Er beschränkt sich darauf, einen laufenden Arbeitsvorgang vorübergehend zu unterbrechen, um eine Weisung einzuholen.

Stufe 3: Lösungen vorschlagen

Eigenständig Lösungsvorschläge erarbeiten – so buchstabiert sich die erwartete Kompetenz in der dritten Stufe. Selbstverständlich kann auch jeder Beschäftigte aus den Kompetenzstufen 1 und 2 Innovationsvorschläge vorbringen. Die in Stufe 3 erwartete Kompetenz umfasst allerdings mehr als die Begabung, ab und zu gute Einfälle zu haben.

Erwartet wird die Fähigkeit, Lösungen für ein Problem oder eine Leistungsstörung *systematisch* durchdenken zu können. MitarbeiterInnen in der Kompetenzstufe 3 sind in der Lage, alle in Frage kommenden Lösungsmöglichkeiten aufzulisten, die Alternativen zu bewerten und den im Sinne des Unternehmens besten Lösungsweg zu identifizieren.

Der Zwang, zunächst alle denkbaren Lösungswege aufzulisten, verhindert, dass sich MitarbeiterInnen vorschnell für eine – häufig konventionelle – Lösung entscheiden und erfolgversprechendere Wege übersehen. Spontane Ideen sind nützlich und erwünscht, aber sie dürfen nicht im Vorhinein den Blick für andere, möglicherweise geeignetere Lösungen verstellen.

Der Entscheidungsspielraum in Stufe 3 umfasst, innovative Lösungen entscheidungs- und anwendungsreif vorzubereiten. Diese können jedoch nicht aus eigener Entscheidungsmacht umgesetzt werden. Dafür bedarf es nach wie vor der Zustimmung der Führungskraft.

Stufe 4: Entscheidungen eigenständig treffen

Erst MitarbeiterInnen der Kompetenzstufe 4 besitzen die Befugnis, die gefundenen Lösungen eigenständig umzusetzen. Darin liegt der einzige Unterschied zur Kompetenzstufe 3. MitarbeiterInnen der Kompetenzstufe 4 haben in der Vergangenheit mehrfach bewiesen, die Kompetenzstufe 3 perfekt zu beherrschen, also Probleme richtig zu erkennen und die optimale Lösung kreieren zu können.

Der Handlungsspielraum der Kompetenzstufe 4 kann unterschiedlich weit gefasst werden. MitarbeiterInnen können über Ausnahmen entscheiden oder Änderungen an bestehenden Regeln oder Verfahren vornehmen. Zur Einschränkung der Entscheidungsfreiheit können beispielsweise finanzielle Grenzen gezogen oder zustimmungspflichtige Grundsatzänderungen im Vorhinein festgelegt werden – Servicelevel-Vereinbarungen halten zur Feinsteuerung des Verantwortungsumfangs die Rubrik „Entscheidungsfreiräume" vor.

Karrierestufen für MitarbeiterInnen

Werden die Grenzen der Entscheidungsfreiheit in Kompetenzstufe 4 sehr weit gefasst, geht der Handlungsfreiraum nahtlos in den Spielraum über, den untere Führungskräfte (zum Beispiel Gruppenleiter) im klassischen Führungsmodell typischerweise besitzen. Das 4-Stufen-Kompetenz-Modell beschreibt insofern gleichzeitig eine Karriereentwicklung für MitarbeiterInnen.

Im Allgemeinen lassen sich die Stufen 1 und 2 von MitarbeiterInnen relativ schnell erklimmen. Die systematische Erarbeitung und Bewertung von Lösungen in der Kompetenzstufe 3 erfordert hingegen umfangreiches Know-how und häufig auch längerfristige Berufserfahrung. Gehobene Sachbearbeiterfunktionen erfordern unter Umständen schon zu Beginn die Kompetenzstufe 2 oder 3.

Mitarbeitergespräch zur Kompetenzeinstufung

Die Kompetenzeinstufung der MitarbeiterInnen erfolgt am besten im Rahmen eines Mitarbeitergesprächs. Die Einstufung sollte soweit wie möglich auf *beobachtbarem Verhalten* beruhen. Unter dem Aspekt der Risikominimierung ist es nicht ausreichend, wenn Vorgesetzte ihren MitarbeiterInnen lediglich zutrauen, den Anforderungen einer bestimmten Kompetenzstufe gewachsen zu sein.

Die Kriterien des 4-Stufen-Kompetenz-Modells zur Einstufung sind notwendigerweise abstrakt. Bei der Einstufung von MitarbeiterInnen geht es jedoch um konkrete, auf ihre jeweiligen Aufgaben bezogene Anforderungen. Die im Modell angesprochenen Kernkompetenzen müssen deshalb im Gespräch *operationalisiert* werden. Ein Gespräch zur Kompetenzeinstufung ist gut geführt, wenn MitarbeiterInnen es mit einem konkreten Katalog von Kompetenzen und Verhaltensmustern verlassen, die sie bis zum nächsten Mitarbeitergespräch erwerben sollten.

! Gehen Sie als Führungskraft bei der Kompetenzentwicklung Ihrer MitarbeiterInnen Schritt für Schritt vor! Das Entwicklungsprogramm sollte MitarbeiterInnen ermutigen, aber nicht überfordern. Der Glaube an die Machbarkeit versetzt auch hier Berge. Größere Entwicklungssprünge benötigen Zeit.

Schwarmintelligenz und Kompetenzstufe

In Kompetenzstufe 1 kann sich Schwarmintelligenz mangels Freiheitsgraden nicht entfalten. Stufe 2 definiert die Eintrittsschwelle für Schwarmeffekte. Stufe 3 enthält alle theoretischen Freiheiten, die zur Entfaltung von Schwarmintelligenz erforderlich sind. Lediglich eine Umsetzung der Schwarmlösungen ist ohne Einholen einer Genehmigung nicht möglich.

Am besten funktioniert Schwarmintelligenz in Stufe 4. Dem Schwarm steht ein klar abgegrenzter eigener Entscheidungsspielraum zur Verfügung. Innerhalb dieser Freiheitsgrade kann sich Schwarmintelligenz ungehemmt entfalten.

Führungskräfte sollten klar kommunizieren, dass im Rahmen der Führung durch Schwarmintelligenz von allen MitarbeiterInnen der unteren Kompetenzstufen eine kontinuierliche Weiterentwicklung erwartet wird. Wie Bild 46 verdeutlicht, kann als zusätzlicher Anreiz zur Weiterentwicklung das Grundentgelt (Lohn oder Gehalt) an die erreichte Kompetenzstufe gekoppelt werden.

Kompetenzabhängiges Grundentgelt

Kompetenzen sind dauerhaft verfügbare Fähigkeiten, die unabhängig von einer konkreten Aufgabenstellung oder einem momentanen Leistungsziel bestehen. Ein sachgerechter Anreiz zur Kompetenzerweiterung sollte deshalb in der langfristigen Entgeltkomponente, dem *Grundentgelt*, berücksichtigt werden.

Kompetenzabhängiges Grundentgelt setzt sich aus zwei Komponenten zusammen: Die erste Komponente reflektiert die rein funktionsbezogenen Anforderungen, die idealerweise über eine *Positionsbewertung* gemessen werden. Auch bei Führung durch Schwarmintelligenz wird der einfache Sachbearbeiter anders bezahlt als der technisch versierte Spezialist. Die zweite, kompetenzabhängige Entgeltkomponente richtet sich nach der im 4-Stufen-Kompetenz-Modell erreichten Kompetenzstufe.

Als Kombination beider Komponenten spiegelt das Grundentgelt die *Leistungsfähigkeit* und damit den *Wertschöpfungsbeitrag* wider, der im Arbeitsalltag von einem Mitarbeiter im Durchschnitt erwartet werden kann. Zugleich wird ein unübersehbarer Anreiz geschaffen, die eigenen Kompetenzen im jeweils erforderlichen Umfang weiterzuentwickeln.

Klassische und kompetenzabhängige Entgeltgruppen

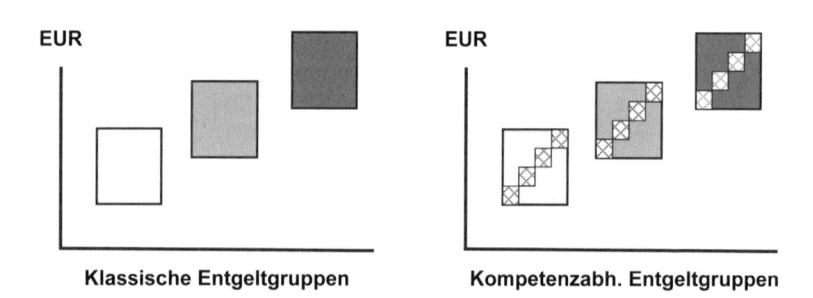

EUR   EUR

Klassische Entgeltgruppen   Kompetenzabh. Entgeltgruppen

Die Entgeltgruppen entstehen aus einer Positionsbewertung, die Kompetenzeinstufung erfolgt nach Maßgabe des 4-Stufen-Kompetenz-Modells

Bild 46

6.3 Per Dialog führen

Schwarmintelligenz bringt eine Aufgabenverschiebung mit sich: MitarbeiterInnen übernehmen Ergebnisverantwortung und entscheiden selbstständig über Maßnahmen bei Leistungsstörungen. Das funktioniert nur reibungslos, wenn Führungskräfte sich sehr viel intensiver mit ihren MitarbeiterInnen auseinandersetzen, als das in klassischer Arbeitskultur üblich ist. Zum Ausgleich werden Führungskräfte im Tagesgeschäft entlastet.

Mitarbeiter-Kompetenzen entwickeln

Führen durch Schwarmintelligenz stellt hohe Anforderungen an Führungskräfte. Während ihre Kollegen aus klassischen Führungskulturen einfach Anweisungen erteilen und bei Nichtbefolgung mit Sanktionen drohen, kommt einem fundierten Knowledge-Management bei Führung durch Schwarmintelligenz eine vergleichsweise hohe Bedeutung zu.

Knowledge-Management nach Kompetenzstufen

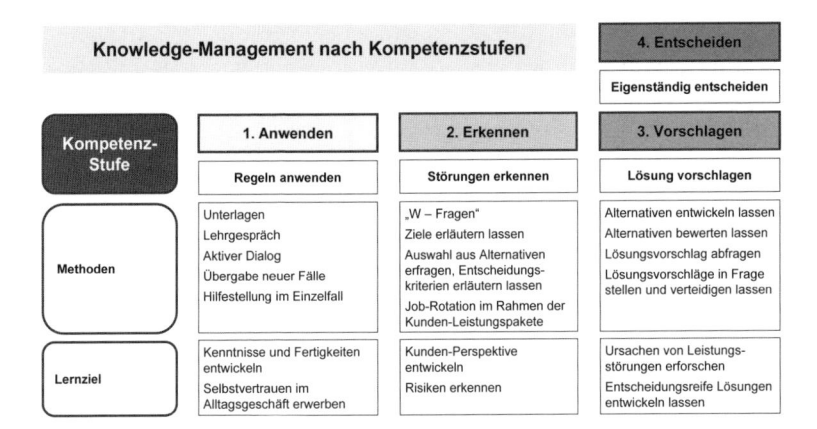

Kompetenz-Stufe	1. Anwenden	2. Erkennen	3. Vorschlagen	4. Entscheiden
	Regeln anwenden	Störungen erkennen	Lösung vorschlagen	Eigenständig entscheiden
Methoden	Unterlagen Lehrgespräch Aktiver Dialog Übergabe neuer Fälle Hilfestellung im Einzelfall	„W – Fragen" Ziele erläutern lassen Auswahl aus Alternativen erfragen, Entscheidungskriterien erläutern lassen Job-Rotation im Rahmen der Kunden-Leistungspakete	Alternativen entwickeln lassen Alternativen bewerten lassen Lösungsvorschlag abfragen Lösungsvorschläge in Frage stellen und verteidigen lassen	
Lernziel	Kenntnisse und Fertigkeiten entwickeln Selbstvertrauen im Alltagsgeschäft erwerben	Kunden-Perspektive entwickeln Risiken erkennen	Ursachen von Leistungsstörungen erforschen Entscheidungsreife Lösungen entwickeln lassen	

Bild 47

Jeder Entwicklungsansatz sollte MitarbeiterInnen auf dem Kompetenzniveau abholen, auf dem sie sich momentan befinden. Bild 47 zeigt, welche Lehr- und Lernmethoden den einzelnen Kompetenzstufen adäquat sind.

So weit es um den Erwerb von Fachkenntnissen und um Kenntnis von Regeln und betriebsinternen Prozessen geht, sind die klassischen Formen des Lernens weiterhin angemessen. Informieren, vortragen, Unterlagen studieren, zusehen, Learning by Doing – all diese bekannten Methoden des Knowledge-Managements kommen auch bei Führung durch Schwarmintelligenz in Betracht.

Neue Lehr- und Lernmethoden erforderlich

Um die Leistungskompetenz von MitarbeiterInnen auf die Kompetenzstufen 2 bis 4 weiterzuentwickeln, sind diese Lehr- und Lernmethoden jedoch nur bedingt geeignet. Zur Förderung der Kernkompetenzen für Schwarmintelligenz – kundenorientiertes Denken, effizientes Handeln, Erkennen von Leistungsstörungen – sind Techniken gefragt, die speziell auf Eigeninitiative und Entscheidungsfähigkeit von MitarbeiterInnen abzielen.

Diese Fähigkeiten können nur durch *Coaching* und *Dialog* mit MitarbeiterInnen entwickelt werden. Nur im Dialog können Führungskräfte die Gedankengänge ihrer MitarbeiterInnen nachvollziehen und in die richtigen Bahnen lenken. Deshalb bildet Dialog im Rahmen der Führung durch Schwarmintelligenz die Führungstechnik Nummer 1.

„Per Dialog Führen" will vorbereitet sein. In der traditionellen Arbeitskultur sind MitarbeiterInnen eher an Anweisungen gewöhnt als an Dialog. MitarbeiterInnen wird gesagt, wie sie etwas tun sollen. Konsequenz: MitarbeiterInnen erledigen die Dinge auf die vorgeschriebene Weise, ohne groß über ihre Arbeitsweise nachzudenken.

Der Sprung zur Führung durch Schwarmintelligenz könnte nicht größer sein! MitarbeiterInnen müssen lernen, mitzudenken und zu begründen. Vorgesetzte müssen lernen, zuzuhören und die Argumente ihrer MitarbeiterInnen ernst zu nehmen.

Wechelseitiges Vertrauen als Schlüssel

„Per Dialog Führen" bedeutet eine intensive Auseinandersetzung mit der Gedankenwelt der MitarbeiterInnen. Nur durch intensives Training lässt sich sicherstellen, dass MitarbeiterInnen Leitziele, Werte und Kundenanforderungen so geläufig sind, dass sie selbstständig die richtigen Entscheidungen fällen können.

Zum Start des Dialogs müssen Führungskräfte dafür sorgen, dass MitarbeiterInnen ihnen ihre Gedankenwelt tatsächlich öffnen. Zu dieser Öffnung existiert nur ein einziger Schlüssel: *wechselseitiges Vertrauen*. Wo Vertrauen fehlt, offenbaren MitarbeiterInnen Führungskräften ihre Gedankenwelt nicht.

Die Macht der Fragen

Ein wichtiger Eckpfeiler der Technik „Per Dialog Führen" besteht im gezielten Fragen. Wenn Führungskräfte die richtigen Fragen stellen, können sie die Motive ihrer MitarbeiterInnen gut erforschen und neue Einsichten anstoßen. Führungskräfte erhalten tiefe Einsichten in die Gedankenwelt von MitarbeiterInnen und können innovatives Denken gezielt fördern.

MitarbeiterInnen üben im Dialog, Lösungen auf ihre Vor- und Nachteile hin abzuklopfen und die richtigen Kriterien zur Kompatibilitätsprüfung mit übergeordneten Regularien zu finden. Ihr Geschäftssinn wird entwickelt. Die Treffsicherheit ihrer Entscheidungen wächst mit jedem Mitarbeitergespräch.

Bild 48 zeigt beispielhaft die Macht der Fragen. Grundlage ist die in zahlreichen Kommunikations- und Führungstrainings behandelte „W-Frage".

„W-Fragen" sind offene Fragen, die nicht mit „Ja" oder „Nein" zu beantworten sind. Durch offene Fragen sind MitarbeiterInnen gezwungen, nachzudenken und Argumente vorzubringen. Mit dieser Führungstech-

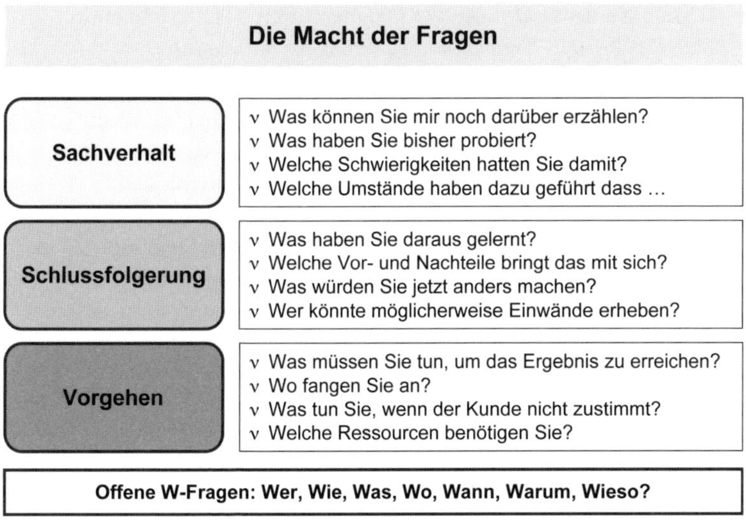

Die Macht der Fragen

Sachverhalt	ν Was können Sie mir noch darüber erzählen? ν Was haben Sie bisher probiert? ν Welche Schwierigkeiten hatten Sie damit? ν Welche Umstände haben dazu geführt dass ...
Schlussfolgerung	ν Was haben Sie daraus gelernt? ν Welche Vor- und Nachteile bringt das mit sich? ν Was würden Sie jetzt anders machen? ν Wer könnte möglicherweise Einwände erheben?
Vorgehen	ν Was müssen Sie tun, um das Ergebnis zu erreichen? ν Wo fangen Sie an? ν Was tun Sie, wenn der Kunde nicht zustimmt? ν Welche Ressourcen benötigen Sie?

Offene W-Fragen: Wer, Wie, Was, Wo, Wann, Warum, Wieso?

Bild 48

nik können Führungskräfte Mitarbeitergespräche gezielt in die gewünschte Richtung steuern.

> Lösen Sie als Führungskraft nicht die Probleme Ihrer MitarbeiterInnen! Wie sollen MitarbeiterInnen lernen, selbstständig zu entscheiden, wenn sie immer gesagt bekommen, was der Chef an ihrer Stelle täte? Qualifizieren Sie Ihre MitarbeiterInnen so, dass sie Probleme selbst lösen können!

6.4 Leitfragen und Antworten zum Kapitel

Welches Prinzip dient bei Führung durch Schwarmintelligenz der Fehlerprävention?

- Schwarmintelligenz erfordert Freiheitsgrade für Innovationen. Das damit verbunden Risiko: Durch erweiterte Handlungsspielräume können dysfunktionale Verhaltensweisen und unbeabsichtigt ausgelöste *Delta-Minus-Effekte* entstehen. Fehlerprävention tut Not! Rigide Kontrolle ist bei Führung durch Schwarmintelligenz kein Mittel der Wahl – Rechtfertigungsdruck für das Beschreiten neuer Wege lässt das zarte Pflänzchen Schwarmintelligenz schnell wieder verdorren. Vorzuziehen ist eine Fehlerprävention über das Prinzip *Kompatibilitätsprüfung durch Regulative*.

- Alles Handeln wird einer Kompatibilitätsprüfung mit Regulativen, also übergeordneten Zielen, unterzogen. Für Schwarmmitglieder bilden in erster Linie die vereinbarten Servicelevel das Regulativ, nachrangig auch Leitziele und Geschäftsmodell.

Regeln und Funktionsroutinen gelten auch bei Führung durch Schwarmintelligenz absolut, es sei denn, eine Regelanwendung steht Regulativen wie Kunden- oder Effizienzzielen entgegen. Durch dieses Prinzip wird Fehlerprävention erreicht, ohne dass bürokratische Funktionsroutinen die Leistungserstellung dominieren.

Was trägt das 4-Stufen-Kompetenz-Modell zur Fehlerprävention bei?

- Fehlerprävention durch Regulative setzt Mitarbeiterkompetenz zur *sachgerechten Kompatibilitätsprüfung* zwingend voraus. Das 4-Stufen-Kompetenz-Modell bringt Handlungsspielraum und Mitarbeiterkompetenz in Einklang. Das *Subsidiaritätsprinzip* definiert den maximalen Handlungsspielraum für MitarbeiterInnen. Über das 4-Stufen-Kompetenz-Modell wird dieser Handlungsspielraum Stück für Stück in Abhängigkeit von der erworbenen Kompetenzstufe eingeräumt.

- Die Fähigkeit zur Kompatibilitätsprüfung wird in 4 Stufen gemessen. In Stufe 1 reicht die Mitarbeiterkompetenz zur Kompatibilitätsprüfung nicht aus; es bestehen keinerlei Handlungsspielräume für Regelabweichungen. In Stufe 2 werden Leistungsdiskrepanzen zu vereinbarten Serviceleveln erkannt; bis zum Entscheid durch Vorgesetzte können laufende Arbeiten unterbrochen werden. Stufe 3 setzt die Fähigkeit voraus, Lösungsalternativen für auftretende Probleme systematisch zu erarbeiten und die optimale Alternative auszuwählen. In Stufe 4 kann die gewählte Alternative ganz oder teilweise in Eigenregie umgesetzt werden.

- Je höher die Kompetenzstufe der MitarbeiterInnen, desto leichter kann sich Schwarmintelligenz entfalten.

Wie können Führungskräfte die für Schwarmintelligenz notwendige Kompetenz ihrer MitarbeiterInnen fördern?

- Die Einstufung von MitarbeiterInnen in die zutreffende Kompetenzstufe erfolgt im Rahmen eines Mitarbeitergesprächs. *Knowledge-Management* zur Kompetenzentwicklung in die höheren Kompetenzstufen erfordert die intensive Auseinandersetzung mit der Gedankenwelt der MitarbeiterInnen. Klassische

Lernformen reichen hierzu nicht aus. Die Technik „Per Dialog Führen" eignet sich perfekt, über die *Macht der Fragen* Problemlösefähigkeiten von MitarbeiterInnen und eine sachgerechte Entscheidungsfindung zu trainieren.

6.4 Leitfragen und Antworten zum Kapitel

7 Selbststeuerung durch Ergebnisverantwortung

7.1 Gruppenidentität durch Kunden-Leistungspaket

Schwärme bilden Inseln gleichberechtigter Individuen innerhalb einer hierarchiegesteuerten Unternehmensorganisation. Die Hierarchie macht sich im Schwarm als *Ergebniserwartung* im Rahmen der *indirekten Zieltranskription* bemerkbar. Eingebaute *Freiheitsgrade* ermöglichen dem Schwarm die für Delta-Plus-Effekte nötige Selbststeuerung. Während die Selbststeuerung im Tierreich vergleichsweise harmonisch abläuft und den Schwarm zu einer Art *Superorganismus* zusammenschweißt, funktionieren menschliche Gruppen erfahrungsgemäß besser, wenn sie ein paar Spielregeln beachten. Ohne Spielregeln besteht die Gefahr, dass Rivalitäten, Abstimmungsprobleme und Konflikte die Schwarmeffekte belasten.

In wirtschaftlichen Organisationen beruhen Schwarmeffekte auf einer *Gesichtsfelderweiterung durch Kompetenzvernetzung*; mit ausgeklügelten Techniken zur Selbststeuerung findet der Schwarm von *kreativem Dissens* zum *einvernehmlichen Spitzenergebnis*.

Kunden-Leistungspakete als Nukleus der Schwarmbildung

Als erstes stellt sich die Frage, welche Individuen überhaupt zum Schwarm gehören. Schwärme, so hat uns die Bionik gezeigt, entstehen als Zweckgemeinschaft zur Erreichung eines gemeinsamen Ziels. Dieses Ziel, zum Beispiel die Abwehr von Fressfeinden, sorgt für Bildung und Zusammenhalt des Schwarms und stiftet Schwarmmitgliedern die erforderliche Gruppenidentität.

Im Unternehmen eignen sich in Servicelevel-Vereinbarungen definierte *Kunden-Leistungspakete* als Nukleus der Schwarmbildung. Die meisten

Schwärme im Unternehmen konstituieren sich zur Umsetzung dieser *Leistungspakete*. Die folgende Darstellung der Instrumente zur Umsetzung von Schwarmintelligenz bezieht sich schwerpunktmäßig auf diese Form des Schwarms. Aber auch temporäre Zweckgemeinschaften, beispielsweise in Form von Projektgruppen, können als Schwarm interagieren und Schwarmeffekte erzielen. Alle Instrumente lassen sich sinngemäß auf diese und auch auf andere Schwarmformen übertragen.

Kunden-Leistungspakete zählen im Einzelnen und kennzahlengestützt auf, welches Ergebnis ein Kunde vom Schwarm erwarten darf. Jedes *Kunden-Leistungspaket* definiert zugleich die Mitgliedschaft im Schwarm: Alle Funktionsträger, die zur Herstellung des *Kunden-Leistungspakets* erforderlich sind, gehören dem Schwarm an. Schwarmbildung erfolgt über eine *kollektive Ergebnisverantwortung* für Kundenleistungspakete. Die Schwarmmitglieder sind gemeinsam dafür verantwortlich, alle erforderlichen Maßnahmen zur effektiven Erstellung des *Kunden-Leistungspakets* zu ergreifen.

Kunden-Leistungspakete zerlegen

Bei einfachen Dienstleistungen wie dem zügigen Versand einer Bestellung bereitet der Rückgriff auf das Kunden-Leistungspaket keinerlei Schwierigkeiten. Anders bei komplexen, umfangreichen Leistungen. Denken Sie beispielsweise an den Bau eines Hauses. Aufgrund der zahlreichen Gewerke ist es sinnvoll, einzelne Bauabschnitte als selbstständige *Kunden-Leistungspakete* zu betrachten.

Das Fertigstellen des Fundaments, der Abschluss des Rohbaus, das Decken des Daches, der Einbau von Fenstern und Türen – all diese Aktionen können als selbstständige *Kunden-Leistungspakete* angesehen werden. Jeder dieser Bauabschnitte hat für den Kunden einen eigenständigen Wert. Der Kunde ist deshalb auch üblicherweise bereit, den Abschluss jeder dieser Arbeiten unabhängig von den anderen zu bezahlen.

Überschaubarkeit begrenzt Schwarmgröße

Vogelschwärme teilen sich auf, wenn die für Delta-Plus-Effekte optimale Größe überschritten wird. Das gleiche Prinzip kann im Unternehmen eine Zerlegung komplexer Leistungen in einzelne *Kunden-Leistungspakete* erforderlich machen. Wird das Leistungspaket überdimensioniert, wird die Leistungserstellung für das einzelne Schwarmmitglied zum schwarzen Loch. Der Überblick über die erforderlichen Schritte zur Leistungserstellung fehlt, Kommunikationsstrukturen werden unüberschaubar. Interaktion findet nicht mehr im gesamten Schwarm, sondern lediglich bruchstückhaft zwischen einzelnen Schwarmteilen statt.

Wo Schwarmmitglieder den Entstehungsprozess nicht vollständig überblicken und sich nicht richtig austauschen können, werden sich anbahnende Probleme und Störfälle nicht oder zu spät erkannt. Abhilfe fällt aufgrund der undurchschaubaren Situation schwer. Die Auswirkungen von Innovationen im Arbeitsablauf oder zur Produktverbesserung werden vom Schwarm nicht mehr voll überblickt, unbeabsichtigte *Delta-Minus-Effekte* drohen.

Unter solchen Umständen kann der Schwarm seiner *Ergebnisverantwortung* in der Praxis nicht nachkommen. MitarbeiterInnen wird es de facto unmöglich, eine zugesagte Leistung zu garantieren. Komplexe Leistungen für Kunden sollten deshalb in einzelne, überschaubare Pakete *aufgespalten* werden. Um diese *Kunden-Leistungspakete* herum konstituiert sich der Schwarm und bleibt so auf eine handlungsfähige Gruppengröße beschränkt.

Die Aufspaltung komplexer Leistungspakete kann entweder über die Zerlegung der gesamten Kundenleistung in einzelne Leistungspakete erfolgen (Beispiel Hausbau) oder als Mengenteilung parallel zueinander eingesetzter Arbeitsgruppen. Bei parallel arbeitenden Gruppen erzeugt jeder Schwarm identische Leistungspakete für das jeweils eigene Kundensegment. Vorgesetzte sollten bei parallel arbeitenden Schwärmen darauf achten, dass die einzelnen Gruppen ihre Erfahrungen schwarmübergreifend austauschen.

Ausrichtung auf Kundenbedarf

Die *maximale* Größe eines *Kunden-Leistungspakets* richtet sich nach seiner Überschaubarkeit. Gibt es auch eine *minimale* Größe? Aktivitäten wie Hämmern, Buchungen vornehmen, Aktennotizen anlegen, Bestellungen weiterreichen – all diese Aktivitäten bilden *keine Kunden-Leistungspakete,* da im Prozess kein für den Kunden verwertbares Ergebnis erzeugt wird.

Zu klein dimensionierte *Kunden-Leistungspakete* lassen keinen Raum für Kundenorientierung. Jedes *Kunden-Leistungspaket* muss deshalb ein Kundenproblem lösen. *Wie* MitarbeiterInnen dieses Ergebnis erreichen, ist dem Kunden zu Recht gleichgültig. Das *„Wie"* hat für den Kunden keinen eigenständigen Wert; für ihn zählt nur das *„Was".* Alle Teilaktivitäten, die nicht wenigstens ein komplettes Bauteil zur Lösung eines Kundenproblems liefern, bilden deshalb keine *Kunden-Leistungspakete.* Damit lautet die grundlegende Definition für *Kunden-Leistungspakete:*

Definition Kunden-Leistungspaket
Ein *Kunden-Leistungspaket* ist die kleinste Leistungseinheit, die für den Kunden einen eigenständigen Wert besitzt. Jedes *Kunden-Leistungspaket* löst ein Kundenproblem.

> Begrenzen Sie als Führungskraft die Schwarmgröße auf die Erstellung übersichtlicher *Kunden-Leistungspakete!* Nur wo MitarbeiterInnen den Überblick über alle erforderlichen Aktivitäten zur Erstellung des Leistungspakets behalten, werden Ergebnisverantwortung, Innovation und Delta-Plus-Effekte möglich.

Kunden-Leistungspaket

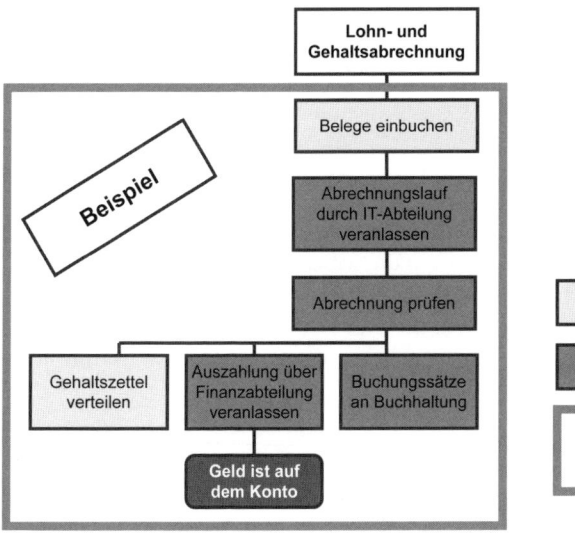

Beispiel

- Lohn- und Gehaltsabrechnung
  - Belege einbuchen
  - Abrechnungslauf durch IT-Abteilung veranlassen
  - Abrechnung prüfen
    - Gehaltszettel verteilen
    - Auszahlung über Finanzabteilung veranlassen
      - Geld ist auf dem Konto
    - Buchungssätze an Buchhaltung

Funktion Meier
Funktion Schulze
Verantwortung für Kunden-Leistungspaket

Bild 49

Kunden-Leistungspaket in der Entgeltabrechnung
Wie lautet das *Kunden-Leistungspaket* der Lohn- und Gehaltsabrechnung? Vielleicht vermuten Sie, das *Kunden-Leistungspaket* bestehe darin, eine korrekte Abrechnung zu erstellen. Wie Bild 49 verdeutlicht, ist mit der korrekten

Abrechnung tatsächlich aber lediglich die Positionsverantwortung umschrieben. Das *Kunden-Leistungspaket* für die Lohn- und Gehaltsabrechnung heißt schlicht: „*Gehalt bzw. Lohn sind rechtzeitig auf den Mitarbeiter-Konten*".

Das Problem, das die Gehaltsabrechnung für ihre Kunden, die Arbeitnehmer, löst, ist der rechtzeitige Geldtransfer. Die dafür im Einzelnen erforderlichen Arbeitsschritte brauchen die Arbeitnehmer nicht im Geringsten zu interessieren.

7.2 Handlungsdruck durch Ergebnisverantwortung

Eine gemeinsam getragene *Ergebnisverantwortung* für *kundengerechte Leistungspakete* sorgt im Schwarm ganz ohne Eingriff von Führungskräften für den erforderlichen Handlungsdruck. Wurden Servicelevel-Vereinbarungen richtig gesetzt, entstehen automatisch alle im Rahmen der *indirekten Zieltranskription* geplanten Delta-Plus-Effekte zur Verbesserung der Wettbewerbsfähigkeit.

Ergebnisverantwortung als Innovationsmotor

Durch konsequente Kundenorientierung werden Marktanforderungen in einer Art Resonanzwelle bis in die entlegensten Winkel des Unternehmens getragen. *Ergebnisverantwortung* erzeugt die Pflicht zu Eingriffen in bestehende Abläufe und Verfahren, falls die Erstellung kundengerechter Leistungen nicht rund läuft. Eingriffe werden beispielsweise erforderlich, um

- alle Kunden-Leistungspakete selbst bei hoher Nachfrage zeitnah umzusetzen,
- auf Bedarfsänderungen interner Kunden zeitnah zu reagieren,
- Kunden auch in neuen Situationen und Sonderfällen so weit wie möglich entgegenzukommen,
- Produktverbesserungen oder effizientere Verfahren einzuführen,
- Pannen und Leistungsstörungen auszubügeln.

Selbstregulation in Nicht-Standardsituationen

Die Umsetzung von *Ergebnisverantwortung* stellt die Selbstorganisation im Schwarm täglich vor neue Herausforderungen. Wer es wagt, Neuland zu

Nicht-Standardsituationen
Kundengerechte Leistung durch Ergebnisverantwortung

Unschärfebereich	Innovatives Umfeld: Neue Produkte/Dienstleistungen, zusätzliche Leistungen im Kundeninteresse, effizientere Verfahren
	Entstehen neuer Aufgaben, Änderung/Verlagerung bisheriger Aufgaben / Unscharfe Schnittstellen, Regelungslücken, fehlende Handlungsmuster

| Klassische Führung | Niemand ist zuständig: Aufgabe nicht Bestandteil der Funktionsbeschreibung, Unzuständigkeitsschleifen |
| Schwarmintelligenz | Jeder ist zuständig: Eigeninitiative + Kompetenzvernetzung für vereinbartes Kunden-Leistungspaket |

Kunden-Leistungspaket — Position A, Position B, Position C

Schwarmintelligenz wird automatisch aktiviert, wenn Ergebnisverantwortung > Positionsverantwortung

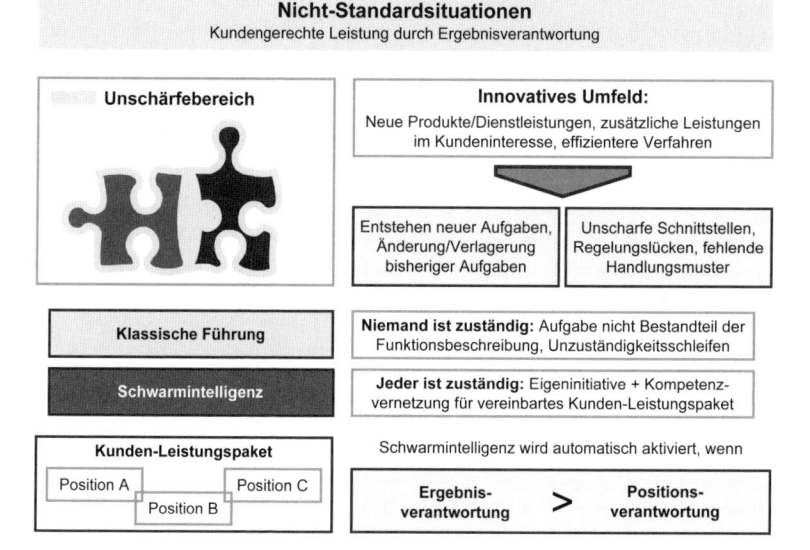

Bild 50

betreten, muss mit unerwarteten Ereignissen, unvollständigen Prozessen, unscharfen Schnittstellen, neuartigen Aufgaben, unklaren Zuständigkeiten, Störungen, Fehleinschätzungen und einem gewissen Maß an Pleiten, Pech und Pannen leben und umgehen können.

Soweit die eingefahrenen Wege zum optimalen Kundenergebnis führen, agiert der Schwarm ähnlich wie bei klassischer Führung. MitarbeiterInnen können schlicht vorhandenen Funktionsroutinen folgen. Erkennt der Schwarm jedoch eine Verbesserungsmöglichkeit, einen Störfall oder neuen Kundenbedarf, entsteht zwangsläufig eine *Nicht-Standardsituation*. Um wieviel effizienter Nicht-Standardsituationen durch Schwarmintelligenz im Vergleich zur klassischen Führung bewältigt werden, verdeutlicht Bild 50.

Nicht-Standardsituationen verursachen einen *Unschärfebereich*. Das Puzzle funktionaler Zuständigkeit und fest ineinander gefügter Prozessschritte wird aufgeweicht. Organisation und Verfahren erfordern Modifikationen, etablierte Prozesse sind zu erneuern oder zu ergänzen. Innerbetriebliche Schnittstellen werden unscharf und müssen überarbeitet werden. Manchmal fehlen Handlungsmuster auch komplett: Es entstehen völlig neue Aufgaben, die sich in dieser Form keiner vorhandenen Position zuordnen lassen.

7.2 Handlungsdruck durch Ergebnisverantwortung

Solche *Unschärfebereiche* fordern den Schwarm aufs äußerste! Schnittstellenprobleme dürfen die Organisation nicht lähmen, neue Aufgaben jenseits der üblichen Positionsverantwortung sind zu übernehmen. Entscheidungen müssen selbst bei unklaren Zuständigkeiten ohne Verzögerung erfolgen. Sich anbahnende Leistungsstörungen verlangen ein sofortiges Eingreifen.

Zwang und Möglichkeit zur Weiterentwicklung und Modifikation bestehender Regeln im Falle von *Nicht-Standardsituationen* bilden den Kern von Ergebnisverantwortung und Schwarmintelligenz. Erst die gemeinsam getragene *Ergebnisverantwortung* für *Kunden-Leistungspakete* erzeugt im Schwarm den erforderlichen Druck, *Nicht-Standardsituationen* in Eigenregie optimal zu bewältigen. Strikte *Ergebnisverantwortung* lässt weder Platz für Egoismen und Machtspielchen im Schwarm noch für Unzuständigkeitserklärungen. Stattdessen sind *Entrepreneurship* und entschlossenes Eingreifen über bestehende Funktionsroutinen hinaus gefordert!

Ergebnis- oder Positionsverantwortung?

Schwarmintelligenz in sozialen Systemen basiert auf vernetzter Kompetenzvielfalt. Schwarmmitglieder können und sollen unterschiedliche Positionen wie SachbearbeiterIn Innendienst, KommissioniererIn oder VersandmitarbeiterIn ausüben, um noch einmal auf das Beispiel *„Ich sorge dafür, dass alle Bestellungen binnen 24 Stunden ausgeliefert sind"* zurückzugreifen. Spezialisierung bildet keinen Hinderungsgrund für Schwarmintelligenz – im Gegenteil!

Zwar kann bei Einführung von Schwarmintelligenz die bestehende Organisation wegen der Schwarmbildung durch *Kunden-Leistungspakete* tangiert sein, die bestehende Arbeitsteilung als solche bleibt jedoch im Prinzip erhalten. Durch die Vielfalt an Positionen erweitern sich Blickwinkel und Gesichtsfeld im Schwarm, die Kompetenzvielfalt wächst. Heterogene Gruppen eignen sich besser für Schwarmintelligenz als stark homogene Gruppen.

Ob die vielfältigen Kompetenzen im Schwarm erfolgreich zur Generierung von Delta-Plus-Effekten zusammengeführt werden, hängt entscheidend davon ab, ob MitarbeiterInnen neben ihrer *Positions-* auch *Ergebnisverantwortung* besitzen. Ergebnisverantwortung schließt nicht nur die bereits bekannte *Regel/Ergebnis-Kompatibilitätsprüfung* ein, die eine Festlegung der Mitarbeiter auf pure Ausführungsverantwortung überwindet. *Ergebnisverantwortung* verlangt auch die Übernahme zusätzlicher, über die klassische Positionsbeschreibung hinausgehender Aufgaben, soweit dies zur Erzielung einer kundengerechten Leistung erforderlich wird.

Positionsverantwortung endet an den Grenzen des funktionalen Zuständigkeitsbereichs, *Ergebnisverantwortung* endet erst mit einem kundengerechten Resultat! Wichtig ist nicht, ob MitarbeiterInnen alle vorgeschriebenen Prozessschritte eingeleitet haben, sondern ob eine kundengerechte Leistung tatsächlich entstanden ist. Die *Ergebnisverantwortung* von MitarbeiterInnen ist deshalb im Allgemeinen umfassender als ihre *Positionsverantwortung*.

Das Kundenziel als unabhängige Variable

Bei klassischer Führung bilden Tätigkeitskatalog und Funktionsroutinen die fixe Größe, das Kundenergebnis ergibt sich als abhängige Variable. Regeln und Vorschriften determinieren das Ergebnis.

Führung durch Schwarmintelligenz dreht dieses Prinzip kundenfreundlich um. Das *Ergebnis* für den Kunden bildet die fixe, unabhängige Größe; die zur Ergebniserzielung erforderlichen Tätigkeiten stellen die abhängige Variable dar. Das Kundenziel gibt den Weg vor, nicht umgekehrt!

Wo in *Nicht-Standardsituationen* Regeln und klassische Verhaltensmuster versagen, verpflichten sich alle MitarbeiterInnen über ihre Positionsverantwortung hinaus zur Eigeninitiative mit dem Ziel, alles Erdenkliche zur Gewährleistung einer optimalen Kunden-Leistung zu unternehmen.

Definition Ergebnisverantwortung

Ergebnisverantwortung beinhaltet die Bereitschaft, unabhängig von bestehenden Regeln alle für ein perfektes *Kunden-Leistungspaket* erforderlichen Handlungen vorzunehmen. In *Nicht-Standardsituationen* (fehlende Regeln/Verfahren, unklare Zuständigkeiten, neuartige Erfordernisse) schließt diese Verpflichtung ein, aktiv zu werden, die eigenen Handlungsmuster zu modifizieren und neue Aufgaben zu übernehmen.

Wo im Rahmen von Schwarmintelligenz *Ergebnisverantwortung* herrscht, kehrt sich auch die Rolle der Führungskraft um. Kein Vorgesetzter muss zur Bewältigung von *Nicht-Standardsituationen* MitarbeiterInnen neue Tätigkeiten gegen ihren Willen „aufoktroyieren". Die Sachlage selbst erfordert, dass MitarbeiterInnen andere Bahnen beschreiten und zielführende Aktivitäten entfalten. Die Vorgesetztenrolle wechselt zum Ratgeber und Unterstützer bei der Bewältigung von *Nicht-Standardsituation*.

Handlungspflicht statt Unzuständigkeitsschleifen

Klassisch geführte MitarbeiterInnen kommen mit *Nicht-Standardsituationen* nur schwer zurecht. Fixiert auf Funktionsroutinen und die eigene Positionsverantwortung, ist für die Bewältigung unerwarteter Situationen erst einmal *niemand* zuständig. Schließlich enthält kein vordefinierter Tätigkeitskatalog Handlungsanweisungen oder Verhaltensdirektiven für unerwartete Ereignisse.

Stattdessen kommt es zu *Unzuständigkeitsschleifen:* Wo sich niemand zuständig fühlt, wird der Kunde an eine andere Stelle weiterverwiesen. Natürlich fühlt sich auch dort niemand zuständig, sodass der Kunde solange an Dritte weitergereicht wird, bis er wieder bei seinem ersten Gesprächspartner landet. Die Unzuständigkeitsschleife ist vollendet! Es entsteht der manchmal nicht ganz unbeabsichtigte Effekt, dass der Kunde irgendwann aufgibt und zähneknirschend auf Besserung am St. Nimmerleinstag hofft.

Anders bei Schwarmintelligenz: *„Zupacken statt Abwarten"* lautet hier das Motto. In *Nicht-Standardsituationen* besteht *Handlungspflicht,* da andernfalls das Erreichen des *Kunden-Leistungspakets* in Frage steht. *Entrepreneurship* und *Eigeninitiative* lösen die Unzuständigkeitsschleife ab. Immer wenn sich das gewünschte Ergebnis – aus welchen Gründen auch immer – trotz scheinbarer Regelbefolgung nicht einstellt, weist die Differenzierung zwischen *Positions-* und *Ergebnisverantwortung* den Weg aus der Sackgasse.

Und täglich grüßt das Murmeltier

Ein Zeitungsleser berichtet: *„Spitzbübisch lächelnd begrüßte uns unsere Nachbarin bei der Rückkehr aus dem Urlaub mit den Worten: „Es sind ziemlich viele Zeitungen gekommen." Erstaunlich, war ich mir doch absolut sicher, die Zeitung während unseres Urlaubs abbestellt zu haben. Tatsächlich war die Lieferung stattdessen auf täglich zwei Exemplare „aufgestockt" worden.*

Wer ist schon fehlerfrei? Ich schickte eine freundliche E-Mail an den Verlag und bekam prompt ein Entschuldigungsschreiben mit der Zusicherung, die Sache in Ordnung zu bringen. Wir bekamen weiterhin zwei Exemplare. Nach 2 Wochen schickte ich eine erneute E-Mail mit dem Hinweis, die Angelegenheit sei keineswegs wie versprochen bereinigt. Neues Entschuldigungsschreiben mit der Zusicherung – na ja, Sie wissen schon, was. Wir bekamen weiterhin zwei Exemplare. 2 Wochen später das gleiche Spiel. Wir bekamen weiterhin zwei Exemplare. Der Spuk endete genau so unvermittelt, wie er begonnen hatte. Eines schönen Tages – wir konnten es kaum glauben – lag das bestellte Exemplar wieder mutterseelenallein im Briefkasten."

Ohne *Ergebnisverantwortung* laufen Kunden in Störfällen regelrecht gegen Wände. Bei Beschwerden startet oft dieselbe Funktionsroutine erneut, die schon im ersten Anlauf nicht zum gewünschten Resultat geführt hat. Manch Kunde fühlt sich an den Film „Und täglich grüßt das Murmeltier" erinnert, in dem derselbe Tag immer wieder von vorne beginnt. Mit einem gravierenden Unterschied: Während der Hauptakteur im Film die Situation für sich zu nutzen versucht, führt das Festklammern an reiner Positionsverantwortung in klassischer Arbeitskultur oft zu einer organisatorischen Hilflosigkeit in Pannensituationen. Egal, ob die Pannenursache in fehlerhaften Funktionsroutinen, Missverständnissen oder unbemerkten Kommunikationsmängeln zu suchen ist – jeder Beteiligte ist überzeugt, er habe „seinen Job gemacht". Aus dem Blickwinkel der eigenen Positionsverantwortung ist trotz des zweifelhaften Resultats für den Kunden alles erledigt. Möglicherweise haben andere etwas falsch gemacht, doch das ist deren Bier... Erst *Ergebnisverantwortung* führt in jedem Fall zum Ziehen der Reißleine.

Ausfallsicherheit durch Teamgeist

Ist die *Ergebnisverantwortung* größer als die Positionsverantwortung Einzelner, sind *Kunden-Leistungspakete* Teamziele. Zur Zielerreichung sind alle Teammitglieder gezwungen, effektiv zu kooperieren und ihre Einsätze und Arbeitszeiten optimal aufeinander abzustimmen. Die zeitnahe Erstellung eines kundengerechten Leistungspakets hat stets oberste Priorität, egal, ob die Nachfrage groß oder klein ist, ob einzelne Schwarmmitglieder wegen Krankheit oder Urlaub ausfallen oder ob zusätzlich zur Alltagsarbeit die Ursachen von Leistungsstörungen aufgespürt und behoben werden müssen. Schwärme sind robuster als eine Anzahl auf sich allein gestellter MitarbeiterInnen; die Ausfallsicherheit im Unternehmen steigt.

Über *Ergebnisverantwortung* entsteht Teamgeist. Gruppendruck schweißt den Schwarm zusammen. Denken Schwarmmitglieder in der Mehrzahl erst einmal ergebnisorientiert, wird fehlende Initiative einzelner Schwarmmitglieder in der Regel nicht länger toleriert. Dies gilt in gleicher Weise für unkooperatives Verhalten und ineffizientes Arbeiten.

Sanktionsschutz durch Ergebnisverantwortung

Kunden-Leistungspakete enthalten Ergebnisziele und vermitteln MitarbeiterInnen eine exakte Vorstellung, wie weit ihre Verantwortung reicht und an welcher Grenze sie endet. Sie können am Ergebnis – *Kunden-Leistungspaket* erreicht oder nicht – unmittelbar ablesen, ob ein Eingriff in das eingespielte Räderwerk bestehender Funktionsroutinen erforderlich und vom Unternehmen erwünscht ist. So erzeugt *Ergebnisverantwortung* für klar definierte *Kunden-Leistungspakete* nicht nur Druck zu *Entrepreneurship,* sie bietet MitarbeiterInnen auch *Sicherheit:* Durch den klar definierten Auftrag zum Eingriff laufen MitarbeiterInnen nicht Gefahr, wegen Eigenmächtigkeiten mit Sanktionen belegt zu werden.

Im Gegensatz zu bloßen *Appellen* zu mehr Entrepreneurship erzeugt *Ergebnisverantwortung* für Servicelevel wirklichen Innovationsdruck. Zur gelungenen Umsetzung in die Praxis sind allerdings weitere Techniken und Spielregeln im Schwarm erforderlich.

7.3 Dezentraler Informationsfluss

Die für Delta-Plus-Effekte unverzichtbare Kompetenzvernetzung im Schwarm kann sich nur in einer offenen Informationsumgebung entwickeln. Selbststeuerung im Schwarm heißt nicht zuletzt Selbststeuerung des Informationsflusses. Eine Abkehr von der klassischen Informationsstruktur, bei der alle Informationen *sternförmig* von der Führungskraft zu einzelnen MitarbeiterInnen laufen, steht an.

Breiten Informationszuschnitt autonom steuern

Bei klassischer Führung wird der Informationsfluss zu großen Teilen durch die Führungskraft geplant und vorgegeben: Alle Informationen werden von ihr geprüft, bewertet, weitergegeben, zurückgehalten oder als belanglos aussortiert. Der gesamte Kommunikationsprozess unterliegt den Relevanzkriterien der Führungskraft. Es kommt nicht überraschend, dass solch sternförmige Informationswege gerne als Machtfaktor dienstbar gemacht werden. Der berühmt-berüchtigte „Informationsvorsprung" von Führungskräften in traditionell geleiteten Unternehmen nimmt in diesem Zentralismus seinen Ursprung.

Der Schwarm als autonome Einheit steht hingegen vor der Aufgabe, den Informationsfluss ohne autoritäre Eingriffe zu steuern. Eine Vernetzung der Kompetenzen im Schwarm ist nur möglich, wenn alle Schwarmmitglieder über alle relevanten Informationen verfügen. Die Entfaltung von Schwarmintelligenz erfordert einen *breiten Informationszuschnitt,* breiter als MitarbeiterInnen dies aus traditionellen Arbeitskulturen gewöhnt sind. Jedes Schwarmmitglied benötigt einen Gesamtüberblick über Kundenanforderungen, Leistungsziele, auftretende Probleme usw., um mit seiner Kompetenz einen Beitrag zu Innovation und Bürokratieabbau leisten zu können.

Andererseits will kein Schwarmmitglied mit riesigen Mengen an *Informationsmüll* zugeschüttet werden. Als Kriterium für einen schwarmgerechten Informationsfluss gilt: Nicht jedes Schwarmmitglied muss alles wissen, doch jegliches Herrschaftswissen im Schwarm verhindert eine optimale Kompetenzvernetzung und damit die gewünschten Delta-Plus-Effekte.

Der im Schwarm ein- und ausgehende Informationsfluss umfasst mehrere Ebenen: Schwarmmitglieder tauschen untereinander Informationen aus, weitere Kommunikationsstränge verlaufen zu innerbetrieblichen oder externen Kunden, zu Führungskräften und zu anderen Bereichen im Unternehmen. Die unterschiedlichen Zielgruppen bedingen scheinbar eine komplexe Kommunikationsstruktur.

Informations-Kunden

Mit ein paar einfachen Spielregeln lässt sich der Kommunikationsfluss jedoch gut in den Griff bekommen. Zur Beurteilung der Kommunikationsanforderungen der einzelnen Gruppen kann der Schwarm auf das bewährte Prinzip *Kundenorientierung* zurückgreifen. Werden alle Kommunikationspartner – andere Schwarmmitglieder, Führungskräfte, Kunden, Lieferanten – als *Informations-Kunden* betrachtet, lässt sich der jeweilige Informationsbedarf aufgrund von ein paar einfachen Fragen zuverlässig abschätzen. Zusätzlich kann der Informationsfluss über eine kommunikationsbezogene *Angebots-Nachfrage-Synchronisation* abgesichert und ergänzt werden.

> Vertauschen Sie als Schwarmmitglied die Perspektive und versetzen Sie sich in die Lage Ihres „Informations-Kunden". Fragen Sie sich, welche Informationen und Beratungsleistungen Sie als Kunde erwarten würden. Achtung: Selbst innerbetriebliche Lieferanten sind in diesem Sinne Informationskunden!

Lieferanten als Informationskunden

Der Vertriebsleiter war dem Herzinfarkt nahe. Bestellungen stapelten sich zu Hunderten auf Fußboden und Fensterbrettern. Niemand hatte die leiseste Idee, was zu tun sei.

Was war geschehen? Die Marketingabteilung hatte ein Sonderangebot aus einer Kombination verschiedener Produkte des Unternehmens zusammengestellt. Die Verbraucher griffen begeistert zu. Erst bei Eintreffen der ersten Bestellungen stellte sich heraus, dass die beworbene Produktkombination aus technischen Gründen nicht realisierbar war.

> Als für Sonderangebote verantwortliche Abteilung hatte es der Marketingbereich nicht für nötig erachtet, die Technikabteilung vor der Werbekampagne zu kontaktieren. Die Techniker fielen aus allen Wolken, als sie von dem Sonderangebot erfuhren, hatten aber keine Lösung parat.
> Die Moral aus der Geschichte: Auch innerbetriebliche Lieferanten sind Informationskunden!

Informationsverantwortung übernehmen!

Auch für die Informationsübermittlung gelten die Grundsätze der Bedarfserfassung beim Kunden. Erfolgreiche Anbieter, so hatten wir festgestellt, erfassen den tatsächlichen, objektiven Bedarf ihrer Kunden. Sie fokussieren sich auf das Problem, das ihre Kunden gelöst haben möchten.

Es reicht also nicht, sich als Informationsanbieter ausschließlich auf geäußerte Kundenwünsche zu stützen. Kunden überblicken nicht alle technischen Möglichkeiten und können sich innovative Lösungen unter Umständen gar nicht richtig vorstellen. Kein Kunde träumte von einem Walkman, bevor dieser auf den Markt kam!

Ein optimales Informationsmanagement zielt darauf, Informationsdefizite und Missverständnisse beim Kunden auszuschließen. Möglicherweise übersieht der Kunde gar nicht, welche Informationen er für eine fundierte Entscheidung letztlich benötigt. Überlegen Sie als Informations-Anbieter, welche Fehlschlüsse Ihr Kunde im ungünstigsten Fall ziehen könnte. Welche Fakten oder Umstände sieht er möglicherweise nicht? Wie können Sie Irrtümern vorbeugen?

> **!** Geben Sie als verantwortungsbewusster Informationsanbieter Ihren Informationskunden auch unverlangte Informationen, wenn Sie befürchten müssen, dass Ihren Informationskunden ansonsten Fehleinschätzungen unterlaufen!

Kommunikationsdefizite kosten Vertrauen

Kommunikationsdefizite führen bei Informations-Kunden zu einem verzerrten Bild der Situation. Die Kompetenzvernetzung im Schwarm wird gestört, innerbetriebliche oder externe Kunden erhalten einen falschen Eindruck von den angebotenen Leistungen. Vorgesetzte, aber auch KollegInnen aus anderen Bereichen werden misstrauisch, wenn sie sich falsch oder lückenhaft informiert fühlen.

Fehlt der Unternehmensleitung das Vertrauen zum Schwarm, gerät dessen Autonomie unversehens in Gefahr. Schwarmmitglieder werden stärker überwacht und sehen sich plötzlich mit direkten Weisungen konfrontiert. Ist das Vertrauen verspielt, ist auch Schwarmintelligenz am Ende.

Informationsfehler vermeiden

Schwärme sollten Kommunikationsdefizite unter allen Umständen vermeiden! Besonders gravierend sind Fälle, in denen der Informationsbedarf des Kunden vom Informationsanbieter nicht ausreichend ermittelt oder evaluiert wird. Hier sind Missverständnisse und Enttäuschungen vorprogrammiert.

Ähnlich gelagert sind Fälle, in denen Informationen unvollständig übermittelt, bewusst zurückgehalten oder sogar verzerrt werden. Entscheidungen im Unternehmen fallen dann auf einer fiktiven Informationsbasis. Das Risiko von Fehlentscheidungen steigt signifikant. Gerade innerbetriebliche Kommunikationspartner dürfen rückhaltlose Offenheit erwarten. Schönfärberei und unredliche Verkaufsgespräche in Sinne zweifelhafter Handelsvertreter sind bei internen Partnern definitiv fehl am Platz!

Fehlinformationen durch mangelnde Sachkenntnis kommen immer wieder vor. Auch ist der Informationsfluss schnell gestört, wenn Form und Inhalt nicht empfängergerecht aufbereitet sind: Der Informationsgehalt bleibt Empfängern unverständlich, Missverständnisse entstehen. Typisches Beispiel: Techniker und Anwender reden häufig aneinander vorbei – und bemerken es oft nicht einmal.

Kundengerechter Informationsumfang

Die richtigen *Informationsinhalte* können über das Prinzip *„Informationskunde"* erarbeitet und mit den innerbetrieblichen Partnern abgesprochen werden. Trotzdem kommt es immer wieder zu Klagen über den richtigen *Informationsumfang*. Beschwerden über unvollständige Information steht im Zeitalter der E-Mails eine noch größere Zahl von Klagen über sinnlosen Informationsmüll gegenüber. Typische Kommunikationsfehler und Prinzipien für einen effektiven Informationsaustausch verdeutlicht Bild 51.

Eine *ABC-Analyse* bietet eine vernünftige Faustformel, das richtige Maß an Informationen fließen zu lassen:

- A-Informationen sind *„Must-Have"*-Informationen; solche Informationen erhalten Partner automatisch.

Schwarmmitglieder als Informationskunden

Informationsbedarf	Informationsumfang
v Welche Informationen wünscht der Informationskunde? v Welche Informationen benötigt er, um Missverständnisse auszuschließen?	v „Must-Have"-Informationen erhält der Partner automatisch v „Nice-to-Have"-Informationen stehen zum Abruf bereit

Gefahr: Vertrauensverlust!

Informationsbedarf schlecht evaluiert	Verzerrtes Bild ⬇ Fehlentscheidungen	Mangelnde Sachkenntnis
Informationszurückhaltung		Keine empfängergerechte Aufbereitung
Informationsverzerrung		Halbwahrheiten, Schönfärberei

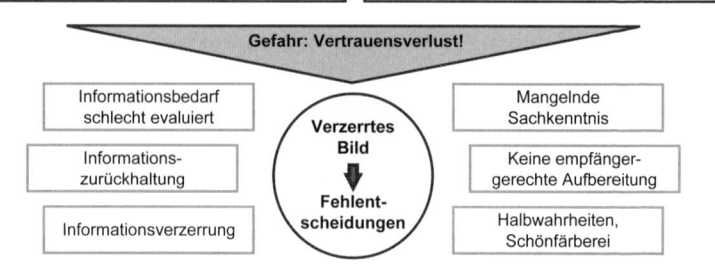

Bild 51

- B-Informationen sind „Nice-to-Have"-Informationen; solche Informationen sind Partnern frei zugänglich, müssen von diesen aber selbst, beispielsweise im Intranet, abgerufen werden.
- C-Informationen werden als weitgehend irrelevant für Partner betrachtet; sie werden nur auf besonderen Wunsch zur Verfügung gestellt.

„Must-Have" und „Nice-to-Have" stehen Partnern uneingeschränkt und unaufgefordert zur Verfügung. Die Unterscheidung in unbedingt benötigte und ergänzend zur Verfügung gestellte Informationen hilft, ihre Relevanz für Partner richtig einzuschätzen: „Nice-to-Have"-Informationen, die ständig abgerufen werden, sollten in „Must-Have"-Informationen umqualifiziert werden; sie stehen künftig automatisch zur Verfügung. „Nice-to-Have"-Informationen, die nur äußerst sporadisch nachgefragt werden, können möglicherweise als C-Informationen weitergeführt werden. Mit Hilfe dieser einfachen ABC-Regel lässt sich Informationsumfang kundengerecht steuern.

Schwarm-Feedback

Als ein weiteres Kommunikationselement trägt ein formelles *Schwarm-Feedback* dazu bei, Irritationen zu vermeiden und Leistungen besser aufeinander abzustimmen. Schwarmmitglieder können sich untereinander Feedback geben, aber auch innerbetriebliche Kunden und Lieferanten lassen sich in den Feedback-Prozess einbeziehen. Empfehlenswert ist ein solches *360-Grad-Feedback*, weil es alle relevanten Bezugspersonen einschließt. Feedback dient der Förderung der Zusammenarbeit. Schwachstellen können identifiziert und Verbesserungen abgestimmt werden.

Mittels eines formalisierten Feedbacks lassen sich die Zusammenarbeit im Schwarm und die Zufriedenheit innerbetrieblicher Kunden ohne großen Aufwand messen. Regelmäßiges Feedback eröffnet die Möglichkeit, Vergleiche zur Vorperiode zu ziehen und Fortschritte über mehrere Perioden messbar nachzuvollziehen.

> **Leistungs- oder Innovations-Feedback?**
> Die Stoßrichtung spielt beim Feedback eine entscheidende Rolle. Feedback kann in der Tendenz die Form eines *Leistungs-Feedbacks* annehmen. Die gezeigten Leistungen werden beurteilt und gefühlte Verfehlungen akribisch aufgelistet. Der Blick ist zurück in die Vergangenheit gerichtet. *Innovations-Feedback* besitzt eine andere Stoßrichtung: Der Blick richtet sich auf die Zukunft. Feedback-Geber äußern Verbesserungswünsche, an deren Realisierung gemeinsam gearbeitet wird.
> Nicht selten werden beide Feedback-Arten miteinander *vermischt*. Dieser Ansatz ist wenig empfehlenswert, da Nutzen und Qualität des Feedbacks stark beeinträchtigt werden. Die Stoßrichtung des Feedbacks entscheidet, wie Feedback aufgenommen wird und welche Konsequenzen gezogen werden. Beim *Leistungs-Feedback* nimmt jede kritische Äußerung der Feedback-Geber den Charakter eines Mangels an. Für Betroffene wird Feedback zu einer Art Kritikgespräch. Typische Folge: Die Beurteilten machen „dicht". Sachverhalte werden geschönt und Entschuldigungen gesucht. Verantwortung wird geleugnet, manchmal wird einfach die Urteilskraft der Feedback-Geber in Zweifel gezogen. Schwarmintelligenz bringt diese Art der Diskussion kaum voran!
> Im Unterschied dazu steht *Innovations-Feedback* unter dem Motto: *Selbst Spitzenleistungen lassen sich toppen!* Das gemeinsame Bemühen von Schwarm und Kunde, das Leistungsspektrum zu perfektionieren, dominiert. Dass manches nicht rund läuft, gilt als Selbstverständlichkeit – nicht, um damit in Zukunft weiterzuleben, sondern weil alle Beteiligten sich im Klaren sind, dass die Verbesserung des Leistungsspektrums ein kontinuierlicher, nie zu Ende gehender Prozess ist. *Innovations-Feedback* hilft, Leistungen kundengerechter, effizienter und reaktionsschneller zu erbringen.

Ablauf des Feedback-Verfahrens

Schwärme können durch ein *360-Grad-Feedback* Schwachstellen identifizieren und Kompetenzen besser vernetzen. Ablauf und Feedback-Fragebogen sollten entsprechend dieser Stoßrichtung gestaltet werden. Ein festes Format hilft nicht nur, den Feedback-Prozess effizient zu halten; es sorgt auch für Vertrauen durch Transparenz.

Wer gibt und erhält Feedback? Welche Themen werden abgedeckt? In welcher Form erfolgt die Auswertung der Fragen? Ist Anonymität bei der Darstellung der Ergebnisse vorgesehen? Wer bekommt die Ergebnisse zu Gesicht? In welcher Form werden Konsequenzen aus dem Feedback gezogen? In welchem Turnus wird das Feedback wiederholt? Ein geeignetes Feedback-Format beantwortet Fragen dieser Art im Vorfeld und sorgt für eine optimale Nutzung des Instruments.

Die Qualität des Schwarm-Feedbacks steht und fällt mit der *Vermeidung von Beurteilungsfehlern*. Achten Sie als Feedback-Geber darauf, dass einzelne positive oder negative Ereignisse, die sich besonders in die Erinnerung eingegraben haben, nicht die Gesamtleistung im Beurteilungszeitraum überstrahlen. Gründen Sie Ihr Feedback auf Tatsachen. Verhindern Sie, dass persönliche Sympathien oder Antipathien das Feedback verfälschen!

Interne Kunden-Lieferanten-Events

Während sich Schwarmmitglieder im Allgemeinen täglich begegnen, ist der Kontakt zu internen Kunden häufig weniger intensiv. Es soll Firmen geben, in denen MitarbeiterInnen ihre internen Kommunikationspartner so gut wie nie persönlich zu Gesicht bekommen. Äußerst formelle und unpersönliche Kontakte sind die unvermeidliche Folge. Erfahrungsgemäß verläuft eine Zusammenarbeit wesentlich reibungsloser, wenn alle Beteiligten sich auch als Personen kennen. Informelle *Kunden-Lieferanten-Events*, die neben einem geschäftlichen Anspruch auch der Kontaktpflege dienen, lassen die bereichsübergreifende Zusammenarbeit nicht nur angenehmer, sondern vor allem reibungsloser ablaufen.

Kunden-Lieferanten-Events finden am besten in ungezwungener Umgebung statt. Die Teambildung zwischen Anbietern und Nachfragern steht im Vordergrund, weniger die Lösung konkreter Probleme. Ideal zur Auflockerung der Atmosphäre ist die Verbindung mit irgendeiner Art sozialem Event.

Ernsthafte Konflikte stören den Small Talk. Gewichtige Meinungsverschiedenheiten gehören nicht in *Kunden-Lieferanten-Events*. Insbesondere emotional stark belastete Konfliktpunkte sollten aus diesen Treffen ausgeklammert bleiben.

Kunden-Lieferanten-Events sind aber durchaus der Ort, kleinere Dissonanzen zu bereinigen. Eine gesellige Runde trägt oft mehr zur Zerschlagung des Gordischen Knotens bei als stundenlange Diskussionen, in denen alle Teilnehmer verbissen um den eigenen Standpunkt – und häufig um die Wahrung ihres Gesichts – ringen.

7.4 Eskalationsmanagement

Ergebnisverantwortung für *Kunden-Leistungspakete* zwingt den Schwarm in *Nicht-Standardsituationen* zur Initiative. Immer wenn durch geänderten Kundenbedarf, unvorhergesehene Ereignisse usw. herkömmliche Rezepte nicht greifen, ist *Eskalationsmanagement* angesagt, um Stillstand oder Fehlleistungen zu vermeiden. Der Begriff *Eskalationsmanagement* fasst Techniken zusammen, mit denen ein Schwarm Innovationsdruck in Nicht-Standardsituationen kurzfristig bewältigen kann.

Ansprechpartnerprinzip

Wo die übliche Routine versagt und zu wenig kundengerechten Ergebnissen führt, herrscht Handlungspflicht im Schwarm. Doch *wer* im Schwarm ergreift die Initiative? Bei den Fischen stößt derjenige Fisch einen Wechsel der Schwimmrichtung an, der den Angriff eines Fressfeindes als erster bemerkt. Schwärme im Unternehmen können dieses Vorgehen durch das *Ansprechpartnerprinzip* nachstellen.

Das *Ansprechpartnerprinzip* besagt schlicht und einfach: Jeder, dem eine Leistungsstörung auffällt oder der auf eine Leistungsstörung angesprochen wird, ist verpflichtet, sich um diesen Vorgang zu kümmern – ohne Wenn und Aber! Die Verpflichtung zur Abhilfe gilt selbst dann, wenn die Störung nicht in die direkte Positionsverantwortung des betreffenden Schwarmmitglieds fällt.

> **!** Eine konsequente Umsetzung des *Ansprechpartnerprinzips* bietet die Sicherheit, dass gemeinsam getragene Ergebnisverantwortung im Schwarm nicht in kollektive Verantwortungslosigkeit ausartet, weil jedes Schwarmmitglied auf die Initiative der anderen wartet.

Ist eine derartige *Nicht-Standardsituation* im Rahmen der eigenen Positionsverantwortung nicht zu bewältigen, wird Schwarmintelligenz aktiviert. Zwangsläufig müssen andere Schwarmmitglieder in die Problemlösung einbezogen werden. Verschiedenartige Kompetenzen vernetzen sich: Alternativen werden im Schwarm ausgelotet, Lösungen bewertet und letztlich umgesetzt. Durch Schwarmintelligenz konnten beispielsweise Probleme in der Disposition besser gelöst werden als durch zentrale Vorgaben.

> **Eskalationsmanagement durch Schwarmintelligenz**
> Öffentlich bekannt wurde der Einsatz von Schwarmintelligenz bei der Firma Cemex. Als sich das Unternehmen zunehmend mit Terminproblemen bei der Auslieferung von Fertigbeton konfrontiert sah, wurde die Disposition den Fahrern selbst überlassen. Ihnen wurden nicht länger detaillierte Einsatzpläne vorgeschrieben, sondern lediglich die Aufgabe gestellt, die Kunden pünktlich zu beliefern.
> Die Fahrer stimmen seither ihre Einsätze in Eigenregie optimal aufeinander ab. Kann ein Fahrer einen wichtigen Termin nicht halten, informiert er seine Kollegen. Der jeweils nächstgelegene Fahrer springt sofort als Ersatz ein. Dank dieses Eskalationsmanagements konnten die Lieferverzögerungen spürbar reduziert werden.[34]

Die strikte Beachtung des *Ansprechpartnerprinzips* führt – von Bagatellfällen, die ein Schwarmmitglied in eigener Verantwortung hundertprozentig lösen kann, einmal abgesehen – stets dazu, dass alle Vorteile der Schwarmintelligenz genutzt werden.

Troubleshooting

„Das Problem lösen wollen" ist in *Nicht-Standardsituationen* nicht gleichbedeutend mit *„Können"* oder gar mit *„Dürfen"*. Die erfolgreiche Bewältigung einer *Nicht-Standardsituation* setzt erstens die *Kompetenz* zur Erarbeitung einer passenden Lösung voraus. Zweitens benötigen die MitarbeiterInnen einen adäquaten *Handlungsspielraum*, um ihre Lösung in die Praxis umsetzen zu können.

Zwar geht *Ergebnisverantwortung* mit erweiterten Handlungsspielräumen für MitarbeiterInnen einher – *Subsidiaritätsprinzip* und *4-Stufen-Kompetenz-Modell* definieren Umfang und Grenzen. Für Fälle, in denen Kompetenz oder Handlungsspielraum im Schwarm für eine kundengerechte Lösung dennoch nicht ausreichen, ist ein Prozess zum *Troubleshooting* erforderlich.

---

34 Die Beschreibung der Firma Cemex ist dem Artikel Gruppen, Rudel, Schwärme von Kerstin Schmidt-Denter entnommen, erschienen in: www.scinexx.de – Das Wissensmagazin, Springer Verlag, Heidelberg – MMCD interactive in science, Düsseldorf, 26.06.2002, S. 13

Wenn Schwarmmitglieder eine Leistungsstörung nicht aus eigener Kraft beheben können, sollten sie auf einen *Troubleshooter* zurückgreifen können. *Troubleshooter* übernehmen in diesen Fällen die Verantwortung für die Bewältigung der *Nicht-Standardsituation*. Im einfachsten Fall können *Troubleshooter* Schwarmmitglieder höherer Kompetenzstufe sein. Kompetenzstufe 4 des 4-Stufen-Kompetenz-Modells enthält wie gezeigt erweiterte Entscheidungsbefugnisse. In anderen Fällen übersteigt eine sinnvolle Bewältigung von Nicht-Standardsituation aber die Entscheidungsbefugnis im Schwarm. Die Troubleshooter-Funktion fällt dann der jeweiligen Führungskraft zu. Je nach Problemstellung kommen auch Spezialisten aus anderen Fachabteilungen als Troubleshooter in Frage.

Rotes Kunden-Ticket

Wie kann ein Problemfall an eine dritte Person zum *Troubleshooting* übergeben werden, ohne dass Kompetenzwirrwarr entsteht? Ein effizientes Verfahren besteht in der Ausstellung eines *Roten Kunden-Tickets*. Das *Rote Kunden-Ticket* dokumentiert das Problem und benennt den angesprochenen *Troubleshooter*.

Die vom Autor entwickelten Spielregeln für das *Rote Kunden-Ticket* entlasten den Aussteller vollständig von seiner Kundenverantwortung. Der an-

Eskalationsmanagement

Ansprechpartner-Prinzip: Initiativpflicht für jedes Schwarmmitglied

- Lösung durch Schwarmmitglied
- Aktivierung von Schwarmintelligenz
- Übergabe an Troubleshooter außerhalb des Schwarms

Spielregeln Rotes Kunden-Ticket
- Der Empfänger des Tickets übernimmt die volle Ergebnisverantwortung für den Vorgang oder stellt seinerseits ein weiteres *Rotes Kunden-Ticket* aus
- Der ausstellende Mitarbeiter wird von der Verantwortung für diesen Vorgang komplett entlastet
- Keine Rückdelegation an den Aussteller
- Alle *Roten Kunden-Tickets* werden zentral hinterlegt und ihre Erledigung dokumentiert
- Anzahl kundenfreundlicher Erledigungen kann im Entgelt berücksichtigt werden

Rotes Kunden-Ticket
Übergabe an Troubleshooter
Beschreibung der Leistungsstörung …

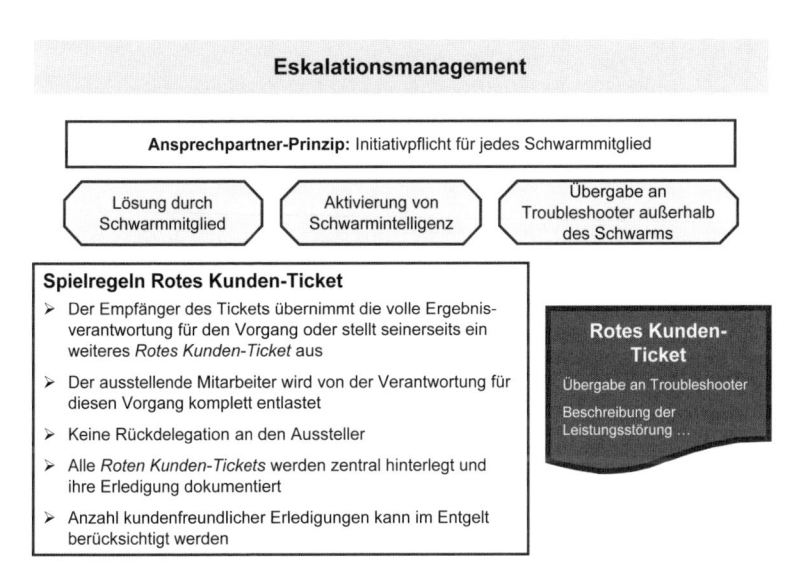

Bild 52

gesprochene *Troubleshooter* übernimmt ab diesem Moment die volle Ergebnisverantwortung für die Lösung des geschilderten Sachverhalts. Natürlich kann der *Troubleshooter* seinerseits für denselben Sachverhalt ein weiteres *Rotes Kunden-Ticket* ausstellen, beispielsweise wenn sich der Fall nur auf höherer Berichtsebene lösen lässt. Bild 52 zeigt die möglichen Eskalationsstufen und die Spielregeln im Umgang mit dem *Roten Kunden-Ticket*.

Keine Rückdelegation beim Roten Kunden-Ticket

Rote Kunden-Tickets entstehen mit der Intention, eine nachgefragte Leistung, die nach den üblichen Standards nicht erbracht werden kann, trotz aller Schwierigkeiten möglich zu machen. Natürlich gibt es Situationen, in denen dies aus objektiven Gründen – egal ob technischer oder wirtschaftlicher Natur – nicht machbar ist.

Um sicherzugehen, dass „*unmöglich*" nicht mit „*unbequem*" verwechselt wird, sollte jedes Unternehmen darauf bestehen, dass der über ein *Rotes Kunden-Ticket* angesprochene *Troubleshooter* dem Kunden eine Ablehnung persönlich erläutert. Ist die nachgefragte Leistung tatsächlich unmöglich, wird der *Troubleshooter* dies seinem Kunden auch glaubhaft begründen können.

> **!** Wird die Absage an den Kunden hingegen auf den ursprünglich angesprochenen Aussteller des *Roten Kunden-Tickets* zurückdelegiert, bestehen zwei Gefahren: Zum einen wird es dem *Troubleshooter* leicht gemacht, auch bei Unbequemlichkeiten „nein" zu sagen; er muss die Ablehnung dem Kunden nicht persönlich ins Gesicht sagen. Zum zweiten besteht die Gefahr, dass der Kunde eine Absage nach dem Motto erhält: „*Ich hätte Ihnen ja gerne geholfen, aber mein Chef spielt leider nicht mit ...*"

Lassen Sie beim *Roten Kunden-Ticket* keine Rückdelegation an den Aussteller zu! Jede Ablehnung muss der Troubleshooter dem Kunden persönlich begründen.

Dokumentation von Fehlern und Nachfragetrends

Durch Einsatz von *Roten Kunden-Tickets* werden alle Schwierigkeiten bei der Erstellung von Kundenleistungen dokumentiert. Künftige Nachfragetrends deuten sich durch eine Häufung bestimmter Kundenwünsche frühzeitig an. *Rote Kunden-Tickets* können zur Marktforschung und zur Prozessverbesserung ausgewertet werden.

Die Anzahl kundenfreundlicher Erledigungen von *Roten Kunden-Tickets* indiziert indirekt den Grad an Kundenorientierung im Unternehmen. Betont kundenfreundliche Unternehmen können über eine Anbindung von erfolgsabhängigem Entgelt für Schwarm und Troubleshooter an die Zufriedenheit der Kunden mit den gelösten Fällen nachdenken.

Synchronisationsteam

Wann immer experimentiert und Neues erprobt wird, werden Abstimmungen über Schwarmgrenzen hinaus erforderlich. Kleinere Schnittstellenprobleme, Kompetenzüberschneidungen oder Missverständnisse können oft rein sachlich auf der Arbeitsebene erledigt werden. Die Einschaltung der „politischen" Ebene Führungskraft stellt im Alltag oft eine hohe Hemmschwelle für das einfache Schwarmmitglied dar, sodass eine saubere Abstimmung bisweilen lieber unterbleibt. Die Möglichkeit zur Einschaltung eines *Kollegen* aus dem *Synchronisationsteam* senkt diese Hürde beträchtlich. Sich anbahnenden Reibereien wird bereits an der untersten Fühlbarkeitsschwelle der Wind aus den Segeln genommen.

Alltagsärgernisse elegant aus dem Weg räumen

Das *Synchronisationsteam* setzt sich aus erfahrenen MitarbeiterInnen unterhalb der Führungsebene zusammen. Jeder Bereich sollte mit einer Person vertreten sein. Der Arbeitsauftrag des Synchronisationsteams besteht darin, kurzfristig alltägliche Hindernisse aus dem Weg zu räumen und informelle Regelungen zur Lösung kleinerer Kooperations- und Schnittstellenprobleme zu vereinbaren. Es ist nicht Aufgabe des Teams, übergeordnete Prozesse neu zu gestalten oder firmenpolitisch umstrittene Themen zu lösen.

Das *Synchronisationsteam* kann jederzeit von jedem Schwarmmitglied angerufen werden, wenn die schwarmübergreifende Zusammenarbeit nicht reibungslos verläuft. Die Einzelheiten des Verfahrens lassen sich in einer öffentlich zugänglichen *Satzung* hinterlegen. Dort lässt sich auch regeln, wie und unter welchen Umständen Führungskräfte gegen Lösungen des Synchronisationsteams votieren können.

Angebots-Nachfrage-Abgleich

Das *Synchronisationsteam* ist aufgrund seiner Sachkenntnis die geeignete Institution, die zur Erstellung der Servicelevel-Vereinbarungen erforderliche *Angebots-Nachfrage-Synchronisation* vorzunehmen. Bei grundsätzlichen oder stark politisch geprägten Differenzen obliegt die *Angebots-Nachfrage-Synchronisation* allerdings den Führungskräften selbst.

Durch beide Aufgabenstellungen – Lösungsvorschläge, falls Erwartungen von internen Anbietern und Lieferanten nicht deckungsgleich sind, sowie die Beseitigung kleinerer Störungen in der Zusammenarbeit – bilden *Synchronisationsteams* ein äußerst effizientes Instrument zur Verbesserung der innerbetrieblichen Zusammenarbeit.

7.5 Arbeitszeitsouveränität

Unvorhergesehene Ereignisse mit dem dafür nötigen Eskalationsmanagement, Nachfrageschwankungen oder der Ausfall einzelner Schwarmmitglieder lassen sich nur durch ein gewisses Maß an *Arbeitszeitflexibilität* abfedern. Bei dieser Gelegenheit können wir zugleich mit dem offenbar nur schwer ausrottbaren Vorurteil aufräumen, rekordverdächtig lange Arbeitszeiten seien besonders wettbewerbsgerecht.

Arbeitszeit als Bestandteil des Handlungsspielraums

Was bei klassischer Führung eine bisweilen heikle Angelegenheit darstellt, funktioniert im Schwarm fast wie von selbst: Innerhalb gewisser Grenzen erhält der Schwarm *Arbeitszeitsouveränität*. Die Entscheidungshoheit über die Verteilung seiner Arbeitszeit bildet einen essenziellen Bestandteil der erweiterten Entscheidungsspielräume im Schwarm.

Schwarmintelligenz verlangt *Arbeitszeitsouveränität* in zweierlei Hinsicht:

- Kundengerechte Lieferzeiten erfordern die *Ausweitung* der Arbeitszeit über Normalmaß bei hoher Nachfrage;
- Effizienzziele verlangen die *Absenkung* der Arbeitszeit unter Normalmaß bei schwacher Auslastung (Vermeidung des *Bummelzwang-Effekts*).

Während die Ausweitung der Arbeitszeit von vielen Führungskräften immer wieder vehement gefordert wird, wird die Bedeutung einer reduzierten Arbeitszeit zur Aufrechterhaltung einer hohen Arbeitseffizienz bei schwacher Nachfrage im Arbeitsalltag gerne übersehen. Eine Art *Bummelzwang* für Beschäftigte ist die kuriose Folge.

In Debatten über Arbeitszeit gerät leicht einiges durcheinander. Die Länge der einzel- bzw. tarifvertraglich vereinbarten wöchentlichen Arbeitszeit ist von ihrer Schwankungsbreite zu unterscheiden. Die Länge der wöchentlichen Vertragsarbeitszeit beeinflusst unmittelbar die Arbeitskosten: Eine Verlängerung ohne Lohnausgleich begünstigt Unternehmen, eine Verkürzung die ArbeitnehmerInnen. In diesem Kapitel geht es ausschließlich um *Arbeitszeitsouveränität*, also das Spiel mit der Schwankungsbreite im Alltag. Die Überlegungen gelten für jede beliebige wöchentliche Vertragsarbeitszeit, egal ob 35- oder 42-Stunden-Woche.

Arbeitszeit als Budget

Die indirekte Zieltranskription durch Servicelevel-Vereinbarungen verleiht der Arbeitszeit den Charakter eines *Budgets*. Insbesondere Effizienzziele erfordern, dass ähnlich wie bei Geld-Budgets jede Ausgabe an Arbeitszeit durch eine *Gegenleistung* – den Output – gerechtfertigt ist (vgl. Bild 53). Bringt eine Entnahme von Arbeitszeit aus dem Arbeitszeit-Budget keinen entsprechenden Output hervor, werden alle Effizienzziele mit der Input-Größe „Arbeitszeit" verfehlt.

Die Kombination aus Serviceleveln und *Arbeitszeitsouveränität* gewährleistet automatisch einen optimalen Einsatz der Arbeitszeit im Schwarm. Die Verteilung der einzel- oder tarifvertraglich geschuldeten Wochenarbeitszeit auf einzelne Arbeitstage kann getrost dem Schwarm selbst überlassen werden.

Die für Schwarmintelligenz adäquate Arbeitszeitform ist *Vertrauensarbeitszeit:* Innerhalb relativ breit gezogener, aber klar definierter Grenzen entscheiden Schwarmmitglieder eigenständig, wann sie wie lange arbeiten. Aufgrund der im Schwarm übernommenen *Ergebnisverantwortung* ist eine Überwachung durch Vorgesetzte, zum Beispiel in Form einer Zeiterfassung, überflüssig. Als Alternative ist auch der Einsatz von *Arbeitszeit-*

Arbeitszeit als Budget

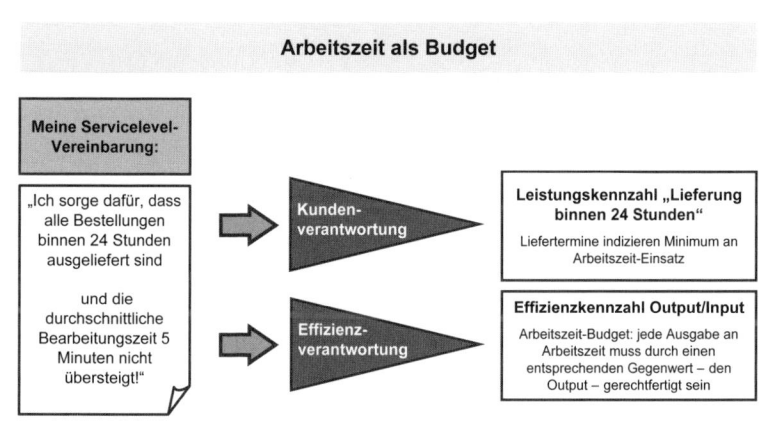

Meine Servicelevel-Vereinbarung:		
„Ich sorge dafür, dass alle Bestellungen binnen 24 Stunden ausgeliefert sind	Kundenverantwortung	**Leistungskennzahl „Lieferung binnen 24 Stunden"** Liefertermine indizieren Minimum an Arbeitszeit-Einsatz
und die durchschnittliche Bearbeitungszeit 5 Minuten nicht übersteigt!"	Effizienzverantwortung	**Effizienzkennzahl Output/Input** Arbeitszeit-Budget: jede Ausgabe an Arbeitszeit muss durch einen entsprechenden Gegenwert – den Output – gerechtfertigt sein

Bild 53

konten denkbar. Die gängigen Gleitzeitmodelle sind hingegen meist zu eng geschnitten.

Arbeitszeitsouveränität als Wunsch

Ohne *Arbeitszeitsouveränität* können Beschäftigte weder ihre Kundennoch ihre Effizienzziele erreichen. Bei hoher Nachfrage geben Kundenziele Beschäftigten einen starken Anreiz, ihre Arbeitszeit selbstständig in dem Umfang zu verlängern, den ihre Kundenziele erfordern. Bei klassischer Führung ist Mehrarbeit eine von Führungskräften angeordnete Zwangsmaßnahme. Sind Kunden- und Effizienzziele erst einmal implementiert, entsteht im Schwarm selbst der Wunsch nach mehr *Arbeitszeitsouveränität*, denn vorgeschriebene starre Arbeitszeiten verhindern das Erreichen der vereinbarten Servicelevel. *Arbeitszeitsouveränität* hingegen erlaubt MitarbeiterInnen eine angemessene Abwägung zwischen dem Einsatz ihrer Arbeitszeit und dem Erreichen des Kundenergebnisses in eigener Regie.

Schwarmeffekte durch Arbeitszeitsouveränität

Bereits die einfache Koordination der Arbeitszeiten im Schwarm kann Delta-Plus-Effekte hervorbringen. Callcenter haben die Erfahrung gemacht, dass Wartezeiten für Anrufer minimiert werden, wenn die unterschiedliche Besetzung der Schichten während anrufstarker und anrufschwacher Zeiten nicht durch Führungskräfte vorgegeben, sondern den MitarbeiterInnen selbst überlassen wird. Die Abstimmung im Schwarm funktioniert besser als jeder Plan!

Nachfrageverlauf als Taktgeber

Durch Arbeitszeitsouveränität wird der Nachfrageverlauf zum Taktgeber der Arbeitszeit. Ob in den Servicelevel-Vereinbarungen vereinbarte Lieferzeiten eingehalten werden können, hängt von der Schwankungsbreite der Nachfrage und der maximalen Arbeitskapazität des Schwarms ab. Die Ergebnisverantwortung des Schwarms für kundengerechte Liefertermine ist erfüllt, wenn der gesamte zur Verfügung stehende Arbeitszeit-Spielraum im Schwarm zur Abdeckung von Nachfragespitzen verwendet wird.

Übersteigen Nachfragespitzen die maximale Arbeitskapazität im Schwarm, lassen sich vereinbarte Lieferzeiten nur durch Einsatz zusätzlicher MitarbeiterInnen einhalten. *Arbeitszeitsouveränität* entbindet Vorgesetzte also nicht von einer realistischen Kapazitätsplanung!

Effizienzkiller Bummelzwang-Effekt

Das generelle Maß für *Arbeitseffizienz* lautet *Zeitverbrauch pro Output-Einheit*. Daraus lässt sich unschwer ablesen, dass der richtige Einsatz von Arbeitszeit einen starken Hebel zur Effizienzsteigerung bildet.

Der Quotient *Zeitverbrauch pro Output-Einheit* verschlechtert sich nicht bei hohem Auftragsvolumen, sondern bei zu geringer Nachfrage! Der Grund: In Zeiten unterdurchschnittlicher Kapazitätsauslastung wird trotz verminderten Outputs häufig dieselbe Zahl an Arbeitsstunden aufgewandt wie bei normaler Auslastung.

Die Krux liegt in starren Mindestarbeitszeiten: In klassischer Arbeitskultur sind MitarbeiterInnen entweder von vornherein verpflichtet, mindestens 8 Stunden pro Tag zu arbeiten, unabhängig von ihrer momentanen Auslastung. Oder sie fühlen sich ihres Renommees wegen oder aus Furcht um ihren Arbeitsplatz genötigt, trotz geringer Auslastung nicht früher nach Hause zu gehen. Diese Arbeitskultur lässt den Quotient Zeitverbrauch pro Output-Einheit in nachfrageschwachen Zeiten hochschnellen und führt zum „Effizienzkiller" *Bummelzwang-Effekt*.

Bummelzwang-Effekt mit Rückschlag

Als Henry S., Mitarbeiter eines mittelständischen Unternehmens, eines Tages wegen mangelnder Auslastung kurz vor Mittag nach Hause wollte, lief er zufällig seinem Geschäftsführer über den Weg. Dieser bezeichnete Henry S. mit vor Zorn gerötetem Gesicht als *„arbeitsscheues Subjekt"* und forderte ihn barsch auf, noch vor dem Nachhausegehen bei der Personalabteilung seine Kündigung abzuholen.

Kaum ein Vorgesetzter macht sich klar, dass er in dieser Situation seinen vielleicht produktivsten Mitarbeiter hinausgeworfen hat.

Kostensenkung durch nachfrageabhängige Arbeitszeit

So führt der *Bummelzwang-Effekt* zur Ineffizienz: In Bild 54 werden Sie unschwer feststellen, dass im Betrachtungszeitraum die in Anspruch genommene betriebliche Kapazität, dargestellt als Nachfrageverlauf, genau dem durchschnittlichen Arbeitszeitvolumen entspricht. Die insgesamt benötigte betriebliche Kapazität wurde richtig berechnet und punktgenau getroffen. Trotzdem entstehen in diesem Beispiel Mehrarbeitstunden (einschließlich evtl. Mehrarbeitszuschlägen), da in der auslastungsschwachen Periode keine Arbeitszeit eingespart wurde (hellgraue Fläche). Dieses Arbeitszeitvolumen fehlt deshalb in der nachfragestarken Zeit und

Effizienzkiller Bummelzwang-Effekt

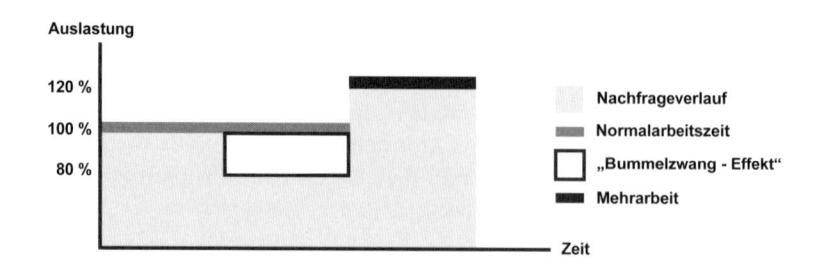

Auslastung

120 %
100 %
80 %

- Nachfrageverlauf
- Normalarbeitszeit
- „Bummelzwang - Effekt"
- Mehrarbeit

Zeit

Vermeidung des „Bummelzwang-Effekts" durch Effizienzziele

➢ Bei Unterauslastung Zwang zur „Ausgabenreduktion", d. h. Arbeitszeitreduktion
➢ Zeitverbrauch/Outputeinheit bleibt dadurch konstant

Bild 54

muss vom Unternehmen noch einmal gekauft werden (Mehrarbeitsperiode).

Ohne flexible Arbeitszeiten haben Unternehmen in Zeiten der Unterauslastung zu hohe Kosten durch schlechte Arbeitseffizienz, in Zeiten der Überauslastung zu hohe Kosten durch zusätzliche Arbeitsstunden (bei Unterauslastung wurde die Arbeitszeit nicht reduziert) und Mehrarbeitszuschläge.

! Führen Sie sich stets die *Faustformel der Arbeitszeiteffizienz* vor Augen: In Zeiten hoher Auslastung lassen sich Kundenziele nur durch *Ausweitung* der täglichen Arbeitszeit erreichen. In Zeiten niedriger Auslastung lassen sich Effizienzziele nur durch *Senkung* der täglichen Arbeitszeit erreichen. Beide Effekte sind für kundenorientierte Spitzenleistungen gleichermaßen bedeutsam!

7.6 Innovationsforum Best-Practice-Workshop

Viele gute Ideen entstehen im Schwarm en passant. Kleinere Verbesserungen können häufig ohne großen Aufwand im normalen Arbeitsalltag umgesetzt werden. Komplexere Aufgaben erfordern die gezielte Entwicklung von Lösungen unter Einsatz aller Kompetenzen im Schwarm. Als Forum für die Schöpfung zündender Ideen wurde vom Autor das Format für *Best-Practice-Workshops* entwickelt.

Forum für vernetzte Kompetenz

Best-Practice-Workshops dienen der gezielten Kompetenzvernetzung im Schwarm. Im Unterschied zum *Eskalationsmanagement*, das eher den Charakter eines kurzfristigen Krisenmanagements besitzt, entfalten *Best-Practice-Workshops* eine strategische Komponente.

Durch die Weitergabe eigener Erfahrungen, durch Anregungen und die gemeinsame Suche nach den besten Wegen zur Lösung schwieriger Fälle lassen sich nicht nur Kompetenz und Leistung aller MitarbeiterInnen kontinuierlich steigern, sondern Servicelevel-Vereinbarungen wirkungsvoller umsetzen. Schwierigkeiten und negatives Kundenfeedback können analysiert, Lösungsvorschläge erarbeitet werden. Zugleich dient der Workshop dem Know-how-Transfer und einer verbesserten Zusammenarbeit im Schwarm. Bahnbrechende Neuerungen werden über *Best-Practice-Workshops* im Unternehmen leichter durchsetzbar.

Als Innovationsforum bilden *Best-Practice-Workshops* ein Kernelement der Schwarmintelligenz. Im Arbeitsalltag entwickelt sich Schwarmintelligenz durch regelmäßige Interaktion zur Abwicklung der Arbeitsaufträge. Mit *Best-Practice-Workshops* steht dem Schwarm ein Instrument zur Verfügung, um einen Schritt zurückzutreten und frei vom Alltagsgeschäft über Innovation und Erneuerung nachzudenken. Der Schwarm kann die Vergangenheit Revue passieren lassen, den geschicktesten Umgang mit auftretenden Problemen besprechen, zukünftige Trends identifizieren und sein Leistungsportfolio der künftigen Entwicklung anpassen. Erst mit Best-Practice-Workshops wird das Innovationspotenzial im Schwarm vollständig genutzt.

> **Die „stecken gebliebene" Lösung**
>
> In einem Hightech-Unternehmen häuften sich Kundenbeschwerden über quälend lange Reparaturzeiten. Das Problem erwies sich als hartnäckig: Aus Kostengründen waren alle Reparaturen in einem Land außerhalb der Kernmärkte zentralisiert worden. Trotz optimierter Logistik ließen sich die Reparaturzeiten aus diesem Grund nicht weiter drücken, ohne dieses Reparaturkonzept aufzugeben. Eine Rückholung der Reparatur in die Kernmärkte hätte andererseits wesentlich höhere Reparaturkosten zur Folge gehabt. Durch Maßnahmen zur Qualitätsverbesserung konnte die Zahl der Reparaturfälle zwar reduziert, aber in ihrer Größenordnung nicht herabgesetzt werden.

Die zündende Idee kam schließlich aus einer Gruppe einfacher Servicemitarbeiter. Das eigentliche Kundenproblem, so hatten diese findigen Köpfe überlegt, lag weniger in der langen Reparaturzeit als in der Nichtverfügbarkeit des Geräts während dieser Zeit. So betrachtet war das Problem lösbar: Kunden wurde während der Reparaturzeit ein Ersatzgerät gegen eine moderate Gebühr angeboten. Von der Idee bis zu ihrer Umsetzung vergingen allerdings etliche Monate, da der Vorgesetzte der Servicemitarbeiter die Idee als abwegig vom Tisch wischte und dem Unternehmen eine geeignete Institution fehlte, Ideen einfacher MitarbeiterInnen bis in höhere Entscheidungsgremien zu transportieren.

Ergebnisoffenes Format

Um ihre volle Wirkung zu entfalten und Schwarmintelligenz bestmöglich zu aktivieren, sollten in regelmäßigen Abständen *Best-Practice-Workshops* veranstaltet werden. Damit *Best-Practice-Workshops* in geordneten Bahnen ablaufen und trotz ihrer Offenheit für allerlei Themen zu greifbaren Ergebnissen führen, ist ein relativ striktes Format für den Ablauf der Workshops empfehlenswert. Ein geschickt gestaltetes Format ermöglicht dem Schwarm nicht nur die zügige Durchführung der Workshops, sondern stellt auch die erforderlichen Freiheitsgrade zur objektiven Meinungsbildung sicher.

Wie gezeigt, entfaltet Schwarmintelligenz ihre Durchschlagskraft dann und nur dann, wenn unterschiedliche Aspekte und Sichtweisen im Schwarm ungehindert aufeinander treffen und objektiv gegeneinander abgewogen werden. Jedes genutzte Workshop-Format muss deshalb für eine autoritätsfreie, ergebnisoffene Diskussion sorgen und gewährleisten, dass selbst schwierige und unangenehme Themen rückhaltlos auf den Tisch kommen.

Kreative Kompetenzvernetzung

Wo sehen Schwarmmitglieder Verbesserungsbedarf? Mit welchen Themen hatten sie Schwierigkeiten? Welche Störfälle haben sich ereignet? Welche Schlussfolgerungen zur Fehlerprävention ergeben sich? Was haben Kunden moniert oder angeregt? Welche positiven Erfahrungen können Schwarmmitglieder als Empfehlung weitergeben? Gibt es Innovationsanstöße einzelner Schwarmmitglieder, die im Schwarm getestet, eventuell modifiziert und umgesetzt werden sollen?

Best-Practice-Workshops dienen zur Fehlerprävention und vor allem der vorausschauenden Weiterentwicklung des Leistungsangebots. Bei der

Zukunftsplanung kommt es entscheidend darauf an, den eingangs des Buches angesprochenen *Blickerweiterungsfaktor* („Nicht nur Bestehendes verbessern, sondern das Problem richtig erkennen und neuartige Lösungen in die Überlegungen einbeziehen") im Schwarm umzusetzen.

Die Meinungsvielfalt im Schwarm bietet die einmalige Chance, sich gedanklich von der rein konventionellen Betrachtungsweise zu lösen. Die Stärke des Schwarms besteht darin, Probleme aus unterschiedlichen Gesichtspunkten zu beleuchten und neue Aspekte aufzuzeigen. Überraschende Erkenntnisse machen manch hartnäckiges Problem endlich handhabbar!

Der 3-Phasen-Innovationsprozess

Die *kreative Kompetenzvernetzung* im Schwarm wird optimal erreicht, wenn der Workshop dem *3-Phasen-Innovationsprozess* folgt. Wie Bild 55 zeigt, schaltet dieses Prozessmodell der Entscheidungsfindung die drei Phasen *Definition der Basisaufgabe*, *Kreativitätsphase* und *Bewertungsphase* voran, um den *Blickerweiterungsfaktor* zu realisieren.

3-Phasen-Innovationsprozess

Basisaufgabe	Kreativitätsphase	Bewertungsphase

Schwarmintelligenz einsetzen, um

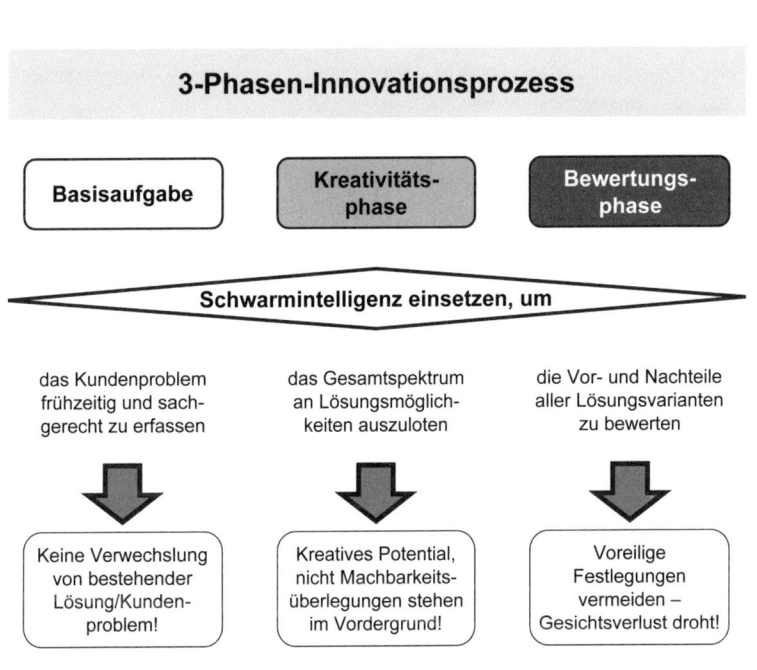

das Kundenproblem frühzeitig und sachgerecht zu erfassen	das Gesamtspektrum an Lösungsmöglichkeiten auszuloten	die Vor- und Nachteile aller Lösungsvarianten zu bewerten
Keine Verwechslung von bestehender Lösung/Kundenproblem!	Kreatives Potential, nicht Machbarkeitsüberlegungen stehen im Vordergrund!	Voreilige Festlegungen vermeiden – Gesichtsverlust droht!

Bild 55

- *Basisaufgabe:* Welches Problem soll gelöst werden? Welche Randbedingungen (Kosten, Geschäftsmodell usw.) sind dabei zu beachten?
- *Kreativitätsphase:* Welches Spektrum an Lösungsalternativen – von völlig unkonventionellen, verrückten bis zu traditionellen – gibt es überhaupt?
- *Bewertungsphase:* Welche Vor- und Nachteile weisen die gefundenen Lösungsalternativen auf? Mit welchen Lösungen werden Kunden positiv überrascht? Besitzen Lösungen ein Alleinstellungsmerkmal? Welche Lösungen sind mit Geschäftsmodell und Unternehmensleitlinien kompatibel, welche nicht?

Eine Entscheidung im Schwarm wird erst nach Durchlaufen aller drei Phasen getroffen. Gegebenenfalls werden Vorschläge als Empfehlung an übergeordnete Entscheidungsgremien im Unternehmen weitergereicht.

Schwarmintelligenz zur Definition der Basisaufgabe

Die Trennung in die drei Phasen setzt den Blickerweiterungsfaktor um und verhindert, dass der Innovationsprozess im traditionellen Gedankengebäude stecken bleibt. Bereits die richtige Definition der Basisaufgabe, also des zu lösenden Kundenproblems, wird durch die vielfältigen Ansichten im Schwarm erheblich erleichtert.

Das oben zitierte Beispiel des Hightech-Unternehmens mit den langen Reparaturzeiten belegt diesen Vorteil. Erst die Betrachtung des Problems aus einem völlig anderen Blickwinkel – Ausfall des Geräts, nicht Länge der Reparaturzeit – brachte die Lösung. Im Unterschied zu dem eingangs des Buches geschilderten Beispiel der Haarnetz-Hersteller gelang es dem Hightech-Unternehmen, das Kundenproblem sachgerecht zu definieren und damit handhabbar zu machen. Die Gefahr, dem Grundfehler gescheiterter Innovationsprozesse – der Verwechslung bestehender Lösungen (dünnere Haarnetze) mit dem Problem (haltbare Frisur) – aufzusitzen, wird durch Aktivierung von Schwarmintelligenz entscheidend verringert.

Schwarmintelligenz in der Kreativitätsphase

Neben einer sachgerechten Problemdefinition ist für die Aktivierung von Schwarmintelligenz vor allem eine richtige Handhabung der *Kreativitätsphase* entscheidend. Die wichtigste Bedingung für eine kreative Talentvernetzung lautet, zunächst *alle denkbaren Lösungsalternativen* ohne Rücksicht auf ihre Machbarkeit oder eine Nutzenabwägung aufzulisten. Nur durch ein solch *unbefangenes Herangehen* werden auch völlig unkonventionelle Lösungsansätze bei der späteren Entscheidungsfindung angemessen geprüft!

Die *Kreativitätsphase* setzt schöpferische Unruhe um und zielt auf die Erarbeitung einer möglichst großen Anzahl Ideen ohne Berücksichtigung ihrer Qualität. Die Vielfalt potenzieller Lösungsansätze spiegelt die Kompetenzvielfalt im Schwarm und garantiert, dass wirklich alle relevanten Aspekte in die Überlegungen einbezogen wurden. Der Einsatz von Kreativitätstechniken im Schwarm erleichtert das Auffinden unkonventioneller Ideen und kann der Schwarmintelligenz zusätzliche Impulse geben.

> Setzen Sie neben problemorientierten Kreativitätstechniken wie Brainstorming auch Kreativitätstechniken ein, die sich gedanklich vom Problem lösen. Assoziationstechniken und ungewöhnliche Begriffskombinationen fördern den Einfallsreichtum und zaubern überraschende Geistesblitze hervor. Wenn Sie Ihre Gedanken abschweifen lassen, wird ihr Gesichtsfeld erweitert und vorhandenes Wissen neu vernetzt.

Wird in der *Kreativitätsphase* bereits über Machbarkeitskriterien und Nützlichkeitserwägungen gestritten, werden Lösungsalternativen von vornherein unkontrolliert ausgeschlossen, weil sie nicht gängig sind oder der traditionellen Denkweise widersprechen. Ein derartiges Vorgehen würde den Erfolg von Schwarmintelligenz drastisch beschneiden.

Schwarmintelligenz in der Bewertungsphase

Der Übergang von der Masse zur Klasse findet erst in der *Bewertungsphase* statt. Die Suche nach der Nadel im Heuhaufen startet. Die Vielzahl von Gedankensplittern wird zu praxistauglichen Vorschlägen verdichtet. Dazu werden alle Vorschläge einer Bewertung unterzogen.

Um eine sachgerechte Bewertung zu gewährleisten und unkonventionelle Lösungen nicht heimlich durch die Hintertüre wieder auszusortieren, empfiehlt sich die vorherige Einigung auf relevante *Bewertungskriterien*. Alle in der *Kreativphase* erarbeiteten Ideen unterliegen anhand dieser Kriterien beispielsweise einer Punktebewertung. Auf diese Art lässt sich relativ einfach die Spreu vom Weizen trennen.

Die Bewertung wird ebenfalls im Schwarm wahrgenommen. Dieses Vorgehen gewährleistet, dass die Ideenbewertung der Meinungsvielfalt unterliegt. Der Schwarmeffekt durch vernetzte Kompetenz bleibt auch in der Bewertungsphase voll erhalten.

Gesichtsverlust durch verfrühte Präferenzen

Ein wesentlicher Baustein für eine erfolgreiche Vernetzung unterschiedlicher Gesichtspunkte im Schwarm besteht darin, dass kein Schwarmmitglied vor Abschluss der *Bewertungsphase* persönliche Präferenzen für eine bestimmte Lösung äußert. Legen sich Schwarmmitglieder zu früh auf bestimmte Alternativen fest, werden andere Alternativen häufig nicht mehr gebührend gewürdigt. Das Urteil ist gefällt, bevor alle Abwägungen sachgerecht vollzogen sind.

Das Ergebnis beruht in diesem Fall eher auf individueller Intuition, um nicht zu sagen auf Vorurteilen, als auf objektiver Abwägung sachdienlicher Gesichtspunkte. Selbst wenn sich für alternative Lösungen später bessere Argumente finden, fällt es vielen Schwarmmitgliedern schwer, von der einmal geäußerten Präferenz wieder Abstand zu nehmen, da eine spätere Abkehr als Gesichtsverlust empfunden wird. Bei einer zu frühen Entscheidung besteht mithin die Gefahr, dass sich am Ende zweitklassige, meist zu konventionelle Lösungen durchsetzen.

Ideenfilter: Die Spreu vom Weizen trennen

Um auch große Mengen gefundener Ideen innerhalb kurzer Zeit bewerten zu können, empfiehlt sich der Einsatz eines *„Ideenfilters"*.[35] Mit seiner Hilfe werden alle Ideen anhand vorher festgelegter Kriterien einer ersten Kurzbewertung unterzogen. Nur besonders positiv bewertete Vorschläge werden anschließend genauer auf ihre Machbarkeit hin geprüft. Kurzfristig ohne großen Aufwand umsetzbare Vorschläge besitzen als *Quick Wins* Priorität.

Als Bewertungskriterien für die Kurzbewertung mit dem Ideenfilter kommen beispielsweise die Einschätzung des Verbesserungspotenzials, erzielbare Einsparungen, der voraussichtliche Ressourcenaufwand zur Umsetzung, die Vereinbarkeit mit übergeordneten Unternehmenszielen und der bis zur Umsetzbarkeit erforderliche Zeitrahmen in Betracht. Die Bewertungskriterien können als Punkteskala gestaltet sein (zum Beispiel 10 = hoch, 0 = niedrig). Nutzen- und Kostenprofil ergeben sich als Saldo der Vor- und Nachteile bzw. von Ertrag und Aufwand, so dass sich bei wenig sinnvollen Ideen, wie in Bild 56 gezeigt, negative Werte ergeben. Alle Kriterien lassen sich unterschiedlich gewichten; eine Inkompatibilität zu übergeordneten Unternehmenszielen kann so schnell das vorzeitige Aus einer Idee bedeuten.

---

35 Ein geeigneter Ideenfilter lässt sich ohne großen Aufwand auf Basis eines Tabellenkalkulationsprogramms so erstellen, dass die Bewertungskriterien frei definierbar sind und mit unterschiedlichen Gewichten ausgestattet werden können. Mit Hilfe eines derartigen Filters lassen sich auch große Mengen an Ideen in kurzer Zeit dokumentieren und bewerten.

Ideenfilter

Themenkreis	Servicequalität	Beratung beim Kauf	Beratung beim Kauf	Firmeninterne Kooperation
Idee	Internet Erste Hilfe Datenbank	Internet-Dialogsystem Produktauswahl	Flächendeckende Verkaufscenter	Interventions-Team Zusammenarbeit
Kurz-Beschreibung	Einrichtung einer für Kunden zugänglichen Datenbank mit Hilfsthemen	Internet-basiertes Dialogsystem für Kunden zur selbständigen Produktauswahl	Einrichtung eigener Verkaufs- und Servicecenter in allen größeren Städten	Team versierter Fachkräfte aus allen Bereichen zur informellen Lösung kleinerer Kooperationsprobleme
Ideenwertung	5,4	5,8	-0,5	5,2
Hinweis	Quick Win		Ungeeignet	Quick Win
Unternehmenskompatibilität	8	10	1	8
Verbesserungspotenzial	7	8	6	8
Nachteile	1	2	6	2
Nutzenprofil	6	6	0	6
Einsparungen	5	8	4	5
Ressourceneinsatz	3	4	7	3
Kostenprofil	2	4	-3	2
Zeit bis Umsetzung	10	6	3	8

Bild 56

Ablauf-Format des Best-Practice-Workshops

Das Ergebnis des Workshops stellt bindende Vereinbarungen für alle Schwarmmitglieder dar. In besonderen Fällen kann es erforderlich sein, bestehende Servicelevel-Vereinbarungen an im *Best-Practice-Workshop* getroffene Absprachen anzupassen.

Soweit Maßnahmen nicht aus eigener Entscheidungskompetenz der Workshop-Teilnehmer umgesetzt werden können, werden ausgewählte Schwarmmitglieder beauftragt, das Projekt den zuständigen Entscheidungsträgern im Unternehmen vorzustellen und die Erlaubnis zur Umsetzung einzuholen. Dieses Vorgehen stellt die Nutzbarmachung von Schwarmintelligenz auch bei Themen sicher, die die Grenzen des Schwarms überschreiten.

> **!** Wichtig für Führungskräfte: Enttäuschen Sie Ihre MitarbeiterInnen nicht! Gute Ideen sollten zeitnah und mit geziemendem Tamtam umgesetzt werden. Nichts ist für Ihre MitarbeiterInnen frustrierender als zu sehen, dass die im Schweiße ihres Angesichts erarbeiteten Vorschläge ohne zwingenden Grund im Papierkorb verschwinden. Vermitteln Sie Ihren MitarbeiterInnen stets das Gefühl, dass Schwarmintelligenz ernst genommen wird und ihre Ergebnisse allerhöchste Anerkennung genießen!

Ideenpool

In der *Kreativphase* werden zahlreiche Ideen erzeugt, von denen naturgemäß die meisten nicht ummittelbar zum Einsatz kommen. Statt die momentan nicht weiterverfolgten Ideen in den Papierkorb zu werfen, können diese in einer Datenbank, dem *Ideenpool,* zentral hinterlegt werden.

Machen Sie den Ideenpool im gesamten Unternehmen frei zugänglich, zum Beispiel via Intranet. Ideen, die heute verworfen werden, geben möglicherweise in Zukunft noch wertvolle Anstöße. Gar nicht selten erhalten MitarbeiterInnen aus „abgelegten" Ideen auch Anregungen für innovative Anwendungen in ganz anderen Arbeitsgebieten. Es lohnt sich deshalb, auch die nicht umgesetzten Ideen zu veröffentlichen.

> **!** Ein *Ideenpool* ist völlig sinnlos, wenn ihn niemand einsetzt. Ermutigen Sie als Führungskraft Ihre MitarbeiterInnen, sich regelmäßig Anregungen aus dem *Ideenpool* zu besorgen!

7.7 Verhaltensabstimmung im Schwarm

Schwarmintelligenz lebt vom Dissens! Schwer fassbare Trends lassen sich leichter abschätzen, scheinbar unzugängliche Aufgabenstellungen lassen sich leichter entwirren, wenn verschiedenartige Sichtweisen aufeinander prallen. Je inhomogener die Gruppe, desto größer sind Kompetenzvielfalt und Gesichtsfelderweiterung. Doch wie entsteht bei dieser Gemengelage einheitliches Handeln im Schwarm?

Autoritätsfreies Abstimmungsprozedere

In klassischer Arbeitskultur gibt bei Meinungsunterschieden letztlich die Führungskraft den entscheidenden Ausschlag. Als Gremium gleichberechtigter Mitglieder – die Grundvoraussetzung aller Delta-Plus-Effekte

– ist dem Schwarm dieser Weg verbaut. Gesucht ist ein *autoritätsfreies Abstimmungsprozedere*, das unterschiedliche Gesichtspunkte zur Konklusion führt, ohne den Schwarmeffekt durch Ausblenden oder Abwürgen von Minderheitsmeinungen zu gefährden.

Alle folgenden Verfahren wurden vom Autor so gestaltet, dass sie sich sowohl zur Verhaltensabstimmung im Schwarm als auch über Schwarmgrenzen hinaus eignen. Idealerweise geht jeder Verhaltensabstimmung der bereits geschilderte *3-Phasen-Innovationsprozess* voraus. Ein korrektes Durchlaufen dieses Prozesses garantiert, dass

- die zu erledigenden Aufgaben richtig und umfassend beschrieben sind,
- alle in Frage kommenden Lösungsalternativen erarbeitet wurden,
- eine voreilige Festlegung auf bestimmte Alternativen vermieden wird,
- die einzelnen Vor- und Nachteile der Lösungsalternativen unvoreingenommen auf dem Tisch liegen.

Bild 57 zeigt unterschiedliche Verfahren, deren sich Schwärme zur autoritätsfreien Verhaltensabstimmung bedienen können. *Durchschnittsbildung, Mehrheitswahl, Iterativer Einigungsprozess* oder *Holistische Interessenabwägung?* Das geeignete Verfahren hängt von der Aufgabe ab.

Autoritätsfreie Verhaltensabstimmung im Schwarm

	Arithmetisch lösbare Aufgaben	Konkurrierende Interessen	
Durchschnittsbildung			**Holistische Interessenabwägung**
	Aufgabenstellung		
Mehrheitswahl	Sich ausschließende Alternativen	Komplexe Probleme	**Iterativer Einigungsprozess**

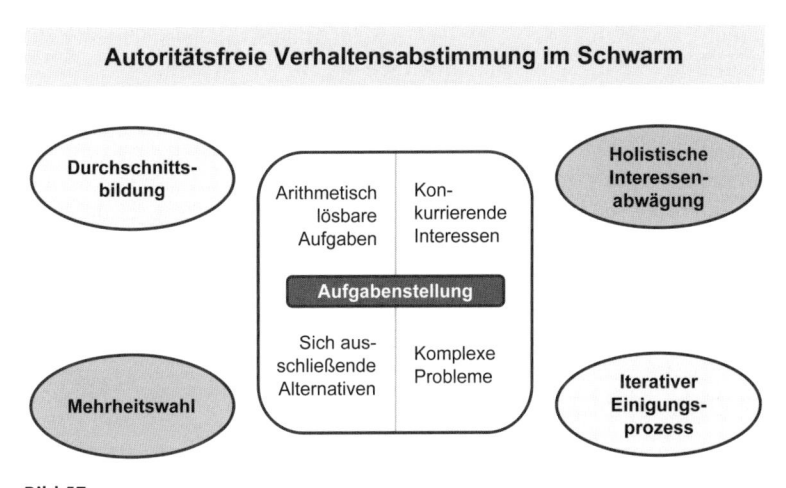

Bild 57

Durchschnittsbildung

Lässt die Aufgabenstellung eine einfache arithmetische Lösung wie bei der Bestimmung des Schlachtgewichts von Rindern zu, führt die *Durchschnittsberechnung* aller abgegebenen Schätzungen zum Delta-Plus-Effekt.

Die *Durchschnittsberechnung* vereint in idealer Weise das Spektrum aller Meinungen: Übertrieben hohe und untertrieben niedrige Schätzungen gleichen sich zu einem gewissen Grad aus. Keine Meinung, keine Kompetenz geht verloren. Der Durchschnittswert reflektiert das *Gesamtspektrum aller Einzelmeinungen* und ist unmittelbar *Ausdruck vernetzter Kompetenz*.

Im Unternehmen gibt es eine ganze Reihe von Anwendungen. Die Durchschnittsbildung ist besonders gut geeignet, um die *Stärke von Trends* oder die *Ausprägungen bestimmter Merkmale* abzuschätzen. Die Merkmalsausprägungen des *Ideenfilters* lassen sich im Zuge der Durchschnittsbildung ermitteln. Markttrends können eingeschätzt, Positionen bewertet und die Kompetenzen von Bewerbern durch Beobachter beurteilt werden.

Voraussetzung für die Anwendung der *Durchschnittsbildung* ist die Existenz einer *metrischen Skala*. Diese Skala kann sich wie bei der Schätzung des Schlachtgewichts aus der Aufgabe selbst ergeben oder wie beim Ideenfilter zur besseren Handhabung der Aufgabenstellung künstlich geschaffen sein. Für sozialwissenschaftliche Anwendungen sind Skalen mit 5 bis 7 Stufen völlig ausreichend.[36] Bei künstlich geschaffenen Skalen ist darauf zu achten, dass die Bewertungsstufen der Skala ausreichend definiert sind und im Schwarm einheitlich angewandt werden.

Durch künstlich geschaffene Skalen lassen sich auch komplexe Fragestellungen wie beispielsweise die Auswahl einer geeigneten Strategie aus mehreren Entwürfen per Durchschnittsbildung lösen, indem Bewertungspunkte vergeben werden. Insofern ist die Durchschnittsbildung als Optimierungsverfahren für alle möglichen Aufgabenstellungen geeignet. Allerdings gilt: Je komplexer eine Fragestellung ausfällt, desto mehr Informationsgehalt geht verloren, wenn einzelne Argumente in Bewertungspunkte aufgelöst werden. Die Gefahr unzureichender Abwägungen und daraus folgender Fehlentscheidungen wächst bei Durchschnittsbildung parallel zur Komplexität der Fragestellung.

---

36 Die Sozialwissenschaft geht davon aus, dass sich Verhaltensmerkmale um 10 % bis 15 % unterscheiden müssen, um vom Betrachter als unterschiedlich wahrgenommen zu werden. Daraus ergibt sich für sozialwissenschaftliche Aufgabenstellungen eine Maximalskala von 7 bis 10 Stufen. Mehr Merkmalsausprägungen können nicht mehr objektiv unterschieden werden.

Aus diesem Grund leisten alternative Verfahren zur Verhaltensabstimmung im Schwarm bei komplexen Aufgaben oft bessere Dienste.

Mehrheitswahl

Von der Durchschnittsbildung ist die *Mehrheitswahl* zu unterscheiden. Bei der Mehrheitswahl setzt sich die Mehrheit gegenüber der Minderheit durch. Im Unterschied zur Durchschnittsbildung sind Minderheitsmeinungen im Endergebnis nicht repräsentiert, sondern fallen mit der Abstimmung komplett unter den Tisch. Das macht die Mehrheitswahl besonders geeignet für Aufgabenstellungen, die eine *Auswahl aus einander ausschließenden Alternativen* bedingen.

Einander ausschließende Alternativen kommen im Arbeitsalltag immer wieder vor. Soll ein Prozess im Unternehmen in Variante A oder B gestaltet werden? Schwarmintelligenz durch Mehrheitswahl indiziert den Prozess, der unter verschiedenen Gesichtspunkten die meisten Vorteile verspricht.

Auch bei Schnittstellenproblemen ist guter Rat durch Mehrheitswahl zu erhalten. Sie können so eine umstrittene Zuständigkeit mit guten Gründen dem einen oder anderen Mitarbeiter zuordnen – aber Sie müssen eine sich ausschließende Entscheidung für einen der beiden treffen, um Kompetenzwirrwarr zu vermeiden und klare Verhältnisse zu schaffen.

Die Vernachlässigung der Minderheitenmeinung verhindert Schwarmintelligenz in diesen Fällen nicht, da zwangsläufig eine Entscheidung zwischen zwei – oder mehr – Alternativen getroffen werden muss. Die Entscheidung *für* eine Alternative schließt automatisch eine Entscheidung *gegen* alle anderen Alternativen ein. Nicht Macht und Dominanz, sondern die besondere Art der Aufgabenstellung verhindert eine Berücksichtigung der Minderheitsmeinungen. Schwarmeffekte werden in diesen Fällen durch *Mehrheitswahl* nicht beeinträchtigt.

Iterativer Einigungsprozess

Beim iterativen Einigungsprozess handelt es sich um einen mehrstufigen Prozess, der die Chance erhöht, ein vom Schwarm gemeinsam getragenes Ergebnis zu erzielen. In der vom Autor vorgestellten Form eignet sich der *iterative Einigungsprozess* ideal für eine autoritätsfreie Bearbeitung komplexer Fragestellungen.

Denken Sie beispielsweise an die Planung einer neuen Marketingmaßnahme. Die Erarbeitung eines optimalen Ansatzes stellt einen äußerst vielschichtigen Prozess dar, bei dem etliche Variablen wie Markttrends,

Wettbewerbssituation, Kundenpräferenzen oder Kommunikationskanäle berücksichtigt sein wollen.

Der *iterative Einigungsprozess* schließt sich im Idealfall an den *3-Phasen-Innovationsprozess* an. Während des Prozesses wird versucht, eine von allen getragene Lösung ohne Schwachstellen zu finden. Eine solche Lösung entspricht häufig keiner der ursprünglich zur Abstimmung gestellten Lösungsalternativen vollinhaltlich. Insofern geht der *iterative Einigungsprozess* ein Stück weit in die *Ideengenerierung* zurück.

Der iterative Einigungsprozess besteht in einer Art *Selbstmoderation* des Schwarms. Die Offenheit aller Schwarmmitglieder für diesen Moderationsansatz bildet die Grundvoraussetzung für einen Erfolg im iterativen Einigungsprozess. Nur wenn alle Schwarmmitglieder das Ausloten der besten Möglichkeit als ihre Aufgabe begreifen und nicht die Durchsetzung der eigenen anfangs gefassten Präferenz, kann der iterative Einigungsprozess zum Erfolg führen. Nicht, wer den eingangs gefassten Standpunkt überdenkt, darf das Gesicht verlieren, sondern derjenige, der argumentationsresistent an seiner ursprünglichen Meinung festhält!

Stufen des iterativen Einigungsprozesses

Der in Bild 58 dargestellte *iterative Einigungsprozess* gliedert sich in mehrere Stufen:

- *Anforderungsprofil erstellen:* Einigen Sie sich zunächst auf *Anforderungen,* denen die optimale Lösung genügen muss. Welche dieser Anforderungen sind besonders relevant, welche fallen weniger ins Gewicht? Im Idealfall können Sie wie beim Ideenfilter Anforderungsmerkmalen feste Gewichte zuordnen, die ihre jeweilige Bedeutung repräsentieren.

- *Präferenzenindikation:* In dieser zweiten Stufe dürfen zum ersten Mal Präferenzen für die auf dem Tisch liegenden Lösungsalternativen aus dem *3-Phasen-Innovationsprozess* geäußert werden. Abgefragt wird ein *erstes, vorläufiges Gesamturteil* über alle in Frage stehenden Alternativen. Können sich die Schwarmmitglieder auf eine gemeinsame Alternative einigen, ist der iterative Einigungsprozess an dieser Stelle beendet. Bestehen unterschiedliche Präferenzen im Schwarm, wird von jedem Schwarmmitglied in den nächsten Prozessstufen erwartet, den eigenen Standpunkt kontinuierlich zu überdenken.

- *Perspektivwechsel:* Wird keine Einigung erzielt, erfolgt in der dritten Stufe ein Perspektivwechsel. In Stufe 3 wird nicht länger über die vorliegenden Lösungsalternativen, sondern über die

Iterativer Einigungsprozess

Die Stufen 3 und 4 können mehrmals durchlaufen werden, um ein optimales Ergebnis zusammenzustellen

1. Anforderungsprofil
Welchen Anforderungen muss die Lösung genügen?

2. Präferenzindikation
Welcher Lösung wird bei ganzheitlicher Betrachtung der Vorzug gegeben? Einigung?

3. Perspektivwechsel
Fokus wechselt auf Anforderungsmerkmale: Welche Elemente der vorgeschlagenen Lösungsalternativen erfüllen ein Anforderungsmerkmal am besten? Am zweitbesten? usw.

4. Kompatibilitätsprüfung
Fügt sich die neu aus den besten Elementen pro Anforderungsmerkmal erarbeitete „Gesamtlösung des 2. Levels" zu einem harmonischen Ganzen zusammen?

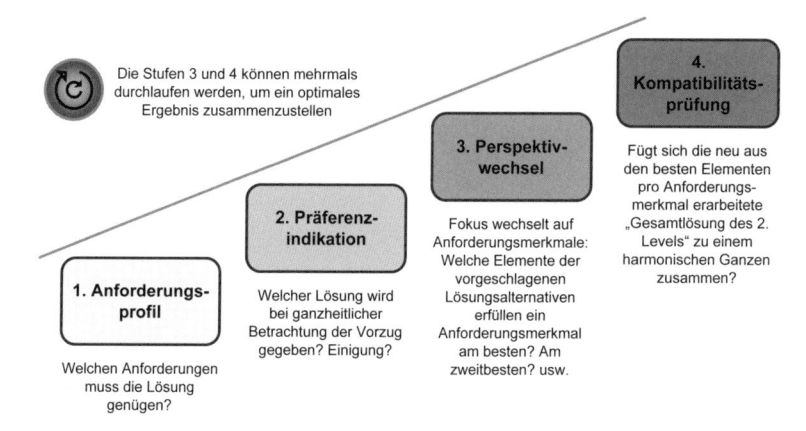

Bild 58

Anforderungsmerkmale gesprochen. Für jedes Anforderungsmerkmal wird nach der optimalen, dann nach der zweitbesten, drittbesten usw. Umsetzung gesucht. Stufe 3 führt zurück in den *Kreativprozess:* Die ursprünglichen Lösungsalternativen werden in einzelne Elemente zerlegt, neu zusammengesetzt und ergänzt. Ziel ist es, durch Kombination der jeweils optimalen Umsetzungen pro Anforderungsmerkmal eine neue, von allen getragene *„Gesamtlösung des 2. Levels"* zusammenzustellen.

- *Kompatibilitätsprüfung:* Soweit die ursprünglichen Lösungsalternativen in der Prozessstufe *Perspektivwechsel* neu zusammengestellt wurden, muss unbedingt geprüft werden, ob sich die Einzelteile der *„Gesamtlösung des 2. Levels"* zu einem harmonischen Gesamtprogramm zusammenfügen. Soweit sich die Einzelteile als zueinander inkompatibel erweisen, wird Prozessstufe 3 erneut durchlaufen. Die beanstandeten Einzelteile können zum Beispiel durch die zweitbeste Umsetzung des entsprechenden Anforderungsmerkmals ersetzt werden.
- *Iteration:* Die Prozessstufen 3 und 4 können bei Bedarf mehrmals wiederholt werden, solange die Chance auf weitere Annäherung besteht.

Der *iterative Einigungsprozess* unterliegt den Gesetzen der im Kapitel über die Selbststeuerung im Schwarm gefundenen *Überzeugungsquote.* Bei diesen Versuchen war sowohl im Fischschwarm als auch bei menschlichen

Gruppen eine *Überzeugungsquote* von mindesten 5 % als Kristallisationskern erforderlich, um den Schwarm zu beeinflussen und einen Richtungswechsel einzuläuten. Ob eine *Überzeugungsquote* in Höhe von 5 % für alle Lebenslagen gilt, muss an dieser Stelle mangels empirischer Belege offen bleiben. Als sicher kann aber gelten, dass ein *iterativer Einigungsprozess* ergebnislos bleiben wird, wenn aufgrund stark zersplitterter Meinungen keine Alternative die minimale *Überzeugungsquote* auf sich vereinen kann. Die Gefahr besteht analog, wenn sich im Schwarm stabile, gleichstarke Meinungsgruppen bilden, die sich gegenseitig blockieren.

Wenn sich im Zuge des *iterativen Einigungsprozesses* kein Ergebnis erzielen lässt, sollte sich der Schwarm auf Ursachenforschung begeben. Scheitert eine Einigung an unterschiedlichen Einschätzungen bezüglich Trends oder den Erfolgsaussichten bestimmter Maßnahmen? Für diesen Fall bietet sich eine Punktebewertung aller in Frage kommenden Lösungsalternativen per *Durchschnittsbildung* als Ausweg an.

Abstimmungen über stark umstrittene Lösungsalternativen bergen immer die Gefahr, dass das Ergebnis bei den Beteiligten Bauchschmerzen hinterlässt und im Extremfall nicht anerkannt wird. Insbesondere wenn eine Einigung an *konkurrierenden Interessen* scheitert, führt das Verfahren der *Durchschnittsbildung* nicht weiter. Zu groß ist die Gefahr, dass die Minderheit durch die Mehrheit dominiert wird und Schwarmeffekte verschwinden. In diesem Fall bietet die Methode der *holistischen Interessenabwägung* einen vernünftigen Ausweg.

> **Eine kluge Entscheidung?**
>
> Bei einem Anbieter technischer Haushaltswaren war die Meinung geteilt, wieweit Servicetechniker Kunden bei Aufstellung eines Produktes in dessen Handhabung einweisen sollten. Befürworter einer ausführlichen Einweisung argumentierten, durch diesen Service setze man sich klar vom Wettbewerb ab und rechtfertige die eigenen leicht überdurchschnittlichen Preise. Die Gegner verwiesen auf die hohen Kosten, die derartige Einweisungen verursachten. Aufgrund mangelnder Markttransparenz ließ sich keine der gegenläufigen Positionen mit harten Fakten untermauern.
>
> Der Anbieter versuchte es mit Schwarmintelligenz: Ein Projektteam aus unterschiedlichen Fachleuten wurde zur Lösung eingesetzt. Doch auch im Schwarm blieben die Meinungen geteilt! Nach längeren fruchtlosen Auseinandersetzungen wurde im Wege einer Punktebewertung nach dem Durchschnittsverfahren die Entscheidung für eine der Alternativen erzwungen. War das klug? Die Anwendung des *Iterativen Einigungsprozesses* hätte möglicherweise Zwischentöne zugelassen, um die Vorteile aus beiden Alternativen zu kombinieren.

Holistische Interessenabwägung

Selbst wenn Zielsysteme in einer Organisation gut aufeinander abgestimmt sind – kein Zielsystem ist in sich vollkommen widerspruchsfrei. Konkurrierende Interessen sind Alltag in Unternehmen. Wie lassen sich divergierende Interessen optimal bewältigen? Vorausgesetzt, alle geltend gemachten Interessen ergeben sich aus dem Zielsystem des Unternehmens, bringt eine *holistischen Interessenabwägung*, die nach Win-win-Situationen sucht, die besten Ergebnisse.

Berechtigte Interessen

Erste und wichtigste Voraussetzung für eine *holistische Interessenabwägung:* Die gegenläufigen Interessen werden von allen Parteien als *berechtigt* anerkannt. Wir reden also nicht über partikulare Einzelinteressen egoistischer oder karrieresüchtiger MitarbeiterInnen. Es geht nicht um Intrigen, die auf Kosten einer reibungslosen innerbetrieblichen Zusammenarbeit gesponnen werden, sondern um konkurrierende Interessen, die sich aus dem im Unternehmen gültigen Ziel- und Wertesystem ergeben.

Konkurrierende Interessen in diesem Sinne bedeuten: Es existieren Handlungsalternativen, die für den einen Bereich vorteilhaft, für einen anderen jedoch mit Nachteilen verbunden sind. Trotzdem: Beide Interessen wollen einen Beitrag zum betrieblichen Erfolg leisten. Keine der konkurrierenden Interessen braucht sich zu verstecken, keine kann per se als unangemessene Verhaltensweise betrachtet werden.

Konkurrierende Interessen oder Konflikt?

Viele Führungskräfte glauben, bei konkurrierenden Interessen sei ihre Durchsetzungsfähigkeit gefordert. „Auf keinen Fall verlieren!", lautet die Devise – selbstverständlich für beide Seiten. Machtworte werden gesprochen, Bündnispartner gesucht, Ultimaten gestellt. Das Klima zwischen den betroffenen Bereichen trübt sich meist heftig ein. Aus *konkurrierenden Interessen* wird schnell ein handfester *Konflikt,* der das Unternehmen lähmt.

> Konkurrierende Interessen sind keineswegs identisch mit einem Konflikt! Erst das Hinzutreten emotionsgeladener Unnachgiebigkeit macht aus konkurrierenden Interessen einen Konflikt. Der Machtkampf entsteht durch die *Reaktion* der Beteiligten, nicht durch das *Faktum* konkurrierender Interessen selbst!

Was passiert im Einzelnen, wenn konkurrierende Interessen zu einem handfesten Konflikt ausarten?

- Beim Interessenkonflikt wird das konkurrierende Interesse nicht als berechtigt anerkannt. Im günstigsten Fall wird es als irrelevant für die eigene Position ignoriert, meist aber direkt als gegnerisches Interesse gebrandmarkt, das es zu bekämpfen gilt.
- Aufgrund der fehlenden Anerkennung des konkurrierenden Interesses bleiben sachliche Argumente beim Gesprächspartner fruchtlos. Jedes Gespräch ist schnell mit negativen Emotionen aufgeladen, selbst wenn es auf Sachebene begonnen hat.
- Das Unternehmensinteresse als Ganzes wird aus den Augen verloren. Keiner der Beteiligten sucht nach Win-win-Situationen, jeder beharrt auf seiner Maximalposition.
- Ein gnadenloser Machtkampf entsteht. Mit der Durchsetzungsfähigkeit steht der Ruf der Beteiligten auf dem Spiel! Innerbetriebliche PR-Kampagnen werden gestartet, Verbündete gesucht. Die Ebene des Fair Play wird verlassen.
- Es gibt Verlierer mit entsprechendem Gesichtsverlust.

Win-win-Lösungen?

Gibt es überhaupt einen Ausweg? Bedeuten nicht – Konfliktparteien kontern gerne mit diesem Einwand – konkurrierende Interessen, dass der eine verliert, was der andere gewinnt? Wie kann es auf dieser Basis eine Win-win-Lösung geben?

Um Wettbewerbern Aufträge abzujagen, mag dieses Argument durchaus stichhaltig sein – für die innerbetriebliche Verhaltensabstimmung gelten allerdings andere Spielregeln! Vertreter beider konkurrierender Interessen verbindet *das gemeinsame Ziel*, am Ende des Jahres für eine möglichst große Zahl unter der Rubrik „Gewinn" zu sorgen. Erst in zweiter Linie sind die Beteiligten Vertreter ihrer Funktionsbereiche. In dieser *Rangfolge* liegt der Grund, warum für viele auf den ersten Blick unvereinbare Interessen innerbetrieblich Win-win-Lösungen existieren. Aus konkurrierenden Interessen wird eine Optimierungsaufgabe!

Vertrieb versus Produktion
Ein Textilhersteller produziert und vertreibt im Jahr 100.000 Pullover mit unterschiedlichem Design. Alle 6 Monate erscheint zudem eine neue Kollek-

tion. Jedes Design wird gleichermaßen für 100 EUR pro Stück verkauft.[37] Das Design ist einem häufig wechselnden Publikumsgeschmack unterworfen. Eine längerfristige Vorhersage über den richtigen Design-Mix ist deshalb schwer möglich. Aus diesem Grund wurden die Produktionsmengen für jedes Design bisher im wöchentlichen Rhythmus festgelegt. Durch diesen kurzen Bestellrhythmus ließ sich die Produktion von Ladenhütern, die nur noch für 40 EUR pro Stück verramscht werden können, weitgehend vermeiden.

Als der Produktionsleiter harte Kostensenkungsziele akzeptieren musste, verlangte er, künftig die Bestellmenge drei Monate im Voraus zu planen. Er konnte plausibel darlegen, dass durch den längeren Bestellrhythmus aufgrund verkürzter Umrüstzeiten und günstigerer Rabatte beim Einkauf des Rohmaterials die Produktionskosten deutlich sinken. Der Vertrieb votierte unter Hinweis auf den volatilen Publikumsgeschmack und die eigenen Umsatzziele strikt gegen diese Umstellung.

Zur Lösung des Problems wurde schließlich eine mit Vertretern aus Vertrieb und Produktion paritätisch besetzte Projektgruppe eingerichtet. Die Mitglie-

Holistische Interessenabwägung (Beispiel 1)

Sicht der Produktion

Produktion			
Rhythmus	Stück	Stückkosten	Produktionskosten
1 Woche	100.000	65	6.500.000
14 Tage	100.000	60	6.000.000
1 Monat	100.000	55	5.500.000
2 Monate	100.000	50	5.000.000
3 Monate	100.000	45	4.500.000

Sicht des Vertriebs

Vertrieb					
Rhythmus	Stück	VK Preis/Stück	Stück	VK Preis/Stück	Umsatz
1 Woche	100.000	100	0	40	10.000.000
14 Tage	95.000	100	5.000	40	9.700.000
1 Monat	90.000	100	10.000	40	9.400.000
2 Monate	80.000	100	20.000	40	8.800.000
3 Monate	70.000	100	30.000	40	8.200.000

Holistik

Holistik			
Rhythmus	Umsatz	Produktionskosten	Gewinn
1 Woche	10.000.000	6.500.000	3.500.000
14 Tage	9.700.000	6.000.000	3.700.000
1 Monat	9.400.000	5.500.000	3.900.000
2 Monate	8.800.000	5.000.000	3.800.000
3 Monate	8.200.000	4.500.000	3.700.000

Bild 59

---

[37] Die hier verwendeten Daten sind fiktiv.

7.7 Verhaltensabstimmung im Schwarm

der der Projektgruppe wähnten sich zunächst in einer ausweglosen Pattsituation. Doch durch eine *holistische Interessenabwägung* zeichnete sich schon bald ein Produktionsrhythmus von einem Monat als optimale Lösung ab. Warum? Aus übergeordneter Sicht lässt sich der steigende Anteil an Ladenhütern gegen die sinkenden Produktionskosten aufrechnen. Wie die Beispielrechnung in Bild 59 deutlich macht, verbleibt beim einmonatigen Produktionsrhythmus nach Abzug der Produktionskosten der höchste Gewinn.

Kompromiss als optimale Lösung?

Möglicherweise sind Leser versucht, die *holistische Interessenabwägung* mit einem Kompromiss gleichzusetzen. Schließlich treffen sich die Parteien in obigem Beispiel genau „in der Mitte". Tatsächlich basiert das Beispiel auf einer simplen Kalkulation, und ein Kompromiss bietet *keine* optimale Lösung, wie eine leichte Modifikation des Beispiels beweist.

Nehmen wir an, dass hochwertige Markenartikel produziert werden, die aus Gründen des Markenimages nicht verramscht werden können. Nicht

Holistische Interessenabwägung (Beispiel 2)

Sicht der Produktion

Produktion			
Rhythmus	Stück	Stückkosten	Produktionskosten
1 Woche	100.000	65	6.500.000
14 Tage	100.000	60	6.000.000
1 Monat	100.000	55	5.500.000
2 Monate	100.000	50	5.000.000
3 Monate	100.000	45	4.500.000

Sicht des Vertriebs

Vertrieb					
Rhythmus	Stück	VK Preis/Stück	Stück	VK Preis/Stück	Umsatz
1 Woche	100.000	100	0	-5	10.000.000
14 Tage	95.000	100	5.000	-5	9.475.000
1 Monat	90.000	100	10.000	-5	8.950.000
2 Monate	80.000	100	20.000	-5	7.900.000
3 Monate	70.000	100	30.000	-5	6.850.000

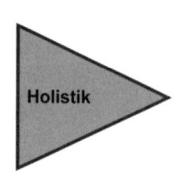

Holistik

Holistik			
Rhythmus	Umsatz	Produktionskosten	Gewinn
1 Woche	10.000.000	6.500.000	3.500.000
14 Tage	9.475.000	6.000.000	3.475.000
1 Monat	8.950.000	5.500.000	3.450.000
2 Monate	7.900.000	5.000.000	2.900.000
3 Monate	6.850.000	4.500.000	2.350.000

Bild 60

regulär absetzbare Pullover müssen deshalb vernichtet werden; die Vernichtung kostet 5 EUR je Pullover. In diesem Fall fallen Vertriebsinteresse und übergeordnetes Interesse unmittelbar zusammen. Die Beispielrechnung in Bild 60 beweist: Der einwöchige Produktionsrhythmus ergibt dann die insgesamt günstigste Lösung.

Die Suche nach einem Kompromiss stellt deshalb im betrieblichen Rahmen meist *keine* empfehlenswerte Strategie dar! Der Grund für *suboptimale* Ergebnisse dieses gängigen Konfliktlösungsmodells liegt darin, dass ein Kompromiss häufig bestehende Machtverhältnisse widerspiegelt. Macht und Einfluss ersetzen Holistik und die Suche nach einem übergeordneten Interesse als objektivem Schiedsrichter. Die größten Lobbyisten setzen sich durch, nicht die besten Ergebnisse. Mit einer *holistischen Interessenabwägung* lassen sich weit größere Erfolge erzielen.

Konfliktvermeidung

Durch die Suche nach einer übergeordneten Interessenebene per *holistischer Interessenabwägung* werden Konflikte automatisch vermieden und im Sinne des Unternehmens optimale Resultate erreicht:

- Alle relevanten Fakten werden evaluiert.
- Alle Funktionsinteressen bleiben anerkannt und bilden die Grundlage der Evaluierung.
- Die Argumentation verläuft strikt auf der Sachebene.
- Statt eines Interessenkonflikts ergibt sich eine lösbare Optimierungsaufgabe.
- Statt eines Machtkampfs entsteht fachliche Kooperation.
- Aus potenziellen Gegnern wird ein schlagkräftiges Team.
- Es gibt weder Gewinner noch Verlierer, niemand verliert sein Gesicht.
- Die für das Unternehmen beste Lösung wird verwirklicht.

7.8 Leitfragen und Antworten zum Kapitel

Wie bildet sich ein Schwarm? Wodurch entsteht seine Gruppenidentität?

- Schwärme, das hat die Bionik gezeigt, entstehen als Zweckgemeinschaft zum Erreichen eines gemeinsamen Ziels. Im Unternehmen bilden *Kunden-Leistungspakete* – diese beschreiben kennzahlengestützt die Gesamtleistung für innerbetriebliche oder externe Kunden – den idealen Nukleus. Aber auch temporäre Zweckgemeinschaften, beispielsweise in Form von Projektgruppen, können Schwarmeffekte erzielen. Jede Schwarmgröße ist begrenzt. Fehlt Schwarmmitgliedern der Gesamtüberblick über die Leistungserstellung, können sie ihre Kompetenzen nicht richtig einbringen. Ähnlich wie bei den Vögeln sollten Schwärme in diesem Fall in kleinere Einheiten geteilt werden.

Warum ist *Ergebnisverantwortung* zur Generierung von Schwarmeffekten unverzichtbar?

- *Ergebnisverantwortung* generiert Innovationsdruck im Schwarm. Eine gemeinsam getragene *Ergebnisverantwortung* für *Kunden-Leistungspakete* zwingt Schwarmmitglieder, ihre Kompetenzen zu vernetzen, um Verbesserungsmöglichkeiten zu realisieren und neue Markt- oder Kundenanforderungen so weit und so schnell wie möglich umzusetzen.

- Der Innovationsdruck lässt regelmäßig *Nicht-Standardsituationen* entstehen. Das Puzzle funktionaler Zuständigkeiten und fest gefügter Prozessschritte wird aufgeweicht, wenn herkömmliche Funktionsroutinen nicht zum gewünschten Ergebnis führen. *Zwang* und *Möglichkeit* zur Weiterentwicklung und Modifikation bestehender Regeln bilden deshalb den Kern von *Ergebnisverantwortung*. Regelfixierte MitarbeiterInnen finden sich in *Nicht-Standardsituationen* schlecht zurecht. *Ergebnisverantwortung* verpflichtet hingegen zu *Entrepreneurship:* Fehlentwicklungen werden rechtzeitig gestoppt, zusätzliche, über das klassische Positionsverständnis hinausgehende Aufgaben werden übernommen. Reibungsverluste und Unzuständigkeitsschleifen in *Nicht-Standardsituationen* gehören der Vergangenheit an.

Im Unterschied zum klassischen, sternförmig auf die Führungskraft zugeschnittenen Informationsfluss erfordert Selbststeuerung im Schwarm einen dezentral organisierten, vergleichsweise breit ausgelegten Informationszuschnitt. Durch welche Instrumente lässt sich der Informationsfluss im Schwarm optimieren?

- Werden Schwarmmitglieder durch Herrschaftswissen von wesentlichen Informationen abgeschnitten, können sie ihre Kompetenzen nicht richtig vernetzen. Das oberste Prinzip eines schwarmgerechten Informationsflusses besteht darin, alle Partner – andere Schwarmmitglieder, Führungskräfte, innerbetriebliche oder externe Kunden, selbst Lieferanten – als „*Informationskunden*" zu begreifen. Schlüpfen Schwarmmitglieder gedanklich in die Rolle ihrer Informationskunden, wird deren Informationsbedarf schnell deutlich. Doch auch aus Anbietersicht ergibt sich eine Informationspflicht: Geben Sie ungefragt alle Informationen weiter, die helfen, Missverständnisse und Fehlentscheidungen bei Ihren Informationskunden zu vermeiden!

- Techniken wie eine *ABC-Analyse* mit der Unterscheidung in „*Must-Have*"- und „*Nice-to-Have*"-Informationen, aber auch regelmäßiges gegenseitiges *Feedback* aller Beteiligten sowie die schwarmübergreifende Kontaktpflege im Rahmen von *Kunden-Lieferanten-Events* helfen, den Informationsumfang sachgerecht zu steuern und innerbetrieblichen Informationsmüll wirkungsvoll zu vermeiden.

Ergebnisverantwortung erfordert in *Nicht-Standardsituationen* ein gezieltes *Eskalationsmanagement*. Welche Instrumente können Schwärme einsetzen, um trotz Verlassens der üblichen Funktionsroutinen handlungsfähig zu bleiben?

- Das *Ansprechpartnerprinzip* legt fest, welches Schwarmmitglied die Initiative ergreift – kollektive Untätigkeit wird verhindert. Vernetzte Kompetenz im Schwarm wird automatisch aktiviert, sobald die zur Problemlösung erforderlichen Maßnahmen die Handlungskompetenz des angesprochenen Schwarmmitglieds übersteigen. Übersteigt eine sachgerechte Erledigung die Kompetenz des gesamten Schwarms, kann die Verantwortung über ein *Rotes Kunden-Ticket* an einen *Troubleshooter* weitergereicht werden.

- Ein speziell eingerichtetes *Synchronisationsteam* nimmt erforderliche Abstimmungen auf unpolitischer Sachebene schnell und unkompliziert auch über Schwarmgrenzen hinaus vor. Diesem *Synchronisationsteam* obliegt auch die *Angebots-Nachfrage-Synchronisation* im Rahmen der Servicelevel-Vereinbarungen.

Warum bildet Arbeitszeitsouveränität einen Grundpfeiler von Ergebnisverantwortung und Schwarmintelligenz?

- Im Schwarm gilt die *Faustformel der Arbeitszeit-Effizienz:* Servicelevel-Vereinbarungen lassen sich bei Nachfragespitzen nur durch *Ausweitung* der Arbeitszeit einhalten. Was gerne übersehen wird: In nachfrageschwachen Zeiten erfordern Effizienzziele eine *Absenkung* der Arbeitszeit, um den Arbeitsaufwand pro Outputeinheit nicht durch eine Art „Bummelzwang" in die Höhe zu treiben.

- Der *Nachfrageverlauf als Taktgeber* lässt sich vom Schwarm nur umsetzen, wenn er souverän über die eigene Arbeitszeit bestimmen kann. Vertrauensarbeitszeit oder Arbeitszeitkonten bieten sich zur Umsetzung an.

Im Unterschied zum *Eskalationsmanagement,* das für prompte Eingriffe bei Problemfällen sorgt, bilden *Best-Practice-Workshops* ein gezieltes Innovationsforum. Welche Anforderungen bestehen an das Workshop-Format?

- Die Kompetenzvielfalt des Schwarms wird am wirkungsvollsten vernetzt, wenn der Workshop dem *3-Phasen-Innovationsprozess* folgt. Durch die Phasentrennung bewirkt der *3-Phasen-Innovationsprozess,* dass ein Festkleben an traditionellen Lösungen weitgehend ausgeschaltet wird. Schwarmintelligenz kann sich frei entfalten, wirklich innovative Ansätze rücken ins Blickfeld. Nach einer intelligenten Definition der Basisaufgabe in der ersten Phase werden in der *Kreativitätsphase* Ideen erst einmal unabhängig von ihrer Machbarkeit gesammelt, so dass ein möglichst breites Lösungsspektrum entsteht. Der Einsatz von Kreativitätstechniken kann Schwarmintelligenz weiter beflügeln. Erst in der dritten, der *Bewertungsphase,* werden die Vor- und Nachteile der einzelnen Lösungsvarianten erörtert. Anschließend kann sich der Schwarm über die beste Variante abstimmen. Empfehlung: Machen Sie momentan nicht verwendete Ideen über einen *Ideenpool* im gesamten Unternehmen zugänglich!

Wie kann eine Entscheidungsfindung im Schwarm erfolgen, ohne Kompetenzvielfalt und Schwarmeffekte zu beschneiden?

- Je nach Aufgabenstellung bieten sich unterschiedliche Abstimmungsprozedere an. Viele Aufgaben, wie beispielsweise die Schätzung von Trendstärken oder von Ausprägungen eines Merkmals, lassen die *Durchschnittsbildung* als Verfahren zu. Die *Durchschnittsbildung* vereint in idealer Weise die Kompetenzvielfalt im Schwarm: Alle Meinungen sind im Durchschnitt berücksichtigt; übertrieben hohe Schätzungen gleichen sich mit untertrieben niedrigen Bewertungen aus.

- Stehen hingegen einander ausschließende Alternativen zur Debatte, eignet sich die *Mehrheitswahl* als Abstimmungsverfahren. Nicht Macht und Dominanz, sondern die besondere Art der Aufgabenstellung verhindert die Berücksichtigung der Minderheitsmeinungen. Schwarmeffekte werden deshalb nicht beeinträchtigt.

- Bei komplexen Aufgabenstellungen lässt sich im Zuge eines *iterativen Einigungsprozesses* eine geeignete Lösung finden. Lösungsalternativen werden anhand vorher verabschiedeter

Bewertungskriterien solange gegeneinander abgewogen, in Einzelteile zerlegt und neu kombiniert, bis eine Einigung im Schwarm erzielt wird. Selbst bei schwieriger Materie lassen sich im *iterativen Einigungsprozess* einvernehmliche Lösungen finden.

- Zur Bewältigung *konkurrierender Interessen* bildet das Verfahren der *holistischen Interessenabwägung* die beste Alternative. Bei *holistischer Interessenabwägung* wird nach einer Win-win-Situation gesucht, die sich aufgrund eines gemeinsamen *übergeordneten Interesses* – das durch Zugehörigkeit zum gleichen Unternehmen immer gegeben ist – ergibt. Die *holistische Interessenabwägung* vermeidet, dass konkurrierende Interessen zu Konflikt und Machtkämpfen eskalieren. Der Bezug auf das übergeordnete Interesse verwandelt Differenzen in eine Optimierungsaufgabe. Eine sachgerechte Lösung wird ohne Gewinner und Verlierer möglich; niemand verliert sein Gesicht. Aus potenziellen Gegnern wird ein schlagkräftiges Team.

7.8 Leitfragen und Antworten zum Kapitel

8 Implementierung und Erhalt des Momentums

8.1 Widerstände überwinden

Erwarten Sie von niemandem Enthusiasmus und Begeisterung beim Wechsel der Führungskultur! Ein noch sensitiveres Thema im Unternehmen ist kaum denkbar. Aufgeregtheit und Gereiztheit werden erst einmal sprunghaft zunehmen, sobald MitarbeiterInnen die Worte *Entrepreneurship* und *Ergebnisverantwortung* auch nur von Ferne läuten hören.

Scheiden tut weh!

Jede neue Führungskultur ist per se eine Innovation. Sie fällt damit unter das ewige Verdikt, dass es keine Veränderung gibt, ohne dass man von lieb gewordenen Gewohnheiten Abschied nehmen muss. Seien Sie als Führungskraft also nicht überrascht, wenn Ihnen bei der ersten Ankündigung der *Führung durch Schwarmintelligenz* niemand freudestrahlend um den Hals fällt.

Schwarmintelligenz beruht auf *intelligenterem Arbeiten* und steigert den *sozialen Status* aller Schwarmmitglieder. Trotzdem werden erst einmal Skepsis und Verunsicherung das Feld dominieren. Führungskräfte sind deshalb gut beraten, den Veränderungsprozess aktiv zu managen.

> Schwarmintelligenz schafft eine *Win-win-Situation* im Unternehmen: Die Produktivitätssteigerung durch Delta-Plus-Effekte beruht weder auf gesteigerter Arbeitsintensität noch auf Entgeltverzicht – sie basiert ausschließlich auf *intelligenterem Arbeiten*.

Ausgangspunkt Verunsicherung

Trotz der Win-win-Situation: Bei jeder Ankündigung einschneidender Veränderungen verfallen viele Beschäftigte in eine Art Schockstarre. Das ist nachvollziehbar: Bisherige Verhaltensstandards verlieren urplötzlich ihre Geltung. Die gewohnte Welt bricht zusammen. Was bis gestern als löbliche Leistung galt, steht plötzlich im Kreuzfeuer der Kritik.

Betroffene MitarbeiterInnen fühlen sich verunsichert, jede Menge Befürchtungen keimen auf. Insgeheim stellen sich viele MitarbeiterInnen Fragen wie:

- Wie wird sich meine Aufgabe ändern?
- Wird meine Arbeit schwieriger oder unangenehmer?
- Welche neuen Anforderungen werden an mich gestellt?
- Kann ich diesen Anforderungen überhaupt gerecht werden?
- Muss ich mich auf neue Kollegen oder andere Chefs einstellen?
- Wie wird sich mein Status in der Firma ändern?
- Kann ich mich überhaupt im Unternehmen halten oder wirft man mich bei nächster Gelegenheit raus?

Verunsicherung schlägt schnell in die Furcht um, den geforderten Veränderungen nicht gewachsen zu sein. Furcht mündet leicht in Kritik am geplanten Kulturwandel. Als Führungskraft können Sie aus Furcht gespeiste Kritik einfach ausmachen: Sie ist häufig stark emotional gefärbt und tritt wenig sachlich auf.

Kritiker nicht niederbügeln!

Bei genauem Hinsehen ist das eine *gute* Nachricht! Bedenken Sie: Kritik, die sich aus Verunsicherung und Furcht speist, stellt keine Fundamentalopposition gegen einen Wechsel zur Innovationskultur dar. Sie beruht weder auf rationalen Gegenargumenten noch auf konträren Interessen.

Akzeptieren Sie als Führungskraft furchtgespeiste Kritik als normale Begleiterscheinung von Kulturänderungen. Es handelt sich um ein allgemeines Phänomen, das erst einmal kaum etwas mit Führung durch Schwarmintelligenz an sich zu tun hat.

Wer sich klar macht, dass Verunsicherung und Furcht die treibenden Kräfte hinter seinen Kritikern sind, besitzt automatisch das passende Werkzeug, um gegenzusteuern: Aufklärung und Einbindung der Betroffenen. Schwindet deren Verunsicherung, schwindet auch die Kritik.

! Völlig kontraproduktiv für einen reibungslosen Kulturwandel wäre es, Kritiker in der Verunsicherungsphase zu ignorieren oder gar niederzubügeln. Ein Niederbügeln facht die Furcht erst richtig an!

Niederbügeln von Kritikern und Heimlichtuerei schüren Misstrauen und begünstigen die Bildung betrieblicher Verschwörungstheorien. MitarbeiterInnen glauben, die Unternehmensleitung eröffne ihnen nur die halbe Wahrheit. Manch einer befürchtet hinter den offiziellen Äußerungen eine heimliche Agenda mit Zumutungen, die wohlweislich das Licht des Tages – sprich: eine faire Diskussion – scheuen müssen.

Als Führungskraft sollten Sie die Entstehung solcher Legenden unter gar keinen Umständen riskieren, sonst ist die Transformation zur Schwarmintelligenz gescheitert, bevor sie überhaupt begonnen hat.

Offener Dialog: Betroffene einbinden

Stattdessen sind Sie gut beraten, Ihre MitarbeiterInnen so früh und so aktiv wie möglich in alle Vorbereitungen einzubinden.

Am besten befassen sich Ihre MitarbeiterInnen von Anfang an gedanklich möglichst intensiv mit Schwarmintelligenz. Wo MitarbeiterInnen die Chance haben, am Kultur-Umbau mitzuwirken, erfahren sie aus erster Hand, welche Konsequenzen sich wirklich ergeben und welche Änderungen tatsächlich auf sie zukommen.

Erst ab diesem Zeitpunkt fangen Beschäftigte an, in der Veränderung auch Chancen für sich zu sehen. Aus Verunsicherung und Zweifel entsteht Verständnis. Aus Verständnis wird Akzeptanz. Langsam entsteht Motivation zur Beteiligung.

> **Veränderungsmanagement: von Verunsicherung zur Normalität**
> Jede Kulturveränderung durchläuft klar abgrenzbare Phasen, wie sie Bild 61 vorstellt. Am Anfang stehen Verunsicherung und Widerstand. Nach intensivem Befassen mit Hintergründen, Zielen und Konsequenzen des Projekts schwinden die Zweifel. Die ersten MitarbeiterInnen lassen sich für die neue Kultur mobilisieren. Mit anfänglichen positiven Erfahrungen steigt die Akzeptanz. Langsam wird die neue Kultur zur Normalität. Zum Ende der Eingewöhnungsphase wird das Veränderungsprojekt zum Selbstläufer.

Emotionales Initialereignis

Starten Sie als Führungskraft den Veränderungsprozess mit einem Initialereignis! Nutzen Sie einen Vorfall, eine Kundenreaktion, irgendein Ereignis, das schlagend demonstriert, dass es im alten Trott nicht weitergehen kann. Nichts auf der Welt ist für Ihre Belegschaft so leicht als Begründung nachzuvollziehen wie ein griffiges Initialereignis.

Veränderungsmanagement

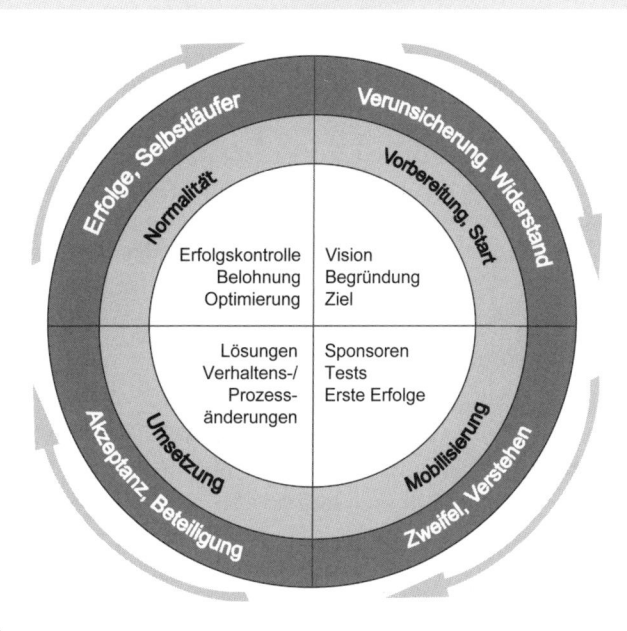

Ring (außen, im Uhrzeigersinn): Verunsicherung, Vorbereitung, Start, Widerstand, Zweifel, Verstehen, Mobilisierung, Akzeptanz, Beteiligung, Umsetzung, Erfolge, Selbstläufer, Normalität

Innen (Quadranten):
- Erfolgskontrolle, Belohnung, Optimierung
- Vision, Begründung, Ziel
- Sponsoren, Tests, Erste Erfolge
- Lösungen, Verhaltens-/Prozessänderungen

Bild 61

Natürlich sollte hinter jeder Veränderung eine ausgereifte Strategie stecken. Doch im Hinblick auf Ihre Belegschaft hilft kein theoretisches Traktat. Ein Initialereignis ist ein Wake-up Call. Es darf ruhig knallig, auffällig, bunt und aufrüttelnd sein. Vor allem sollte es selbsterklärend sein. Die Beschäftigten müssen mit der Nase darauf stoßen, dass Veränderungen unumgänglich sind.

! Ein Initialereignis erzielt die größte Wirkung, wenn nicht nur der Verstand, sondern auch Emotionen angesprochen werden. Ärgerliche Fehlentwicklungen, drastische Kundenkommentare, auffällige Marktänderungen, gefährliche Vorsprünge der Wettbewerber – viele Themenstellungen eignen sich als Initialereignis.

Verhaltensänderung durch „unzufriedenes Ich"

In den Wochen nach einem gelungenem Start liegt die große Aufgabe aller Führungskräfte darin, die mit dem Initialereignis angestoßene Diskussion im gesamten Unternehmen mit großer Intensität weiterzuführen. Der Wandel zu mehr Eigenverantwortung und Initiative kann nur erfolgen, wenn bei MitarbeiterInnen entsteht, was Psychologen ein „unzufriedenes Ich"[38] nennen. MitarbeiterInnen ändern ihr Verhalten nicht, nur weil ihre Chefs das wünschen. MitarbeiterInnen wandeln sich erst, wenn sie die Wende selbst wollen.

Erst wenn MitarbeiterInnen von sich aus das Bedürfnis verspüren, mitzureden und Initiativen zu ergreifen, ist der Kulturwandel zur Schwarmintelligenz gelungen. Alles andere bleibt Fassade, die nur solange vorhält, wie Vorgesetzte hinsehen. Zu *Entrepreneurship* kann man nicht verdonnert werden. Man muss Eigenverantwortung, Kundenorientierung und Effizienzverantwortung als MitarbeiterIn selbst wollen!

Zum Kick-off trommeln!

Konzepte und Verhaltenskodices materialisieren sich umso fester in den Köpfen von MitarbeiterInnen, je intensiver sie beworben werden. Nach Start der Kampagne darf kein Tag vergehen, ohne dass alle MitarbeiterInnen daran erinnert werden, dass nichts so bleiben kann, wie es ist.

Zum Kick-off sollten Unternehmen auf mehreren Ebenen trommeln und alle verfügbaren Medien einsetzen. In Betriebs- und Abteilungsversammlungen lässt sich der angestrebte Kulturwandel wirkungsvoll promoten. Schriftliches Material können Sie in Form von Flyern, Artikeln im Intranet oder in der Mitarbeiterzeitschrift unter das Volk bringen.

Vorträge und schriftliche Informationen basieren überwiegend auf einer Ein-Wege-Kommunikation. Die Ein-Wege-Kommunikation kann viel zur Aufklärung beitragen und die Verunsicherung der MitarbeiterInnen in Grenzen halten.

Wirkungsvoller sind jedoch Kick-off-Aktivitäten, die Kanäle für Feedback anbieten! Die Aktivierung von *Entrepreneurship* und *Ergebnisverantwortung* setzt die aktive Beteiligung aller Beschäftigten voraus. Eine derartige Mobilisierung erfordert eine *Zwei-Wege-Kommunikation,* sprich: einen intensiven *Dialog.* Das Führen dieses Dialogs lastet zu großen Teilen auf den Schultern der direkten Vorgesetzten. Erst wenn MitarbeiterInnen anfangen, initiativ zu werden, eigene Überlegungen anzustellen und selbst Ideen beizusteuern, wird der Kulturwandel verinnerlicht.

---

38 Jens Corssen, Persönlichkeitsentwicklung: Die Persönlichkeit macht den Unterschied, in: Hansjörg Künzel, Hrsg., Handbuch Kundenzufriedenheit. Strategie und Umsetzung in der Praxis. Springer, Berlin, Heidelberg, 2005, S. 95–114.

Mitarbeiterbefragung zum Nachdenken

Ein guter Einstieg, MitarbeiterInnen zu bewegen, sich mit der Materie Schwarmintelligenz zu befassen, kann in einer Mitarbeiterbefragung liegen. Das Ziel einer solchen Befragung besteht vordergründig darin, zu erfahren, was MitarbeiterInnen über die momentane Arbeitskultur denken. Zugleich kann ein gut gemachter Fragebogen MitarbeiterInnen Anstöße zum Nachdenken darüber liefern, wieweit die momentane Arbeitskultur künftigen Anforderungen entspricht und welche Änderungen erforderlich sind.

> **!** MitarbeiterInnen werden eher zum Nachdenken angeregt, wenn sie das Gefühl haben, freiweg von der Leber reden zu können. Auch kritische Äußerungen dürfen keinerlei negative Konsequenzen nach sich ziehen. Vergeben Sie die Auswertung solcher Befragungen im Zweifel extern, um größtmögliche Anonymität bei der Auswertung der Antworten zu demonstrieren!

Erst nach Ende aller Kick-off-Aktivitäten ist der Boden bereitet, die Beteiligten in den für Schwarmintelligenz erforderlichen Techniken zu schulen und Führungsinstrumente wie Servicelevel-Vereinbarungen zu implementieren.

8.2 Basis-Erlebnis-Programm und Future-Konferenz

Projektverantwortliche kennen das Phänomen: Zum Projektstart herrscht riesiger Enthusiasmus, der im weiteren Verlauf kontinuierlich abebbt. Schwarmintelligenz lebt vom dauerhaften Momentum. Das „Projekt" Schwarmintelligenz wird, wenn Sie so wollen, nie fertig. Kann sein Momentum dauerhaft aufrechterhalten werden?

Selbsttragendes Momentum

Die gute Nachricht: Die Aktivierung von Schwarmintelligenz im Unternehmen setzt eine Reihe intrinsischer Motivationsfaktoren frei, die das Momentum in großem Umfang selbsttragend aufrechterhalten.

Innerbetriebliche Kundenorientierung schafft einen permanenten Zyklus neuer Markt- und Wettbewerbsanforderungen im Unternehmen. MitarbeiterInnen werden kontinuierlich mit neuen Herausforderungen konfrontiert. Schwarmintelligenz wird Tag für Tag neu gefordert. In Kombination mit Ergebnisverantwortung verliert der Leistungsansporn *interne Kundenorientierung* nie seine Aktualität.

Nicht-Standardsituationen erfordern regelmäßig ein gewisses Improvisationstalent im Schwarm. *Servicelevel-Vereinbarungen* werden in rhythmischen Intervallen erneuert. Die Einhaltung vereinbarter *Leistungskennzahlen* gibt laufend neuen Ansporn. Regelmäßiges *Feedback* legt allen Schwarmmitgliedern nahe, ihr Verhalten kontinuierlich aktuellen Anforderungen anzupassen.

Das Momentum aus Markt und Wettbewerb überträgt sich in großem Umfang unmittelbar und ohne weiteres Zutun von Führungskräften auf den Schwarm. Verbesserungsanreize sind ausreichend vorhanden und bedienen starke *Motivationsfaktoren* wie Selbstverwirklichung, Anerkennung und Ausbau des eigenen sozialen Status. *Erfolgsabhängiges Entgelt* kann diese Faktoren zusätzlich unterstützen. Ein unkontrolliertes Absacken des Momentums ist bei Führung durch Schwarmintelligenz also kaum zu befürchten.

Mit zwei einfachen Führungstechniken lassen sich Aufbau und Erhalt des Momentums kontrollieren und weiter verstärken: mit dem *Basis-Erlebnis-Programm* und mit *Future-Konferenzen*.

Überraschungen vor Ort

Über das *Basis-Erlebnis-Programm* können Führungskräfte selbst vorübergehend in die Rolle eines Schwarmmitglieds schlüpfen und den Arbeitsalltag ihrer Beschäftigten aus nächster Nähe erleben. Nach anfänglicher Skepsis kommt es bei den meisten Beschäftigten gut an, wenn Führungskräfte glaubhaft vorleben, dass sie sich der Schwierigkeiten im Alltag ihrer MitarbeiterInnen annehmen. Nicht, indem sie schulterklopfend durch die Reihen laufen, sondern indem sie tatsächlich vor Ort mitarbeiten.

Der Wechsel der Perspektive ist das Interessante an diesem Programm. Die Arbeit von MitarbeiterInnen ausführen, aber mit den Augen einer Führungskraft darauf blicken – in diesem Spannungsverhältnis liegt der Reiz solcher *Basis-Erlebnis-Programme*.

Führungskräfte lernen die Welt aus Sicht der Beschäftigten kennen. Sie können direkt erleben, was MitarbeiterInnen Tag für Tag leisten – und eben auch, wo es klemmt! Oft entdecken Führungskräfte Dinge, die ihnen bisher nicht bewusst waren. Oft entdecken Führungskräfte aber auch Dinge, die MitarbeiterInnen nicht auffallen. Der „Einsatz an der Front" ist eine beachtliche Quelle für Verbesserungen und Auslöser neuer Ideen.

Durch das *Basis-Erlebnis-Programm* erfahren Führungskräfte Details einer Arbeitswelt am eigenen Leib, die ihnen ohne den Vor-Ort-Einsatz weitgehend verschlossen blieben. MitarbeiterInnen wird das Gefühl vermittelt, in ihren Anliegen ernst genommen und in ihren Leistungen anerkannt zu werden. Motivation und Momentum werden gestärkt.

> **Ein Querulant?**[39]
> Ein Kunde fährt in die Waschstraße einer Tankstelle. Leider streikt die Elektronik. Ein freundlicher älterer Herr in Tankwartmontur kommt dem Kunden zu Hilfe. Die Elektronik streikt weiterhin. Auch der eilends herbeigerufene Tankstellenpächter bringt die Waschstraße nicht zum Laufen.
> Ein ärgerlicher Vorfall. Unerfreulich, weil der Kunde nicht bedient werden konnte. Peinlich obendrein, weil es sich bei dem freundlichen Herrn in Wirklichkeit um den Vorstandsvorsitzenden der Tankstellenkette im Basis-Erlebnis-Einsatz handelte. Verdrießlich nicht zuletzt, weil es bereits eine ellenlange Liste von Störfällen an dieser Anlage gab, ohne dass wirkungsvoll Abhilfe geschaffen worden wäre. Stattdessen hatte sich der Tankstellenpächter innerbetrieblich den Ruf eines ständig nörgelnden Querulanten erworben. Erst durch ein „reinigendes Gewitter" nach dem Basis-Erlebnis-Einsatz seines obersten Chefs änderte sich die Lage, schnell und drastisch.

Die meisten Führungskräfte erleben vor Ort ähnlich interessante Zeiten wie der beschriebene Vorstandsvorsitzende der Tankstellenkette. Sie werden immer wieder mit aufschlussreichen Überraschungen konfrontiert, die sie aus dem Blickwinkel ihres Elfenbeinturms nicht erwartet hätten.

Wo Führungskräfte im Zuge des Lean Managements nur noch 5 Prozent aller Vorgänge tatsächlich zu Gesicht bekommen, ist das ist nicht weiter verwunderlich. Bei der Recherche vor Ort sind deshalb schnell Anknüpfungspunkte gefunden, wie Reibungsverluste vermieden, Schwierigkeiten beseitigt und das Mitarbeiter-Know-how besser genutzt werden können. Oft sind MitarbeiterInnen wie obiger Pächter dankbar, wenn sich jemand ihrer Anliegen, mit denen sie bisher nicht durchgedrungen sind, annimmt.

! Der Nutzen des *Basis-Erlebnis-Programms* reicht oft weit über die ursprüngliche Momentaufnahme hinaus. Haben Führungskraft und MitarbeiterInnen vor Ort erst einmal nähere Bekanntschaft geschlossen, besitzt die Führungskraft dauerhaft eine sprudelnde Informationsquelle an der Basis. Diese MitarbeiterInnen können leicht informell

---

[39] Erlebnisbericht des Vorstandsvorsitzenden, in: Wirtschaftswoche vom 5.12.1996, Seite 117.

kontaktiert werden. Stimmungen in der Belegschaft lassen sich ohne viel Aufwand abfragen.

Future-Konferenz

Future-Konferenzen zielen darauf ab, Meinungsführer aus allen Berichtsebenen (einschließlich der Betriebsräte) frühzeitig in Managementplanungen einzubinden und als Multiplikatoren an Bord zu holen. Beim Kulturwandel kann Irritation vermieden und das Momentum in der Belegschaft sprunghaft beschleunigt werden, wenn die Meinungsführer im Unternehmen mehrheitlich von den Konzepten überzeugt werden können. Im Laufe der Zeit abflachendes Momentum lässt sich durch Besprechung auftretender Schwierigkeiten und durch Vereinbarung von Gegensteuerungsmaßnahmen jederzeit neu entfachen.

Future-Konferenzen bilden ein ergebnisoffenes Diskussionsforum im Workshopformat. Sie sollten in regelmäßigen Abständen gehalten werden. Meinungsführern eröffnet sich die Möglichkeit, an der Unternehmensentwicklung gestaltend mitzuwirken und eigene Impulse zu setzen.

Die *Future-Konferenz* ist kein Ort für Stimmungsmache, sondern der Ort für eine offene, sachbezogene, möglichst fakten- und zahlengestützte Diskussion. Voraussetzung für ihren erfolgreichen Verlauf ist vor allem, dass von keiner Seite – auch nicht der Unternehmensleitung – unverrückbare Vorfestlegungen getroffen wurden. Eine solche Ergebnisoffenheit bedeutet nicht, dass die Unternehmensleitung ohne klares Konzept in den Workshop geht. Im Gegenteil! Der Workshop findet statt, weil die Unternehmensleitung Entwicklungsbedarf im Unternehmen sieht.

Bitten Sie als Veranstalter einer *Future-Konferenz* alle Teilnehmer, ihre Sicht der Dinge vorzutragen: Welchen Entwicklungsbedarf sehen die Meinungsführer? Was läuft nicht rund? Warum nicht? Eine *Future-Konferenz* bietet Gelegenheit, Ursachenforschung zu betreiben und neue Überlegungen und Vorschläge einzubringen.

Welcher Handlungsbedarf wird von den Meinungsführern gesehen? Welches Vorgehen halten sie für geboten? Gibt es ernstzunehmende Alternativen? Für welche Vorhaben lassen sich voraussichtlich Mehrheiten finden? Jede *Future-Konferenz* bildet ein ideales Forum, Szenarien durchzuspielen und die Reaktion der Meinungsführer im Voraus zu testen. Als eine Art Stimmungsbarometer zeigt die *Future-Konferenz* den Grad an Änderungsbereitschaft im Unternehmen an.

Momentum durch Verbündete

Hauptziel der *Future-Konferenz* ist, für alle Entwicklungsprojekte von Anfang an ein möglichst großes Einvernehmen mit Meinungsführern als Multiplikatorengruppe zu suchen. Eine Zustimmung der Meinungsführer trägt nicht nur viel zu einem anfänglichen Momentum bei. Steht die Arbeitskultur laufend unter Beobachtung, lassen sich auftretende Schwierigkeiten rechtzeitig erkennen und beseitigen. Das Momentum bleibt hoch.

Diesen Aspekt sollte die Unternehmensleitung bereits bei der Auswahl der einzuladenden Personen bedenken. Offen gesagt, ist die Auswahl der Teilnehmer für eine *Future-Konferenz* nicht ganz unproblematisch. Meinungsführer finden sich in allen Berichtsebenen. Als Organisator einer *Future-Konferenz* bleibt Ihnen deshalb nichts anderes übrig, als sich bewusst über die üblichen Kommunikationszirkel im Unternehmen hinwegzusetzen.

Jede *Future-Konferenz* soll Zweifler einbinden, darf aber nicht potenziellen Kritikern allein überlassen werden. Ein vernünftiger Mix aus Befürwortern und Skeptikern lässt am ehesten einen fruchtbaren Verlauf erwarten. Kritiker sollten nach Möglichkeit Gegenargumente aus dem Mund von ihresgleichen hören, nicht nur von Seiten der Unternehmensleitung. Stellen Sie als Veranstalter sicher, dass unter den Teilnehmern genügend fachlich versierte Personen sind, die im Zweifel eine Debatte retten können, falls diese in politische Gefilde abzugleiten droht.

> ❗ Ein Teilnehmerkreis aus gedankenlosen Jasagern und professionellen Kopfnickern ist völlig sinnlos! Diesen Personenkreis müssen Sie nicht ernsthaft überzeugen. Die *Future-Konferenz* findet im Hinblick auf mögliche Zweifler und Querdenker statt; also sollten Sie diese auch einladen.

8.3 Start durch Aktions-Workshops

Als Leser dieses Buchs wissen Sie längst, warum der reine Appell zu mehr Innovation und Entrepreneurship wenig bewirkt. Die *Aktivierung des vollständigen Innovationspotenzials* einer Belegschaft will *zugelassen, organisiert* und *gefördert* sein! Erst ausgeklügelte Methoden und Führungsinstrumente ermöglichen eine praxisgerechte Umsetzung. All diese Tools und Techniken müssen die Beteiligten, Führungskräfte wie MitarbeiterInnen, zum Start von Schwarmintelligenz im Unternehmen erst einmal kennen lernen. Schwarmintelligenz lässt sich weder auf Befehl von oben einführen noch von heute auf morgen implementieren.

Aktions-Workshops

Zum Start ist eine *Taktik der kleinen Schritte* empfehlenswert, die nach und nach den Bogen von strikter *Ausführungsverantwortung* für Funktionsroutinen zu *Entrepreneurship* und *Schwarmintelligenz* spannt. Der Autor empfiehlt deshalb *Aktions-Workshops* zur Einführung von Schwarmintelligenz im Unternehmen. Diese vermitteln kurz und bündig das benötigte Know-how in Halbtags-Workshops im Abstand von etwa 4 Wochen. Jeder Termin endet mit einem *Aktionsplan,* den die Teilnehmer bis zum nächsten Seminar umsetzen.

Aktions-Workshops stellen eine besonders effiziente Form der Know-how-Vermittlung dar. Sie vermitteln kein theoretisches l'Art pour l'Art wie so manches Managementseminar, sondern stehen für eine Reihe von handfesten Vorzügen:

- Kompakte Wissensvermittlung mit interaktiven Lernformen;
- Zeitaufwand für jedes Seminar nur ein halber Tag im Monat, das Tagesgeschäft wird kaum behindert;
- Teilnehmer bekommen konkrete Aufträge (Aktionen) zur Umsetzung bis zum nächsten Workshoptermin. Die Implementierung des Gelernten wird nie auf die lange Bank geschoben!
- Angebotene Hilfsmittel wie Formate, Formulare, Checklisten usw. werden sofort eingesetzt;
- Die Erfahrungen bei der Umsetzung werden im nächsten Workshoptermin besprochen.

Schritt für Schritt von Motto zu Motto

Jeder Workshoptermin steht unter einem bestimmten Motto. Das Motto für den ersten Termin könnte beispielsweise *Überwindung des Beharrungsvermögens von Organisationen* lauten. Teilnehmer lernen, warum Innovation im Unternehmen auf *Hindernisse* stößt, warum eine reine Ausführungsverantwortung für Funktionsroutinen *Innovationspotenzial verschenkt* und welche *Vorteile Schwarmintelligenz* zur Überwindung dieser Innovationsbarrieren bietet.

Als Aktion bis zum nächsten Workshoptermin kommt beispielsweise das Abhalten einer *Future-Konferenz* in Frage, sofern nicht bereits im Vorfeld der *Aktions-Workshops* geschehen. Alternativ könnte mit der Erstellung von *Kunden-Lieferanten-Diagrammen* begonnen oder könnten erste Auf-

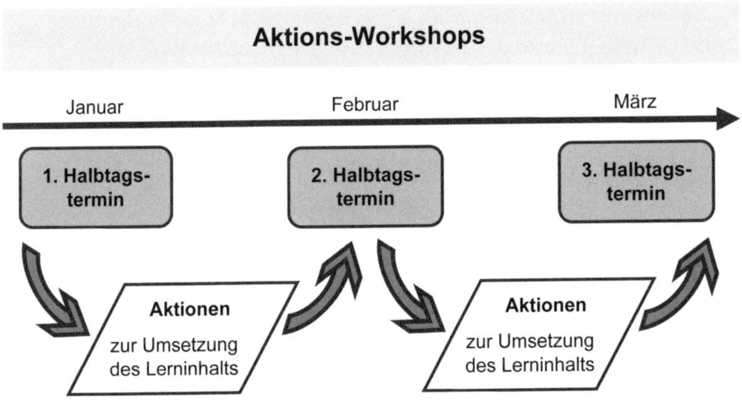

Aktions-Workshops

Januar — Februar — März

1. Halbtagstermin → Aktionen zur Umsetzung des Lerninhalts → 2. Halbtagstermin → Aktionen zur Umsetzung des Lerninhalts → 3. Halbtagstermin

Bild 62

gaben zur Modifizierung der Führungskultur mit den Teilnehmern als Aktion vereinbart werden.

Im Rahmen weiterer Workshoptermine werden Handlungsfreiräume neu definiert, die Servicelevel-Vereinbarungen erstellt, die *Angebots-Nachfrage-Synchronisation* umgesetzt, alle Einstufungen nach dem *4-Stufen-Kompetenz-Modell* vorgenommen und die *Selbstorganisation* im Schwarm trainiert. Am Ende des, in Bild 62 angedeuteten, Workshopzyklus sind alle Instrumente zur erfolgreichen Aktivierung von Schwarmintelligenz implementiert.

Worauf warten Sie noch?!

8.4 Leitfragen und Antworten zum Kapitel

Warum sollten Führungskräfte im Zuge einer Kulturänderung aktives Veränderungsmanagement betreiben?
- Jede Kulturänderung stellt bisher gültige Verhaltensnormen in Frage. Bereits dieser Umstand führt – völlig unabhängig von der Art geplanter Maßnahmen – zu Verunsicherung, die häufig in emotional geladener Kritik mündet. Auf keinen Fall sollten Zweifler niedergebügelt werden; Sanktionen tragen nur zu weiterer Irritation bei und werden als Bestätigung der schlimmsten Befürchtungen gewertet.

- Als Gegenmaßnahme empfiehlt sich intensive Aufklärung. In dem Maße, in dem die Verunsicherung schwindet, wird Skeptikern der Wind aus den Segeln genommen. Die ersten MitarbeiterInnen beginnen, sich für die Kulturänderung zu interessieren und Chancen für sich zu entdecken. Der Wandel gewinnt an Momentum. Immer mehr MitarbeiterInnen sehen die positiven Seiten und arbeiten an der Änderung mit. Nach einiger Zeit wird das Neue zur Normalität und zum Selbstläufer.

Schwarmintelligenz gründet auf starke Motivationsfaktoren wie Selbstverwirklichung und Anerkennung; ihr Momentum ist zum großen Teil selbsttragend. Durch welche Maßnahmen können Führungskräfte zusätzliches Momentum erzeugen?

- Beim *Basis-Erlebnis-Programm* verlassen Führungskräfte ihren Elfenbeinturm und arbeiten einige Tage im Schwarm mit, um Abläufe und Schwierigkeiten im Arbeitsalltag intensiver kennen zu lernen – oft mit überraschenden Erkenntnissen. Erfolge der MitarbeiterInnen lassen sich besser würdigen, aber auch die eine oder andere unbemerkte Schwachstelle kann identifiziert werden, wenn Führungskräfte die Arbeit von MitarbeiterInnen verrichten, aber mit den Augen einer Führungskraft das Ergebnis begutachten.

- Ein weiteres Momentum entsteht, wenn formelle und informelle Meinungsführer im Unternehmen als Verbündete gewonnen werden. Dies kann im Rahmen von Future-Konferenzen geschehen. Wo Meinungsführer aktiv in die Ausarbeitung von Zukunftskonzepten einbezogen werden, lassen sich nicht nur wertvolle Ideen gewinnen. Die Akzeptanz jedes Kulturwandels steigt sprunghaft, wenn diese Multiplikatorengruppe das Konzept unterstützt. Abflachendes Momentum kann durch Besprechung auftretender Schwierigkeiten und die Vereinbarung von Gegensteuerungsmaßnahmen neu entfacht werden.

Wie starten Sie Schwarmintelligenz im Unternehmen?

- Schwarmintelligenz aktiviert wertvolles zusätzliches Innovationspotenzial. Eine *Abkehr von traditioneller Arbeitskultur* ist dafür erforderlich, ebenso der *Einsatz völlig neu entwickelter Techniken und Führungsinstrumente*. Diese müssen allen Beteiligten – Führungskräften wie MitarbeiterInnen – zum Start erst einmal vermittelt werden.

- Ein optimal zur Implementierung geeignetes Instrument stellen *Aktions-Workshops* dar. Das gesamte Know-how wird nicht nur praxisnah vermittelt, sondern in der Phase zwischen zwei

Workshops sofort innerbetrieblich umgesetzt. Schritt für Schritt wird die alte Arbeitskultur verabschiedet und Schwarmintelligenz implementiert. Am Ende des Workshop-Zyklus wird *Schwarmintelligenz zum Selbstläufer!*

8.4 Leitfragen und Antworten zum Kapitel

9 Kurzglossar

10-Zeilen-Geschäftsmodell

Kurzes, prägnantes Statement, das einen Überblick über Marktsegment, Leistungsspektrum und Wettbewerbssituation vermittelt.

3-Faktoren-Modell der Motivation

Theorie, die drei unterschiedlich starke Triebfedern des Handelns identifiziert. Erklärt sowohl die Leistungsmotivation von MitarbeiterInnen als auch die Kaufmotivation von Kunden.

3-Phasen-Innovationsprozess

Verfahren zur Realisierung des Blickerweiterungsfaktors bei Schwarmintelligenz. Kreative Lösungsvorschläge, die den konventionellen Denkrahmen sprengen, rücken angemessen ins Blickfeld.

4-Stufen-Kompetenz-Modell

Führungstechnik, die Kongruenz zwischen Kompetenz und Handlungsfreiheit von MitarbeiterInnen herstellt. Wirksame Dysfunktionalitätssperre zur Vermeidung von Delta-Minus-Effekten.

Aktions-Workshops

Reihe von Halbtags-Workshops zur Einführung von Schwarmintelligenz. Taktik der kleinen Schritte: die Implementierung des Gelernten, die „Aktion", erfolgt in der Zeit bis zum jeweils nächsten Workshop.

Angebots-Nachfrage-Synchronisation

Verfahren, um betriebliche Leistungen auf den Bedarf interner oder externer Kunden abzustimmen. Wesentliches Prozesselement zur Erstellung leistungsstarker Servicelevel-Vereinbarungen.

Ansprechpartnerprinzip

Realisiert Ergebnisverantwortung für Kunden-Leistungspakete. Beinhaltet Handlungs- und Innovationspflicht bei Leistungsstörungen oder ineffizienten Verfahren, unabhängig von der eigenen Positionsverantwortung.

Arbeitsauftrag

Indikator für regel- oder ergebnisorientierte Arbeitskultur. Klassisch: „Arbeiten Sie Bestellungen nach Regelhandbuch ab!" Schwarmintelligenz: „Ich sorge für die Auslieferung binnen 24 Stunden und eine Bearbeitungszeit unter 5 Minuten."

Bionik

Wissenschaft, die Prinzipien aus der Natur auf technische oder sozialwissenschaftliche Fragestellungen überträgt. Hohe Erfolgsquote vom Lotuseffekt für saubere Oberflächen bis hin zur Schwarmintelligenz im Unternehmen.

Basis-Erlebnis-Programm

Perspektivwechsel für Führungskräfte durch zeitweilige Mitarbeit vor Ort. Kontrastprogramm zum Elfenbeinturm der Chefs, das immer wieder zu überraschenden Erkenntnissen führt.

Best-Practice-Workshop

Format zur systematischen Entwicklung und Umsetzung innovativer Ideen im Schwarm. Nutzt den 3-Phasen-Innovationsprozess zur Entfaltung vernetzter Kompetenz.

Delta-Minus-Effekt

Schief gelaufener Schwarmeffekt. Lässt sich im Unternehmen durch Dysfunktionalitätssperren wie das 4-Stufen-Kompetenz-Modell oder die Regel/Ergebnis-Kompatibilitätsprüfung vermeiden.

Delta-Plus-Effekt

Ziel der Schwarmintelligenz. Definiert erwünschte Ergebnisse aus übergeordneter (Unternehmens-)Sicht. Kann bereits aus einfachen Verhaltensmustern entstehen.

Dysfunktionalitätssperre

Verhindert Delta-Minus-Effekte, beispielsweise durch eine Regel/Ergebnis-Kompatibilitätsprüfung oder das 4-Stufen-Kompetenz-Modell.

Entrepreneurship von MitarbeiterInnen

Tragende Säule betrieblicher Innovationskultur. Von klassisch orientierten Führungskräften trotz gegenteiliger Lippenbekenntnisse häufig als Angriff auf die eigene Führungsautorität gewertet und abgewürgt.

Ergebnisverantwortung

Uneingeschränkte Zuständigkeit des Schwarms für ein Kunden-Leistungspaket. Grundlage beständigen Innovationsdrucks. Geht weit über die reine Positionsverantwortung der einzelnen Schwarmmitglieder hinaus.

Faustformel der Arbeitszeiteffizienz

Regel zur Arbeitszeitsouveränität. Indiziert die erforderliche Verlängerung oder Verkürzung der Arbeitszeit, um Kunden- und Effizienzziele zu erreichen und den „Bummelzwang-Effekt" zu vermeiden.

Future-Konferenz

Strategieforum mit ausgewiesenen Meinungsträgern aller Berichtsebenen. Ignoriert die üblichen Kommunikationszirkel im Unternehmen. Hochwirksames Instrument, um Akzeptanz für innerbetriebliche Veränderungen zu erreichen.

Gap-Analyse

Stärken-Schwächen-Profil, das die Differenz zwischen Wunsch und Wirklichkeit bei der Umsetzung erfolgswirksamer Schlüsselfaktoren augenfällig macht.

Gesamtlösung des 2. Levels

Höhere Stufe im iterativen Einigungsprozess. Der Ausweg aus einer festgefahrenen Diskussion wird autoritätsfrei über einen Perspektivwechsel gesucht.

Gesichtsfelderweiterung

Grundlage der Schwarmintelligenz in sozialen Organisationen. Verschiedenartige Kompetenzen der Schwarmmitglieder werden zu einer Art Superorganismus vernetzt. Die Problemlösefähigkeit steigt.

Herdenprinzip

Alternatives Prinzip zur Schwarmintelligenz in der Natur. Baut auf die kognitive Erfassbarkeit einer Situation durch ein Leittier. Weniger tauglich zur Bewältigung ambivalenter, nicht berechenbarer Situationen.

Holistische Interessenabwägung

Verfahren zur autoritätsfreien Abstimmung im Schwarm. Besonders geeignet zur Suche nach Win-win-Lösungen bei konkurrierenden betrieblichen Interessen.

Innovation

Entscheidender Wettbewerbsfaktor in schnelllebigen Märkten. Schwarmintelligenz erschließt ein zusätzliches, Führungskräften oder Spezialisten allein nicht zugängliches Innovationspotenzial im Unternehmen.

Iterativer Einigungsprozess

Verfahren zur autoritätsfreien Abstimmung im Schwarm. Besonders geeignet zur Entscheidungsfindung bei komplexen Problemstellungen.

Kausalkettenbildung

Instrument zur Bildung einer konsistenten Zielpyramide im Unternehmen. Abstrakte Oberziele werden so lange in Teilziele heruntergebrochen, bis konkret umsetzbare Servicelevel entstanden sind.

Kunden-Lieferanten-Diagramm

Zwingt MitarbeiterInnen, innerbetriebliche Leistungsempfänger mental als Kunden zu akzeptieren. Stellt dem Kundenbedarf die angebotenen Leistungen gegenüber.

Kunden-Leistungspaket

Kleinste Leistungseinheit in Servicelevel-Vereinbarungen. Nukleus der Schwarmbildung im Unternehmen. Bezugsgröße für Ergebnisverantwortung von MitarbeiterInnen.

Kundenorientierung, innerbetrieblich und extern

Transmittor von Umweltreizen und Innovationsdruck auf den Schwarm. Wirkt über die innerbetriebliche Dienstleistungskette bis in die hintersten Winkel eines Unternehmens.

Knowledge-Management

Bei Führung durch Schwarmintelligenz Qualifizierung von MitarbeiterInnen im Rahmen des 4-Stufen-Kompetenz-Modells. Je nach Kompetenzstufe kommen unterschiedliche Lehr- und Lernmethoden zum Einsatz.

Mittel-Ziel-Projektion

Technik, Zielgrößen in Servicelevel-Vereinbarungen motivierend zu gestalten. Kalkuliert den Effekt innovativer Technik oder verbesserter Prozesse und leitet daraus Leistungskennziffern ab.

Regel/Ergebnis-Kompatibilitätsprüfung

Regelset für Regelabweichungen. Kann Innovationspflicht begründen. Wesentliches Element einer autoritätsfreien Dysfunktionalitätssperre.

Rotes Kunden-Ticket

Instrument zum Eskalationsmanagement. Dient der kurzfristigen Bewältigung von Störfällen und Innovationsanforderungen, falls ein Überschreiten der Handlungskompetenz des Schwarms erforderlich wird.

Schwarm-Feedback

Hilft, Irritationen zu vermeiden und Leistungen optimal aufeinander abzustimmen. Ideal in Form eines zukunftsgerichteten 360-Grad-Innovations-Feedbacks innerhalb und außerhalb des Schwarms.

Schwarmintelligenz

Alternative zum Herdenprinzip in der Natur. Nutzt vernetzte Kompetenz der Schwarmmitglieder zur Erzielung ansonsten unzugänglicher Delta-Plus-Effekte. Bewältigt selbst ambivalente, kognitiv nicht vollständig erfassbare Situationen. Aktiviert zusätzliches Innovationspotenzial im Unternehmen.

Schwarmregeln

Verbindlicher Verhaltenskodex, z.b. Ausrichtung, Kohäsion und Separation im Tierreich. Im Unternehmen machen eine Zieltranskription mit Freiheitsgraden sowie Regeln zur Selbststeuerung Schwärme arbeitsfähig.

Selbststeuerung im Schwarm

Instrumente und Regeln, die anfänglichen Gesichtsfeld-erweiternden Dissens im Schwarm zu bestmöglicher Lösung und einheitlichem Handeln reifen lassen.

Servicelevel-Vereinbarung

Umfassender, Kennzahlen-gestützter Leistungskatalog. Bei Führung durch Schwarmintelligenz als innerbetriebliches Instrument zur Zieltranskription mit Freiheitsgraden eingesetzt.

Status-quo-Ansatz

Technik, Zielgrößen in Servicelevel-Vereinbarungen motivierend zu gestalten. Misst die Verbesserung zum Status quo. Geeignet für Fälle, in denen Verbesserungen im Voraus nicht realistisch kalkulierbar sind.

Synchronisationsteam

Schwarm-übergreifendes Interventionsteam zur Lösung alltäglicher Abstimmungs- und Schnittstellenprobleme. Koordiniert unpolitisch unterhalb der Führungsebene. Wird auch zur Durchführung der Angebots-Nachfrage-Synchronisation eingesetzt.

Überzeugungsquote

Minimaler Prozentsatz an Schwarmmitgliedern, der sich einig sein muss, um den Rest des Schwarms im eigenen Sinn beeinflussen zu können.

Verkrustungsprozess, innerbetrieblicher

Äußert sich in Bürokratie, Verwaltungsmentalität und Reibungsverlusten. Innovationshindernis ersten Ranges. Wird durch Regelorientierung ohne Ergebnisverantwortung verursacht. Lässt sich durch Schwarmintelligenz überwinden.

Zielkarten

Instrument zur konsistenten Zielgestaltung im Unternehmen (Zielpyramiden-Ansatz). Zeigt Kausalketten, Kontext, Zeitrahmen und Verantwortliche.

Ziel-Mittel-Prinzip

Technik, Zielgrößen in Servicelevel-Vereinbarungen motivierend zu gestalten. Verhindert unrealistisches Wunschdenken durch das Prinzip „keine Zielvereinbarung ohne Angabe adäquater Mittel zur Zielerreichung".

Zieltranskription

Setzt den übergeordneten Rahmen für Schwarmintelligenz. Enthält indirekten Bezug zu erwünschten Delta-Plus-Effekten. Muss genügend Freiheitsgrade zulassen, um Kompetenzvernetzung im Schwarm zu erlauben.

Zielpyramide

Ansatz zur konsistenten Zielbildung im Unternehmen. Nutzt Zielkarten und Kausalkettenanalyse.

Zielwertverfahren

Techniken für eine motivierende Transkription von Ziel-Kennzahlen an den Schwarm. Je nach Situation eignen sich das Ziel-Mittel-Prinzip, die Mittel-Ziel-Projektion oder der Status-quo-Ansatz.

Zwei-Wege-Kommunikation

Dialog statt Monolog und Vorgesetztenweisung. Probate Führungstechnik zur Transkription übergeordneter Ziele an den Schwarm. Bei Einführung von Schwarmintelligenz unverzichtbar für ein gelungenes Veränderungsmanagement.

# 10 Stichwortverzeichnis

3-Faktoren-Modell der Motivation 119, 145, 248
3-Phasen-Innovationsprozess 213, 248
4-Stufen-Kompetenz-Modell 89, 169, 173, 248
10-Zeilen-Geschäftsmodell 248

A
Aktions-Workshop 106, 243, 248
Alleinstellungsmerkmal 38, 40
Ambivalenz 55, 59
Ameisen 10, 46, 51, 53, 64, 66, 68, 71, 72, 77, 78, 82, 84, 86, 89, 91, 94
Ameisenexperiment 46
Angebots-Nachfrage-Synchronisation 125, 130, 148, 150, 152, 205, 248
Ansprechpartnerprinzip 201, 249
Arbeitsauftrag 109, 249
Arbeitszeitsouveränität 206
Ausführungsverantwortung 22
Ausrichtung 64, 72, 159
Autonomiebereich 69
Autopilot 22, 27
autoritätsfreie Entscheidungsfindung 96
autoritätsfreie Kommunikation 94, 103
Autoritätsfreies Abstimmungsprozedere 218

B
Basisaufgabe 37, 214
Basis-Erlebnis-Programm 239, 240, 249
Basisfaktoren 119
Begeisterungseigenschaft 146
Begeisterungsfaktoren 119

Beharrungsvermögen 12, 23
Beitrittsmodalitäten 91
Best-Practice-Ansatz 107
Best-Practice-Workshop 210, 249
Betriebliches Vorschlagswesen 34
Bewertungsphase 37, 214
Bezugsrahmen 68
Bionik 15, 43, 46, 249
Bottom-up-Ansatz 128
Bummelzwang-Effekt 209
Bürokratiemodell 76

D
Delta-Minus-Effekt 66, 85, 88, 112, 173, 186, 249
Delta-Plus-Effekt 10, 48, 65, 67, 68, 70, 88, 249
Dialog 178, 236
Dienstleistungskette 24, 83, 142, 149, 166
Durchschnittsbildung 220, 224
Dysfunktionalitätssperre 88, 169, 250

E
Effizienzverantwortung 156, 157, 238
Effizienzziele 35, 111, 135, 155, 206
emergent 16, 49
energieeffiziente Futtersuche 17, 52, 72
Entrepreneurship 14, 27, 89, 106, 107, 250
Entstehungskontext 165
Erfolgsabhängiges Entgelt 136
Erfolgswirksame Schlüsselfaktoren 162, 171
Ergebniserwartungen 70, 72, 77, 123
Ergebnisverantwortung 92, 185, 188, 190, 191, 250

Eskalationsmanagement 93, 105, 201, 206, 211

F

Faustformel der Arbeitszeiteffizienz 210, 250
Fehlerprävention 84, 105, 169, 173, 212
Fische 48, 51, 64, 70, 71, 73, 77, 82, 84, 87, 89, 91, 94, 96
Freiheitsgrade 67, 69, 70, 72, 77
Führung durch Schwarmintelligenz 19, 78, 107, 122, 127, 155, 177, 191, 234, 240
Führungsautorität 39, 110, 112
Führungsinstrumente 10, 11, 19, 30, 78, 90, 98, 104, 239, 243
Funktionsroutinen 13, 19, 20, 23, 27, 43, 76, 106, 124, 189, 244
Future-Konferenz 239, 242, 250

G

Gap-Analyse 162, 250
Gesamtlösung des 2. Levels 223, 250
Geschäftsmodell 160, 161, 171, 248
Gesetz der großen Zahl 33
Gesichtsfelderweiterung 35, 38, 56, 184, 218, 251
Gretchenfrage der Schwarmintelligenz 39, 42, 87
Grundentgelt 177
Gruppenidentität 184

H

Handlungsfreiheit 78
Herdenprinzip 251
hierarchiegesteuerte Organisation 70
holistische Interessenabwägung 225, 251
Hygienefaktoren 117

I

Ideenfilter 216
Ideenpool 218
Implementierung 98, 164, 234, 244, 246
Impulsgeber 110
Initialereignis 236
Innovationsdruck 13, 23, 82, 108, 141, 147, 156, 159
Innovations-Feedback 199

Innovationspflicht 108
Instinkt 17, 54, 66, 86, 90, 91, 97
Intelligenter Arbeiten 157
Intelligenz 51
Iterativer Einigungsprozess 221, 251

K

Kausalkettenbildung 163, 251
Kernaufgabe 15, 34, 110, 116, 147
Kick-off 238
Knowledge-Management 117, 252
Kohäsion 64, 72, 159
kollektive Intelligenz 51
Kommunikationsfehler 197
Kommunikationsregeln 94
Kompatibilitätsprüfung 170, 172
Kompetenz 17, 86
Kompetenzsicherung 88
Kompetenzvernetzung 10, 53, 55, 93, 184, 194, 196, 211, 212
Komplexität 53, 54, 74
Kontrolle 88
Kreativitätsphase 37, 214
Kulturschock 131, 139
Kunden-Leistungspaket 92, 124, 184, 187, 252
Kunden-Lieferanten-Diagramm 149, 251
Kunden-Lieferanten-Event 200
Kundenorientierung 83, 142, 145, 148, 188, 195, 252

L

Laborsituation 66
Lean Management 57, 111
Leittier 52

M

Makrosystem 68
Mehrheitswahl 221
Mittel-Ziel-Projektion 134, 252
Motivation 17, 67, 69, 70, 117, 121, 248
Mutter Natur 10, 15, 46

N

Nachahmerstrategie 36
Nicht-Standardsituationen 26, 188, 201
Normverstoß 25

O
Obergrenze der Handlungsfreiheit 155

P
Pheromon 47, 86
Positionsverantwortung 188, 190, 191
Prävention 88
Primat des Kunden 153
Proportionalfaktoren 119, 145

R
Regel/Ergebnis-Kompatibilitätsprüfung 78, 107, 190, 252
Regulative 169, 170
Reibungsverluste 14, 26, 58, 144, 230, 241
Resonanzwelle 84, 142
Rotes Kunden-Ticket 203, 252
Rückkoppelungsphasen 129

S
Schnittstellenprobleme 144, 205, 221
Schwarm-Feedback 198, 252
Schwarmgröße 185
Schwarmintelligenz 10, 29, 51, 82, 103, 113, 121, 177, 214, 253
Schwarmregeln 253
Selbststeuerung 79, 90, 93, 253
Separation 64, 72, 159
Serendipität 14, 32
Servicelevel-Vereinbarung 31, 78, 84, 92, 103, 123, 124, 129, 130, 135, 136, 150, 156, 163, 171, 184, 205, 217, 240, 245, 253
Spielmacher 110
Spielregeln 64
Status-quo-Ansatz 135, 253
Subsidiaritätsprinzip 78, 115, 172
Superorganismus 38, 50, 54, 85, 90, 184
Synchronisationsteam 205, 253
Systemidentität 81

T
Top-down-Ansatz 127
Transmittor 81, 89, 141, 142, 165
Troubleshooter 203

U
übergeordnete Einheit 68, 70
Überzeugungsquote 96, 253
Umweltadaption 78, 80, 100, 141
Unschärfebereich 189
Unzuständigkeitsschleife 192

V
Veränderungsmanagement 106, 236
Verhaltensabstimmung 95
Verhaltenskodex 50, 66, 67, 68, 70, 104, 123, 141
Verhaltensnormen 67
Verhaltensregeln 65
Verkrustungsprozess 13, 20, 254
Vertrauensarbeitszeit 207
Verunsicherung 126, 131, 234, 236, 245
Verwaltungsmentalität 12, 13, 144
Vögel 49, 51, 64, 71, 74, 77, 82, 84, 87, 89, 91, 94

W
Wahrscheinlichkeitsverteilung 72
Wettbewerbsfähigkeit 10, 58, 104, 126, 188
W-Frage 180
Win-win-Situation 126, 225, 234

Z
Zielkarte 164, 254
Zielmanagement 126
Ziel-Mittel-Prinzip 134, 254
Zielpyramide 160, 254
Zieltranskription 72, 123, 184, 188, 254
Zielwertverfahren 133, 254
Zwei-Wege-Kommunikation 238, 254

Stefanie Widmann, Martin Seibt

Kooperation

Wegweiser für Führungspersonen, Trainer und Berater

2011, 222 Seiten, gebunden
ISBN 978-3-89578-353-1, € 34,90

Dieses Buch ist wertvoll für alle, die Kooperationen erwägen, neu eingehen, pflegen oder Kooperationsprozesse anstoßen oder begleiten. Das Buch bietet eine Fülle von Anregungen aus der Praxis, auf deren Grundlage die Leser eigene Kooperationsformen entwickeln können, von der direkten persönlichen bis zur virtuellen und interkulturellen Kooperation, von der Idee und dem Start der Kooperation über ihre verantwortungsvolle Nutzung bis zu ihrer Auflösung.

Marco Esser, Bernhard Schelenz

Erfolgsfaktor HR Brand

Den Personalbereich und seine Leistungen als Marke managen

2011, 191 Seiten, gebunden
ISBN 978-3-89578-380-7, € 34,90

Eine systematisch geführte HR Brand leistet einen wichtigen Beitrag auf das Konto der Unternehmensmarke und sichert der Personalarbeit von Unternehmen intern und extern Bekanntheit, Vertrauen und Image. Das Buch zeigt praxisorientiert, wie man eine HR Brand mit entsprechenden Sub-Marken aufbaut, managt und kommuniziert. Abgerundet wird es durch eine umfassende Fallstudie zur Implementierung eines „HR Brand" in der neuen Commerzbank AG.

www.publicis-books.de

Nicolai Andler

Tools für Projektmanagement, Workshops und Consulting

Kompendium der wichtigsten Techniken und Methoden

3., überarbeitete und erweiterte Auflage, 2010, 400 Seiten, 136 Abbildungen, gebunden
ISBN 978-3-89578-367-8, € 39,90

Dieses Standardwerk richtet sich an Projektmanager und -mitarbeiter, an Berater, an Trainer und an Führungskräfte aus allen Bereichen sowie an Studenten, die gerne mehr Instrumente beherrschen möchten als die BCG-Matrix, Mindmapping oder Brainstorming. Es bietet ihnen eine umfassende Sammlung der wichtigsten Tools und zeigt ihnen, wann man welches Tool einsetzt und wie man es anwendet.

Michael Müller

Ideenfindung, Problemlösen, Innovation

Das Entwickeln und Optimieren von Produkten, Systemen und Strategien

2011, 282 Seiten, 82 Abbildungen, gebunden
ISBN 978-3-89578-363-0, € 34,90

Die in diesem Buch beschriebene Methodik funktioniert allein und im Team, mit erheblich geringerem Aufwand als andere Methoden und sie ist sie für alle Arten von Produkten und Systemen geeignet. Zielgruppen des Buchs sind somit nicht nur Ingenieure, Techniker und Naturwissenschaftler, sondern auch Wirtschafts- und Sozialwissenschaftler sowie alle anderen Personen, die an der Entwicklung und Optimierung von Produkten, Strukturen, Systemen oder Strategien beteiligt sind.

www.publicis-books.de

Kolonat Noss
Der Mind Malus
Warum die Schwächen des Verstandes für unsere Kommunikation so wertvoll sind

2011, 253 Seiten, gebunden
ISBN 978-3-89578-390-6, € 24,90

Unser Verstand hält eine große Ressource bereit. Nicht in seinen Vorzügen, wo wir sie vermuten. Im Gegenteil, in seinen Schwächen, seinen Defiziten, seinen Unzulänglichkeiten. Das ist eine neue Einsicht. Und sie trägt einen neuen Namen: Mind Malus. Wir alle können diese Ressource zu unserem Vorteil nutzen. Besonders Pädagogen, Politiker, Manager und Kulturschaffende. Und ganz besonders die Experten in Marketing, Werbung, Design und Markengestaltung.

Antonio Schnieder, Tom Sommerlatte (Hrsg.)
Die Zukunft der deutschen Wirtschaft
Visionen für 2030

2010, 332 Seiten, gebunden
ISBN 978-3-89578-350-0, € 24,90

Das Buch ist einmalig; es richtet sich an alle von uns, die sich für die Zukunft interessieren. Bekannte Wissenschaftler, Manager, Journalisten und Politiker präsentieren ihre persönlichen Zukunftsvisionen für fast alle Bereiche unserer Wirtschaft. Losgelöst von aktuellen wirtschaftlichen und politischen Entwicklungen liefern sie eine Fülle von Ideen, wie die Zukunft aussehen wird und was wir dazu beitragen können, sie in eine gute Richtung zu steuern.

www.publicis-books.de